Rainer Weber

Lageroptimierung

Lageroptimierung

Bestände – Abläufe – Organisation – Datenqualität – Stellplätze

Rainer Weber, REFA-Ing., EUR-Ing.

4., neu bearbeitete Auflage

Kontakt & Studium
Band 693

Herausgeber:
Prof. Dr.-Ing. Dr. h.c. Wilfried J. Bartz
Dipl.-Ing. Hans-Joachim Mesenholl
Dipl.-Ing. Elmar Wippler

Bibliografische Information Der Deutschen Bibliothek

Die Deutsche Bibliothek verzeichnet diese Publikation in der Deutschen Nationalbibliografie; detaillierte bibliografische Daten sind im Internet über http://www.dnb.de abrufbar.

Bibliographic Information published by Die Deutsche Bibliothek

Die Deutsche Bibliothek lists this publication in the Deutsche Nationalbibliografie; detailed bibliographic data are available on the internet at http://www.dnb.de

ISBN 978-3-8169-3433-2

4., neu bearbeitete Auflage 2018
3., neu bearbeitete Auflage 2015
2., neu bearbeitete Auflage 2013
1. Auflage 2009

Bei der Erstellung des Buches wurde mit großer Sorgfalt vorgegangen; trotzdem lassen sich Fehler nie vollständig ausschließen. Verlag und Autoren können für fehlerhafte Angaben und deren Folgen weder eine juristische Verantwortung noch irgendeine Haftung übernehmen.
Für Verbesserungsvorschläge und Hinweise auf Fehler sind Verlag und Autoren dankbar.

Herausgeber-Vorwort

Bei der Bewältigung der Zukunftsaufgaben kommt der beruflichen Weiterbildung eine Schlüsselstellung zu. Im Zuge des technischen Fortschritts und angesichts der zunehmenden Konkurrenz müssen wir nicht nur ständig neue Erkenntnisse aufnehmen, sondern auch Anregungen schneller als die Wettbewerber zu marktfähigen Produkten entwickeln.

Erstausbildung oder Studium genügen nicht mehr – lebenslanges Lernen ist gefordert! Berufliche und persönliche Weiterbildung ist eine Investition in die Zukunft:

- Sie dient dazu, Fachkenntnisse zu erweitern und auf den neuesten Stand zu bringen
- sie entwickelt die Fähigkeit, wissenschaftliche Ergebnisse in praktische Problemlösungen umzusetzen
- sie fördert die Persönlichkeitsentwicklung und die Teamfähigkeit.

Diese Ziele lassen sich am besten durch die Teilnahme an Seminaren und durch das Studium geeigneter Fachbücher erreichen.

Die Fachbuchreihe *Kontakt & Studium* wird in Zusammenarbeit zwischen der Technischen Akademie Esslingen und dem expert verlag herausgegeben.

Mit über 700 Themenbänden, verfasst von über 2.800 Experten, erfüllt sie nicht nur eine seminarbegleitende Funktion. Ihre eigenständige Bedeutung als eines der kompetentesten und umfangreichsten deutschsprachigen technischen Nachschlagewerke für Studium und Praxis wird von der Fachpresse und der großen Leserschaft gleichermaßen bestätigt. Herausgeber und Verlag freuen sich über weitere kritisch-konstruktive Anregungen aus dem Leserkreis.

Möge dieser Themenband vielen Interessenten helfen und nützen.

Dipl.-Ing. Hans-Joachim Mesenholl | Dipl.-Ing. Matthias Wippler

Autoren-Vorwort

Lageroptimierung

Lager stehen immer mehr im Fokus einer bestandsarmen Logistik mit schlanken Distributionsprozessen. Ein- / Auslagerprozesse, Transportvorgänge sollen immer schneller, flexibler und kostengünstiger, bei steigender Artikel- / Kommissionierzahl und Datenqualität gehandhabt werden.

Auch ist im Rahmen der Prozessorganisation davon auszugehen, dass die Arbeitsinhalte ausgeweitet werden, die Bedeutung des Lagers wächst. Arbeitsinhalte aus dem Bereich der Disposition immer mehr in das Lager, näher an den Lagerort, verlegt werden.

Die Just in time-Philosophie, E-Business / KANBAN-Systeme, Supply-Chain-Methoden in Verbindung, weg von der bedarfsorientierten Disposition, hin zu verbrauchsorientierter Nachschubautomatik, beschleunigt dies.

Neue, erweiterte Arbeitsinhalte, steigende Verantwortung in einem schlanken Lager, benötigen fundierte Kenntnisse über technisch-organisatorische und betriebswirtschaftliche Zusammenhänge. Prozesskostenrechnung im Lager, moderne Controllingsysteme, Logistikkennzahlen tun ein Übriges.

In diesem stark praxisorientierten Buch wird somit bewusst in die Tiefe des gesamten Lagerwesens, der Beschaffungs- und Produktionslogistik gegangen, mit dem Ziel:

- betriebswirtschaftliche und organisatorische Zusammenhänge im Lager quantitativ und qualitativ zu bewerten
- Vorschläge zur Weiterentwicklung des Lagers in technischer und organisatorischer Hinsicht vorzubereiten (Realisierung des Just in time- / Supply-Chain-Gedankengutes / Prozessoptimierung im Lager / Effizienzsteigerung über die gesamte Liefer- / Logistikkette)
- Führungsaufgaben im Lagerbereich im Team zu lösen
- Vorschläge zu machen, wie Bestände gesenkt, die Lieferbereitschaft und Datenqualität erhöht werden kann
- wie eine bestandsminimierte Disposition erfolgt und
- durch eine konsequente Neuausrichtung in Denken und Handeln, jede Art von Verschwendung von Zeit, Kapazität und Platz (auch versteckte Verschwendung) erkannt und abgestellt werden kann.

Direkte Anwendungsbeispiele erleichtern Ihnen die Umsetzung im Unternehmen, bzw. zeigen auf, welche Aktivitäten dem Unternehmen bezüglich Lageroptimierung am meisten nutzen.

Pforzheim-Hohenwart, im Januar 2018 Rainer Weber

Inhaltsverzeichnis

Einführung

Sinkende Liquidität, steigende Gemeinkosten und wachsende Lagerbestände sind Gegebenheiten, mit denen viele Unternehmen zu kämpfen haben. Bei der oftmals geringen Eigenkapitalquote kann dies zu einer Existenzbedrohenden Finanzkrise führen, die nur durch richtige, kurzfristige und wirksame Entscheidungen vermeidbar wird.

Erschwerend wirken in den Unternehmen, außer den rapiden Veränderungen der gesamtwirtschaftlichen Situation, verbunden mit dem zunehmenden Konkurrenzdruck:

Die immer kurzfristiger werdenden

- *Lebenszyklen der Erzeugnisse*
- *Liefertermine*
- *sowie die sinkende Risikobereitschaft der Kunden / Abnehmer, eine eigene Vorratshaltung zu führen*

Hinzu kommt der Wunsch des Vertriebes

- *Umsatz auf breitester Variantenebene zu tätigen,*

was in Bezug auf die Lagerkosten katastrophale Folgen hat, da immer mehr Varianten eingekauft, hergestellt und gelagert werden müssen.

Auch wurde den Mitarbeitern in Produktionsbetrieben beigebracht, dass es wichtig ist, dass die Maschinen ständig laufen müssen und in „wirtschaftlichen Losgrößen" produziert werden soll. Dies führte dann dazu, dass bei einem Bedarf von 50 Stück, 200 Stück oder mehr gefertigt wurden, weil dann die wirtschaftliche Losgröße, bzw. die kalkulatorischen Stückkosten stimmen. Für die restlichen 150 Stück war dann Hoffnung auf weiteren Bedarf angesagt. Hohe Anlagennutzung, wenig umrüsten als Vorgabe für den Betrieb, war wichtiger.

Darstellung dieser Entwicklung:

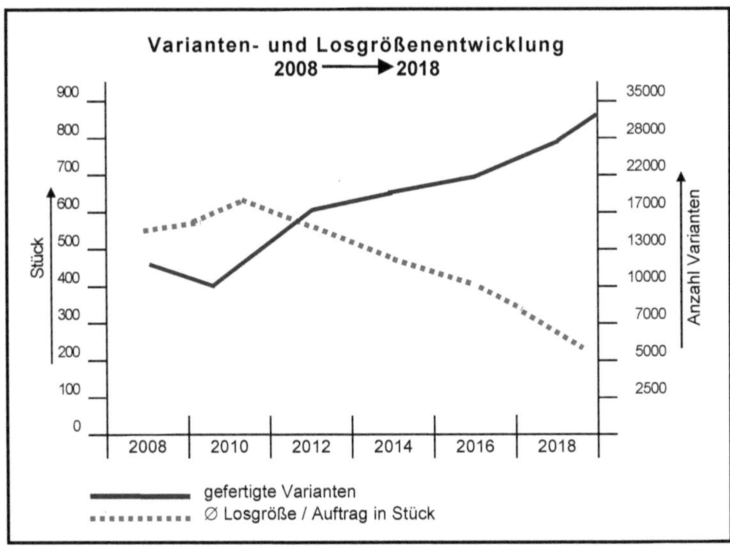

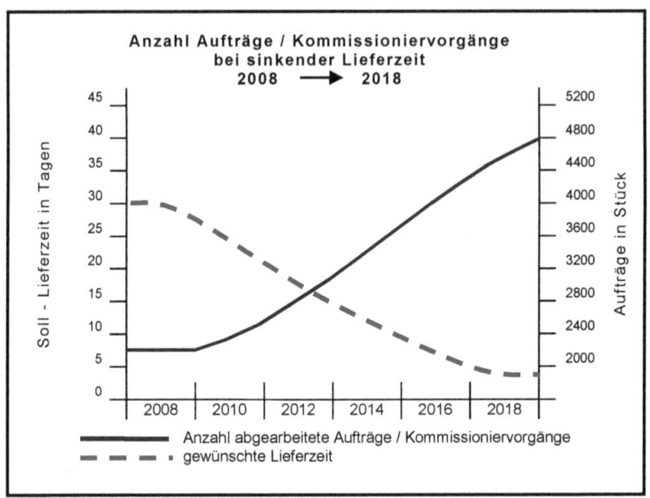

Präzisierung dieser Problematik an einem Zahlenbeispiel, das die steigende Anzahl Geschäftsvorgänge in der gesamten Auftragsabwicklung und das Warteschlangenproblem vor den Arbeitsplätzen, sowie die Entwicklung des Lagerbestandes aufzeigt:

Jahr	Anzahl Artikel	Anzahl Mitarbeiter / Arbeitsplätze	Warte-schlangen-faktor je Artikel	Wie häufig kann der Artikel gefertigt werden	Höhe des Lagerbestandes in € bei Preis / Stück = 2,-- € und gleich bleibende Bestandsmenge 100 Stück je Artikelnummer
1	2	3	4 = 2 : 3	5 (Ø)	6 = 2,-- € x 100 Stück x Pos. 2
2000	200	100	1 : 2	alle 2 Tage	= 40.000,00 €
2009	2.000	200	1 : 10	alle 10 Tage	= 400.000,00 €
heute	5.000	250	1 : 20	alle 20 Tage	= 1.000.000,00 €
Jahr xx	12.000	300	1 : 40	alle 40 Tage	= 2.400.000,00 €

Bei gleich bleibender Bestandshöhe je Artikelnummer, aber steigender Artikelvielfalt, könnte es sein, dass der gesamte Gewinn eines Unternehmens in Form von Material und Teilen an Lager gelegt wird und davon Steuern bezahlt werden müssen. Die Liquidität geht verloren.

Betriebliche Leistung und damit verbundene Unternehmensziele, müssen somit bezüglich heutiger Anforderungen

ERFOLG AM MARKT / KURZE LIEFERZEITEN / HOHE EIGENKAPITALQUOTE / LIQUIDITÄT

neu definiert werden.

Die logistische Leistungsfähigkeit trägt in vielerlei Hinsicht zur Wertschaffung von Unternehmen bei. Intelligente Logistiksysteme sind in der Lage, den Cashflow durch geringere Kosten oder zunehmende Umsatzleistungen zu erhöhen und durch effiziente Abwicklung von Aufträgen zu beschleunigen. Gleichzeitig ermöglichen sie durch ihre integrierende Wirkung in der Wertschöpfungskette vom Lieferanten bis zum Kunden eine signifikante Absenkung des wirtschaftlichen Risikos. So werden bis zu 40 % des Umsatzwachstums und bis zu 27 % der Umsatzrendite durch den Beitrag logistischer Prozesse erklärt[1)].

Bild E1: *Einfluss der Logistik auf den Unternehmenswert*[1)]

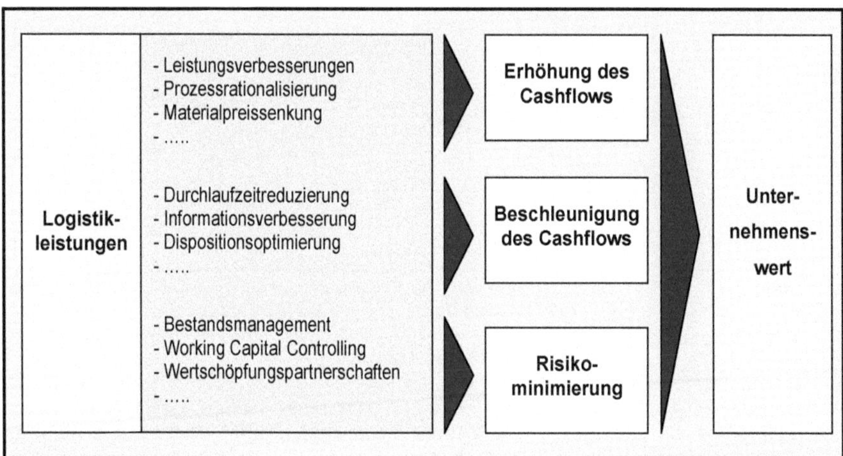

Totes, verlorenes, Kapital durch zu hohe Lagerkosten / Bestände, schlechter Materialumschlag und Lagerhüter beeinträchtigen die Liquidität und beeinflussen damit die Reaktionsfähigkeit im Wettbewerb in unserer heutigen *„Sofortgesellschaft"*, denn

➢ wenn ein Artikel auf Vorrat produziert wird, wird etwas produziert, was man im Moment nicht braucht; in dieser Zeit kann etwas nicht produziert werden, was aber gebraucht wird

und, was häufig nicht bedacht wird,

➢ wegen hoher Lagerbestände, zu niederer Eigenkapitalquote / geringer Liquidität, also Rating bezüglich Basel II, haben deshalb viele Unternehmen Schwierigkeiten mit den Banken.

Effiziente Logistikstrukturen führen zu einer verbesserten Bestands- und Produktivitätswirkung, zur Senkung von Gemeinkosten und durch verbesserte Lieferfähigkeit zu zusätzlichen Umsätzen / Deckungsbeiträgen.

[1)] Auszüge eines Beitrages von Prof. Dr. Dr. habil Dr.h.c. Horst Wildemann, aus Zeitschrift ZWF 12 / 2003, Carl Hanser Verlag, München

Bild E2: *Vergleichbarer Gewinnbeitrag Material- / Logistikkostenreduzierung in Prozent zu Umsatzsteigerung in Prozent*

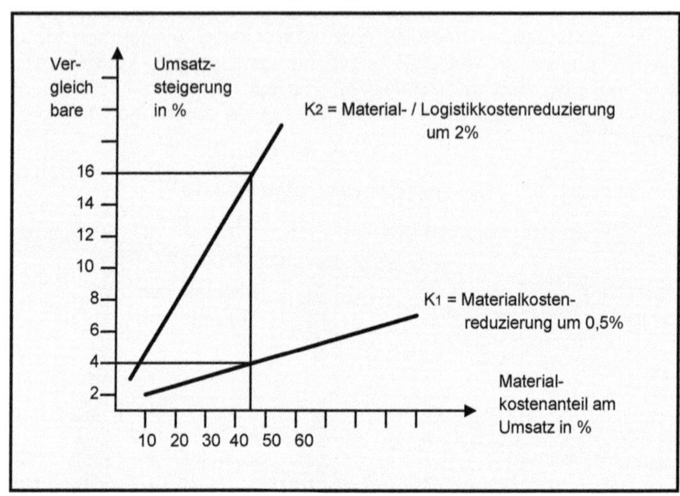

Quelle: *Erfolgsorientierte Materialwirtschaft durch Kennzahlen von Prof. Dr. Dr. h.c.mult. Erwin Grochla, Dr. Robert Fieten, Dipl.-Kfm. Manfred Puhlmann, Dipl.-Kfm. Manfred Vahle, FBO-Verlag, Baden-Baden*

Andererseits kann jeder in der Materialwirtschaft zu viel eingespart Euro vielleicht ein Vielfaches an entgangenem Gewinn bedeuten, der durch Fertigungsstillstand wegen fehlenden Materials oder durch zusätzliches Rüsten bzw. durch entgangene Aufträge (Umsätze / Deckungsbeiträge) entsteht. Sie können oft wesentlich höher ausfallen. Nachfrageschwankungen, Sonderwünsche, die Länge der Durchlaufzeiten etc., beeinflussen diese Faktoren natürlich wesentlich.

Bild E3: *Zielkonflikte in der Materialwirtschaft*

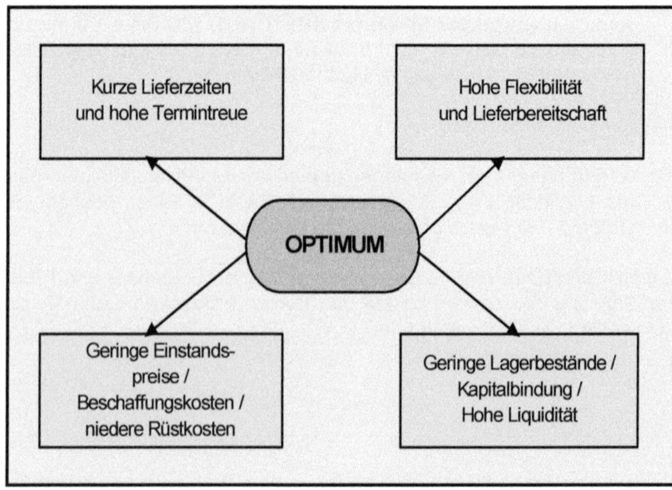

Das Lager hat zwar immer die Aufgabe eines Warenpuffers, ist aber zugleich der Knotenpunkt für die Warenverteilung und somit ein integrierter Bestandteil im Materialfluss. Die Datenqualität der Bestände ist für die Bestandshöhe entscheidend.

Um die Durchlaufzeiten im Wareneingang zu verkürzen, wird der Wareneingang meist dem Lager unterstellt, ebenso disziplinarisch das QS-Personal im Wareneingang. Und es wird immer mehr auf die zweistufige Buchung im Wareneingang verzichtet, Ware wird sofort nach Anlieferung als *„Verfügbar"* verbucht. Dies erzeugt Zwänge bezüglich kurzer Durchlaufzeit im Wareneingang.

Die Anlieferung durch auditierte Lieferanten mit Freipässen, oder eine Verminderung des Prüfaufwandes nach Herstellerquoten verkürzt die Durchlaufzeit im Wareneingang wesentlich, reduziert die Wiederbeschaffungszeit und somit die Bestände.

Bild 1.1: *Die Funktion des Lagers in der Just in time - Abwicklung als Erfassungs- / Zähl-, Registrier- und Verteilbahnhof*

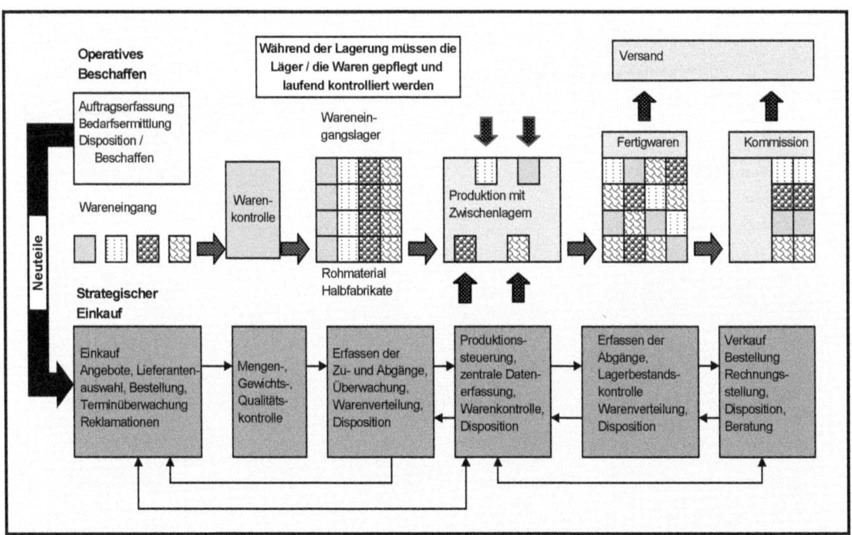

Kernsatz:

Wenn die Logistik funktioniert – funktioniert alles

Liquiditätsabfluss durch altes Denken / steuerliche Auswirkungen sind zu beachten

Jährliche Kosten der Lagerung in Prozent vom Lagerwert eines einzelnen Artikels

Nach einer Faustformel, die von den Lagerkosten abgeleitet ist, verdoppelt sich der Einstandspreis nach ca. 4 - 5 Jahren durch

► Zinsen und sonstige Bestandskosten	2 - 5 %
► Technik, Abschreibung für Transportmittel, IT, etc.	3 - 5 %
► Raumkosten	2 - 4 %
► Personalkosten	6 - 8 %
► Versicherung / Schwund etc.	1 - 2 %
	14 - 24 %

Durch diese Zahlen wird deutlich, wie wichtig alle Maßnahmen zur Bestandssenkung sind, den Bodensatz (Null-Dreher) systematisch abzubauen, bzw. durch entsprechende Dispo- und Bestellregeln erst gar nicht entstehen zu lassen.

Liquiditätsabfluss durch altes Denken / Steuerliche Auswirkungen beachten.

Aufgrund der neueren steuerlichen Bewertungen von Lagerhütern (wenn ein Artikel mit Menge X abgewertet ist, aber im Prüfungszeitraum ein Stück zum normalen Preis verkauft wird, wird die Gesamtmenge X wieder aufgewertet), verschrotten immer mehr Unternehmen ihre Null-Dreher nach 2 - 2,5 Jahren, bzw. verkaufen solche Exoten zum Preis 0,-- €, plus ein Betrag X € für Logistik und Verpackung mit Vermerk *„Muster ohne Wert"*. (Gilt nicht für Ersatzteile, die werden im Regelfalle auch nicht abgewertet.)

2. Die Verantwortung des Lagerleiters für Kosten – Bestände – Datenqualität

Die Arbeit im Lager erfordert ein breites Einsatzgebiet, das große Vielseitigkeit und Flexibilität von den Mitarbeitern erfordert / abverlangt, ebenso wie eine große Verantwortung in Wert und Datenqualität.

Es ist davon auszugehen, dass in Zukunft, durch das Umdenken von einer tayloristischen Arbeitsweise (reines Spezialistentum), zu einer prozessorientierten Arbeitsweise (Generalist), die Arbeitsinhalte, die Bedeutung des Lagers weiter wächst. Arbeitsinhalte aus dem Bereich der Disposition werden immer mehr in das Lager verlegt.

Die Softwaresysteme sind heute durchgängig angelegt (Datenbanksysteme), so dass prinzipiell nur Zugriffsberechtigungen freigegeben werden müssen.

Und die Erfahrung hat gezeigt, je näher (örtlich) die Bestandsführung / Nachschubautomatik am Lagerfach ist, desto besser stimmen die Bestände, desto weniger Fehlleistungen gibt es.

Die steigende Anzahl Dispo-Vorgänge, durch steigende Anzahl Aufträge mit kleineren Stückzahlen, bei permanent steigender Variantenanzahl, sowie die Schnittstellenproblematik / Erkenntnisse aus dem Wertstromdessin, führen dazu, dass immer mehr Unternehmen die Bestandsführung (zumindest für bestimmte Artikel) in die Hände des Lagers/ des Lagerleiters legen.

Auch die Überlegung, wie kann die AV / Auftrags- und Terminplanung näher an den Kunden gebracht werden, führt dazu, die komplette Bestandsverantwortung bezüglich Wert und Datenqualität ins Lager zu geben, also die Arbeitsinhalte im Lager bezüglich Disposition / Nachschubautomatik immer weiter zu erhöhen.

Ziel: Wenn der Hauptlieferant und der Preis bekannt sind, ist es sinnvoll die Nachschubautomatik in die Verantwortung des Lagerleiters zu legen. Prozesse werden minimiert, die Datenqualität steigt.

Der Just in time - Gedanke, sowie die Umstellung von der bedarfsorientierten Disposition, in eine verbrauchsorientierte Disposition fördert dies weiter.

E-Business / niedere Bestände werden die Bedeutung des Lagers, bezüglich einer funktionierenden Nachschubautomatik mit stimmenden Beständen, weiter erhöhen. Fehlleistungen / Fehlleistungskosten werden minimiert.

Niedere Bestände zeigen im Lager jegliche Art von
Organisations- / sonstiger Mängel auf.
Egal wo sie in der Logistik-Kette entstehen.
Im Lager werden sie sichtbar.

Merke: **Je niederer die Bestandsmengen, umso höher muss die Genauigkeit der Bestandszahlen und der Organisationsgrad des Unternehmens sein!**

Bild 2.1: *Darstellung von Bestandshöhe und Organisationsmängel*

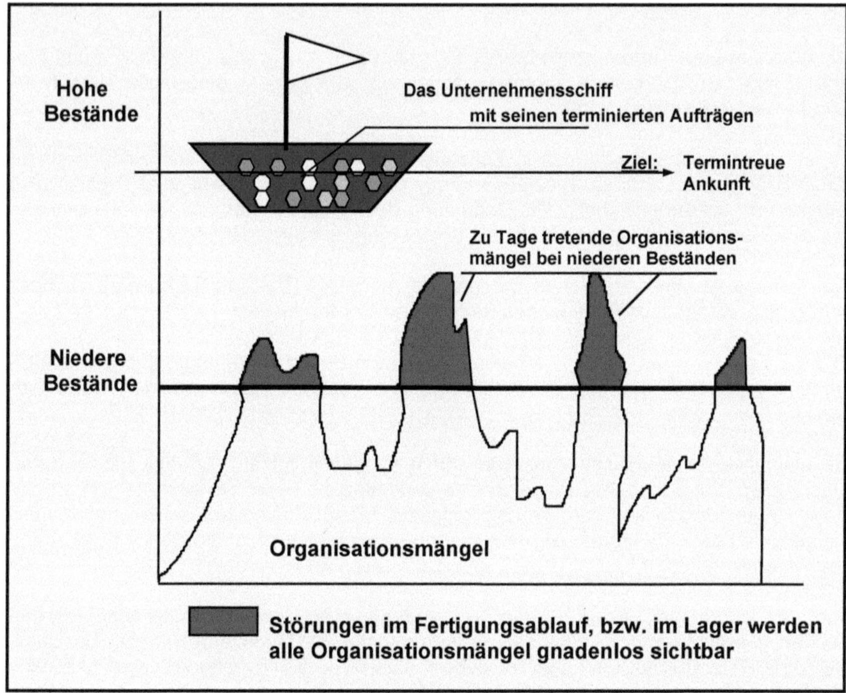

Aus den Darstellungen ergibt sich somit:

- → Hohe Bestände überdecken alle Organisationsmängel
- → Niedere Bestände verlangen eine stimmige Organisation mit optimierten Prozessabläufen im Unternehmen / zum Lieferanten und Kunden selbst
- → Bestände senken, ohne schnelle Verfügbarkeit auf Material und Teile zu haben, hat irgendwo ein Ende, oder
- → alle Materialien / Teile sind in genügender Menge vorrätig, gehören uns aber nicht (**Konsi- / KANBAN-Läger**), bzw.
- → die Lieferanten halten für uns Vorräte, z. B. über sogenannte Logistiklösungen, wir erhalten alle Bedarfe innerhalb von maximal 5 Arbeitstagen
- → die Lieferanten haben über Internet-Plattform – *ONLINE* – permanent Zugriff auf unsere Bestände und liefern nach dem Min.- / Max.-Prinzip selbstständig nach (SCM-System)

2.1 Die Aufgaben und Funktionen des Lagerverwalters heute

- Disponieren und Beschaffen von Wiederholteilen / C-Teile-Disposition
- Buchen von Zu- und Abgängen, Bearbeiten Eingangspapiere
- Prozesse optimieren
- Halten angemessener Bestände / Kontrolle der Umschlagshäufigkeit
- Kontrolle mengenmäßig, eventuell qualitativ für eingehende und ausgehende Ware und Warenpflege
- Laufende Bestands- und Bewegungsdatenerfassung nach Menge und Wert / Bestandskontrolle
- Termingerechte Steuerung und Überwachung des Warendurchlaufes bis z. B. Bereitstellung
- Überwachung der Bestandsentwicklung / Meldung von Fehlteilen
- Optimaler Personaleinsatz / effiziente Abläufe im Wareneingang und Lager
- Ständige Auskunftsbereitschaft / Schwachstellenanalysen
- Einhalten der First in – First out - Regeln / Chargenverwaltung / Überwachen Verfallsdatum
- Rechtzeitige Ergänzung der Bestände, insbesondere bei separaten C-Teile-Lägern / Verwalten der KANBAN-Karten
- Restmengenerfassung und gegebenenfalls Korrekturbuchung / Lagerleiter hat Verantwortung für das Differenzkonto mit Budget-Obergrenze
- Mitwirken bei der Aufstellung der Liefer- und Verpackungsvorschriften
- Ordnungsgemäße Lagerung / geringer Schwund / Bruch / Güterminderung etc.
- Materialkenntnisse und Übersicht über relevante Betriebsaufträge / Fehlteile
- Vermeiden ungeplanter Lagerbewegungen, bzw. möglichst unter 5 % zu bringen
- Verantwortung für sicherheitstechnische Erfordernisse
- Lagerortermittlung und durchführen des Einlagerungsvorganges
- Durchführung der Inventur, möglichst permanente oder Stichprobeninventur
- Mitwirkung bei Planung, Einrichtung, Organisation des Lagers, der Logistikabläufe
- Bearbeitung der Eingangspapiere / Quittieren nach Menge und sachlicher Richtigkeit und, soweit möglich, Qualität
- Ständige Kommunikation mit vor- und nachgeschalteten Bereichen
- Rechtzeitige Bereitstellung der Materialien nach Prioritäten, Transport an Bereitstellplatz / Betreuung der Bahnhöfe
- Revision und Weiterentwicklung des Lagers / KVP-Umsetzungsprozesse
- Verantwortung für die Einhaltung von Umweltschutzregeln wie z. B. Materialtrennung, Führung und Durchsetzung des Dualen-Systems Deutschland (DSD)
- Mitarbeiterführung
- Einteilung der Lagerzonen bzw. des Lagers in A- / B- / C-Zonen / Durchsetzen der Wegeoptimierung
- Lagerplatz- / Behälteroptimierung, Flächen- / Volumenmanagement
- Kennzahlen im Lager / Was kostet ein Pick etc.

2.2 Optimierung von Geschäftsprozessen innerhalb der Systeme Lieferant → Lager → Kunde, bzw. Kunde → Lager → Lieferant

Als Geschäftsprozess wird eine Folge von Tätigkeiten verstanden, die in einer ablauforientierten Beziehung stehen. Die Tätigkeiten orientieren sich dabei an Produkt, Auftrag und Möglichkeiten, welche im Unternehmen dem Personal bekannt und in ISO-Unterlagen definierbar sind. Innerhalb dieser Abläufe herrscht ein sogenanntes Kunden-Lieferanten-Verhältnis. Die Geschäftsprozesse erstrecken sich über Abteilungsgrenzen hinweg und beinhalten Schnittstellen. Für eine bestimmte Tätigkeit werden diese Aktivitäten immer in gleicher Reihenfolge abgearbeitet und durchlaufen viele Hände bis zur Lieferung.

Dies bedeutet, ein minimierter Auftragsdurchlauf in einer Lean Organisation zeichnet sich durch die Fähigkeit aus, dass nur abgeschlossene und vollständige Arbeitsinhalte in den nächsten Prozess übergeben werden. Dies senkt Kosten, durch Vermeiden von Schnittstellenproblemen / von nicht wertschöpfenden Tätigkeiten, wie z. B. Informationsübermittlung, Einlesen, Doppelarbeit o. ä., sowie durch Vermeiden von Nacharbeit und Rückfragen, da nur sogenannte i.O.-(in Ordnung)Vorgänge weitergegeben werden. Auch wird die Durchlaufzeit wesentlich verkürzt, da z. B. die komplette Auftragsbearbeitung, von Erfassen bis Liefern, durch weniger Hände mit minimierten Warteschlangenproblemen geht.

Außerdem verbessert eine Prozessorganisation die Kunden–Lieferanten-Beziehung. Der Lieferant und der Kunde profitieren durch die transparente Gestaltung der Abläufe, da die direkten Ansprechpartner bekannt sind und diese auch kontinuierlich z. B. über den Stand / den Arbeitsfortschritt eines Auftrages informiert sind.

Außerdem kann mittels eines Wertstromdessins (= Arbeitsplan für Bürotätigkeiten) über die gesamte Prozesskette die Kosten / das Kosten-Nutzen-Verhältnis je Kunde / je Auftrag ermittelt werden. Dienstleistungen können so wie Arbeitsgänge in der Produktion kalkuliert und zu Einzelkosten gemacht werden.

Dies bedeutet:

Mehr Verantwortung und Arbeitsinhalte ins Lager verlegen / Fehlleistungskosten minimieren

Die Softwaresysteme sind heute durchgängig angelegt, so dass prinzipiell nur Zugriffsberechtigungen freigegeben werden müssen. Die Erfahrung hat gezeigt, je näher (örtlich) die Bestandsführung / Nachschubautomatik am Lagerfach ist, je besser stimmen die Bestände, je weniger Fehlleistungen gibt es.

Auch die Erkenntnisse aus dem Wertstromdessin, führen dazu die Nachschubautomatik (zumindest für bestimmte Artikel) in die Hände des Lagers / des Lagerleiters legen.

- Da wo der Hauptlieferant und der Preis bekannt sind, ist dies sinnig. Prozesse werden minimiert, die Datenqualität steigt.

Der Lean-Gedanke, sowie die Umstellung von der bedarfsorientierten Disposition, in eine verbrauchsorientierte Disposition fördert dies wesentlich.

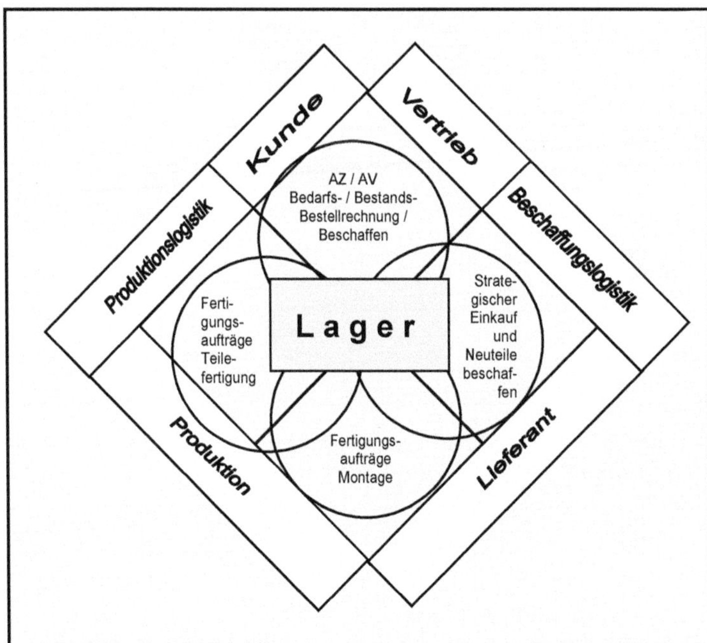

Ziel:

- Kosten minimieren
  - Prozesskosten intern / extern
  - Kapitalkosten
  - Fehlleistungskosten
- Leistung maximieren
  - Materialverfügbarkeit
  - Lieferflexibilität intern / extern
  - Liefertreue intern / extern

Schemadarstellung einer konventionellen Organisation „Disposition – Beschaffen – Lager – Planung und Steuerung der Aufträge“, mit vielen Schnittstellen

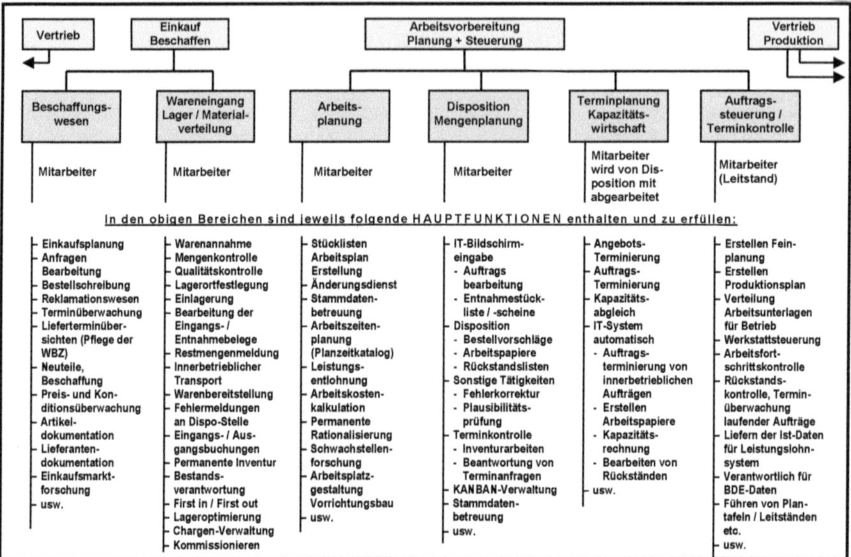

Schnittstellen: Wobei es innerhalb der einzelnen Abteilungen weitere spezielle Schnittstellen gibt

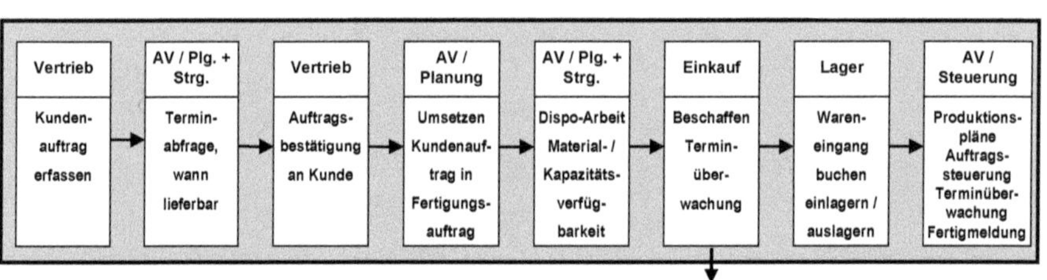

Mit minimierten Prozessen, standardisierten Anlieferarten und durchgängigen Arbeitsweisen, Arbeitsaufwand und Durchlaufzeit minimieren

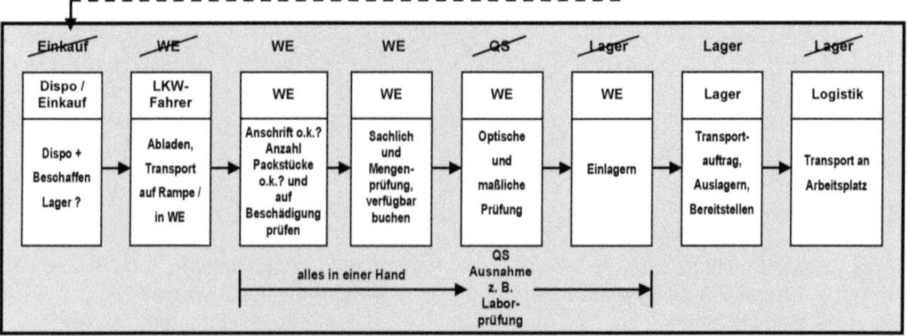

3. Mittels Wertstromdessin Doppelarbeit und Verschwendung erkennen und beseitigen

Was ist ein Wertstromdessin[1)]?

Ein Wertstromdessin[1)] umfasst die Darstellung aller Tätigkeiten die notwendig sind, um einen Vorgang abzuarbeiten. Es ist quasi ein sehr detaillierter Arbeitsplan, aufgegliedert in die einzelnen Arbeitsprozesse / -schritte, wie dies aus der Arbeitswissenschaft bekannt ist und für die Produktion schon längst genutzt wird (Arbeitsplanorganisation).

Hinzu kommt, dass in Form einer Matrixdarstellung alle Abteilungen / Personen die daran beteiligt sind, in Form von Flussbildern, wie sie aus der Logistik bekannt sind, aufgeführt werden, um daraus eine ganzheitliche Betrachtung des analysierten Bereiches, mit all seinen Schnittstellen, von z. B. *„Auftragseingang bis Start Produktion“*, oder ab *„Erstellen Lieferschein / Kommissionieren bis Verladen“* zu erhalten.

Position	Informationsfluss / Tätigkeiten	Abteilung / Name	Laufmeter ca.	Durchlaufzeit in Tagen		Zeitbedarf in Minuten		Häufigkeit Anzahl Vorg. / Wo.		SOLL - ZUSTAND: Abteilung / Name	Laufmeter		Zeit in Minuten		DLZ in Tagen	
				min.	max.	min.	max.	min.	max.		min.	max.	min.	max.	min.	max.
1.	LKW abladen und Transport an WE-Platz		40 m	0,10	0,20	3	5									
2.	Ware auf Beschaffenheit prüfen, Empfang quittieren		10 m	0,50	0,75	2	3									
3.	Erfassen am Bildschirm, Ausdruck WE-Beleg WE-Platz eintragen		---	---	---	1	2									
4.	Auspacken, prüfen sachlich und Menge 1 und Bildschirmeingabe		5 m	0,25	0,40	5	10									
5.	Tranport zu Prüfplatz Qualität		20 m	0,10	0,15	1	2									
6.	Prüfen Qualität und Vermerk in QS-Programm		15 m	0,50	1,00	10	20									
7.	Transport an Einlgerplatz, Nr. eintragen		25 m	0,10	0,15	1	2									
8.	Einlagern in Stellplatz		60 m	0,50	1,00	3	4									
9.	Verbuchen Lagerzugang Menge 2		50 m	0,10	0,20	1	2									
10.	Ablage WE-Papiere und Lieferschein (kein Einfluss auf DLZ)		20 m			1	2									

Hier muss eine Tätigkeit gemacht werden, neu Einlesen erforderlich

Können diese Tätigkeiten nicht durchgängig von einer Person gemacht werden?

Mittels dieser Methode wird schnell und einfach erkennbar, wo Doppelarbeit, permanentes neu Einlesen in den Vorgang, o. ä., entsteht (nicht wertschöpfende Tätigkeit / Verschwendung), welcher Zeitaufwand dafür notwendig ist und welche Auswirkung dieser Ablauf auf die gesamte Durchlaufzeit, z. B. eines Auftrages, hat.

Daraus können gezielt Abstellmaßnahmen entwickelt werden.

Legende:
- • hier muss eine Tätigkeit gemacht werden
- •>• geht in eine andere Verantwortlichkeit, Einlesen, evtl. Laufen, Holen erforderlich

1) Dessin = franz. für Zeichnung / Muster / Vorlage / Analyse der Abläufe

Daraus können gezielt Abstellmaßnahmen entwickelt werden, die sich grob in vier verschiedene Aktivitäten gliedern lassen:

1. Was kann / muss getan werden, damit das viele *„NEU IN DIE HAND NEHMEN“* (zu verstehen wie Rüsten in der Fertigung) vermieden werden kann, z. B. durch prozessorientierte Arbeitsabläufe und welche Auswirkungen dies auf die Mitarbeiter und die Organisation insgesamt hat

2. Welche Tätigkeitsschritte können ganz entfallen, weil sie auf reinen Überlieferungen – *„wurde immer so gemacht“* – aufgebaut sind, bzw. entfallen automatisch, wenn mehr Tätigkeiten in einer Hand abgearbeitet werden

3. Welche Tätigkeiten können vereinfacht / preiswerter abgearbeitet werden, z. B. durch
   - Auditierte Lieferanten liefern direkt an Lager (ohne Wareneingangsprüfung)
   - Ausgliedern an Spezialisten
   - Set Anlieferung etc.

4. Wo kann mit neuen Techniken / Werkzeugen Abhilfe geschaffen werden, z. B. mittels
   - Wareneingang und Lager = eine Einheit
   - Barcode- / RFID- / Transponder-Systeme
   - Doppelstockhubwagen nutzen
   - SCM- / KANBAN- / E-Business-Abläufe
   - Einlagermenge = Auslagermenge
   - Einrichten von KANBAN-Lagern in der Produktion / an den Arbeitsplätzen etc.
   - Ware zum Mann / Automatisiertes Lager

Untersuchungen haben gezeigt, dass

- ca. 25 % der Arbeitszeit im Büro (Lager), durch Lesen und Rückfragen von Vorgängen entsteht und
- bis zu 70 % der Durchlaufzeit, reine Liegezeiten darstellen, was bedeutet:

Abkehr von der horizontalen Organisationsform, hin zu vertikalen, in die Tiefe gegliederten Organisationsformen

damit

- durch *„nicht schneller, sondern anders, intelligenter arbeiten“*, viel Zeit im Durchlauf und unnötige Kosten gespart werden können

Tayloristisches Arbeiten erzeugt viel Doppelarbeit, nicht wertschöpfende Tätigkeiten. Prozessorientiertes Arbeiten vermeidet dies, erzeugt mehr Verantwortung, bringt die Tätigkeiten / die Arbeiten an die Stelle, wo sie vom Ablauf auch hingehören.

Ablaufuntersuchungen / Tätigkeitsanalysen mittels „Wertstromdessin" machen Liegezeiten, Doppelarbeit und Blindleistungen, sowie unnötige Kosten auf einfachste Weise sichtbar.

Ablauf- / Tätigkeitsschritte von Auftragseingang – Disposition – Beschaffen – Einlagern – Versand, als grobes Wertstromdessin dargestellt

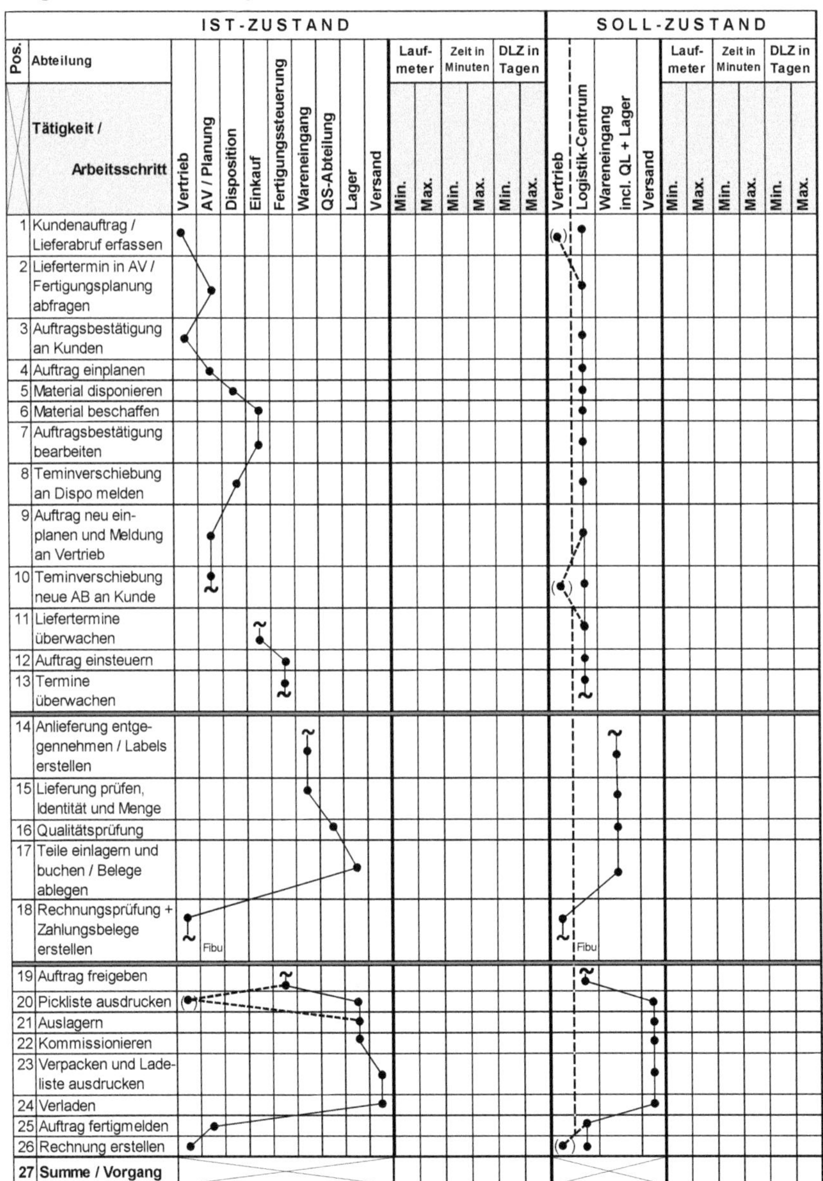

Pos.	Abteilung / Tätigkeit / Arbeitsschritt	IST-ZUSTAND Vertrieb	AV / Planung	Disposition	Einkauf	Fertigungssteuerung	Wareneingang	QS-Abteilung	Lager	Versand	Laufmeter Min.	Laufmeter Max.	Zeit in Minuten Min.	Zeit in Minuten Max.	DLZ in Tagen Min.	DLZ in Tagen Max.	SOLL-ZUSTAND Vertrieb	Logistik-Centrum	Wareneingang incl. QL + Lager	Versand	Laufmeter Min.	Laufmeter Max.	Zeit in Minuten Min.	Zeit in Minuten Max.	DLZ in Tagen Min.	DLZ in Tagen Max.
1	Kundenauftrag / Lieferabruf erfassen	●															(●)	●								
2	Liefertermin in AV / Fertigungsplanung abfragen		●															●								
3	Auftragsbestätigung an Kunden	●																●								
4	Auftrag einplanen		●															●								
5	Material disponieren			●														●								
6	Material beschaffen				●													●								
7	Auftragsbestätigung bearbeiten				●													●								
8	Teminverschiebung an Dispo melden			●														●								
9	Auftrag neu einplanen und Meldung an Vertrieb		●															●								
10	Teminverschiebung neue AB an Kunde		● ~														(●)	●								
11	Liefertermine überwachen				~ ●													●								
12	Auftrag einsteuern					●												●								
13	Termine überwachen					● ~												● ~								
14	Anlieferung entgegennehmen / Labels erstellen						~ ●												~ ●							
15	Lieferung prüfen, Identität und Menge						●												●							
16	Qualitätsprüfung							●											●							
17	Teile einlagern und buchen / Belege ablegen								●										●							
18	Rechnungsprüfung + Zahlungsbelege erstellen	● ~	Fibu														● ~	Fibu								
19	Auftrag freigeben					~ ●												~ ●								
20	Pickliste ausdrucken	(●)							●											●						
21	Auslagern								●											●						
22	Kommissionieren								●											●						
23	Verpacken und Ladeliste ausdrucken									●										●						
24	Verladen									●										●						
25	Auftrag fertigmelden		●															●								
26	Rechnung erstellen	●															(●)	●								
27	**Summe / Vorgang**																									

Ablaufuntersuchungen / Tätigkeitsanalysen mittels *„Wertstromdessin"* machen Liegezeiten, Doppelarbeit und Blindleistungen, sowie unnötige Kosten auf einfachste Weise sichtbar.

Um also die

- *Dispositionskosten*, bestehend aus
  - ↳ Bedarfs- / Bestandsrechnung
  - ↳ Bestellrechnung / Losgrößenfestlegung
  - ↳ Buchungskosten etc.
- *Beschaffungskosten*, bestehend aus
  - ↳ direkten Beschaffungskosten, Bestell- / Lieferkosten etc.
  - ↳ indirekten Beschaffungskosten, Terminnachfragen etc.
- *Wareneingangskosten*, bestehend aus
  - ↳ Prüfkosten sachlich / Menge / Qualität
  - ↳ Personal- / Transportkosten
  - ↳ Buchungskosten
- *Lagerkosten*, bestehend aus
  - ↳ Bestands- / Kapitalkosten
  - ↳ Raum- / Technikkosten
  - ↳ Personal-, Transport- und Lagerkosten
  - ↳ Sonstige Kosten, wie z. B. Inventur, Ein- / Auslagerungen, Versicherung, sonstige Umtriebe etc.
- *Fehlmengenkosten*, bestehend aus
  - ↳ Eilschüssen, Preisdifferenzen
  - ↳ Stillstandskosten / Konventionalstrafe
  - ↳ Sonstige Fehlmengenkosten, wie z. B. Telefonieren, ungeplantes Umrüsten, Sonderfahrten etc.
- *Durchlaufzeiten*, bestehend aus
  - ↳ Zeit zwischen Einlager- und Auslagervorgang = Bestandsdauer
  - ↳ Zeit zwischen Auftragseingang und Auslagervorgang = Bereitstelldauer

zu reduzieren, müssten die Schnittstellen innerhalb des Gesamtsystems „Materialwirtschaft" reduziert werden, durch Verbesserung

des Informationsflusses	**= Materialmanagement**
des Materialflusses	
des Werteflusses	

mit Ziel: **KOSTEN MINIMIEREN → LEISTUNG MAXIMIEREN**

Und, was häufig nicht bedacht wird:

- Liquidität ist auch Leistung. Eine Beschleunigung des Geld- bzw. Werteflusses (ALDI-Prinzip) ist heute ein MUSS.
- Durch eine ca. 20%-ige Verringerung der Lagerbestände / des Working Capitals können die Verbindlichkeiten der Unternehmen zu den Banken bis zu ca. 30 % verringert werden.

Eine entsprechende Verkürzung des Informationsflusses, sowie der Durchlaufzeit, verbunden mit einem beschleunigten Material- und Wertefluss über alle Ebenen, hat auch wesentlichen Einfluss auf die Liquidität des Unternehmens.

Liquiditätsbetrachtung / Darstellung Geld- und Wertefluss

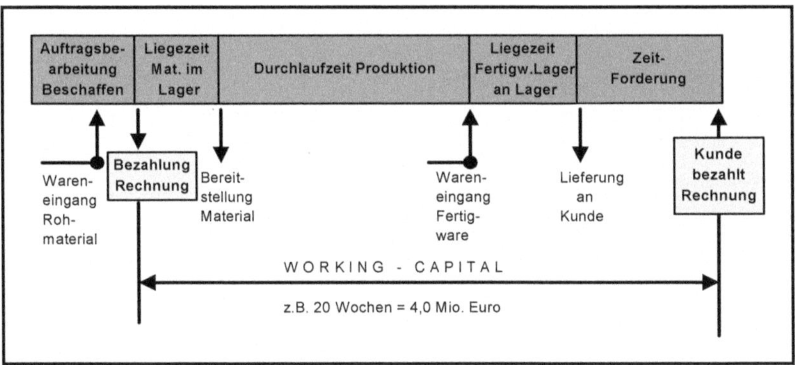

Wenn diese Zeitstrecke halbiert werden kann, auf z. B. 10 Wochen, können 2,0 Mio. € Liquidität gewonnen werden.

Oder noch besser *„ALDI-Prinzip“*:

Über Konsignationsläger / entsprechende Zahlungsvereinbarungen mit Lieferanten – Kunden, erfolgt zuerst Zahlungseingang der verkauften Ware und dann Bezahlung Lieferant.

5.1 Mehrstufigkeit abbauen

Reduzierung der Dispositionsebenen, ein Schritt zur Senkung der Bestände – Erhöhung der Verfügbarkeit / freie Lagerplätze

Für die Materialdisposition müssen die Stücklisten / Rezepturen aufgelöst, das heißt der Teile- / Rohstoffbedarf ermittelt werden. Dadurch erfahren wir, wie viel Material / Rohstoff beschafft und welche, bzw. wie viele Teile / Baugruppen neu angefertigt werden müssen, bzw. was lagerfähig vorrätig ist (Brutto- / Netto-Bedarfsrechnung).

Im ersten Durchlauf werden die auf der obersten Ebene benötigten Baugruppen und Einzelteile auf Verfügbarkeit geprüft. Wenn o.k. → Ende. Wenn nicht verfügbar, dann nächste, darunter liegende Ebene prüfen usw., bis zum Schluss Einzelteile, Rohmaterial abgeprüft wird. Das Ergebnis dieser Bedarfsermittlung gibt Aufschluss über die zu produzierenden oder einzukaufenden Einzelteile bzw. Rohmaterialien.

Nachfolgende Darstellung zeigt, wie häufig im Lager die Ware in die Hand genommen und gebucht werden muss.

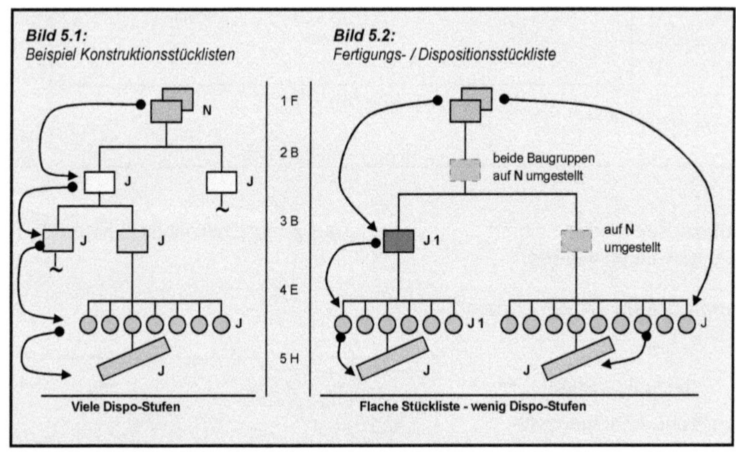

Bild 5.1: *Beispiel Konstruktionsstücklisten*

Bild 5.2: *Fertigungs- / Dispositionsstückliste*

Legende:

1 F	=	Fertigprodukt	Ebene 1
2 B	=	Baugruppe	Ebene 2
3 B	=	Unterbaugruppe	Ebene 3
4 E	=	Einzelteile	Ebene 4
5 H	=	Halbzeug	Ebene 5

N = Nicht lagerfähig, also keine Dispo-Stufe, nur Strukturstufe für F + E Baugruppen-Nr. bleibt bestehen

J = Lagerfähig, wird dispositiv behandelt. Lagerfach vorhanden und gleichzeitig Strukturstufe für F + E

J 1 = wird über KANBAN-System durch die Fertigung selbst gesteuert

Aus dieser Darstellung wird ersichtlich, je mehr Dispositionsstufen vorhanden sind:

- desto länger ist die Reaktionszeit,
- umso höher sind die Sicherheiten in Menge und Termin, die Bestände in den Dispo-Stufen addieren sich auf das X-fache des Notwendigen,
- umso mehr Dispositions- / Bereitstell- und Buchungsprozesse entstehen, die nach jeweils eigenen Regeln ablaufen,
- umso schwieriger wird es, die Einzeloptima, die einzelnen Entscheidungsprozesse aufeinander abzustimmen,

und der ursprüngliche Gedanke, *kurze Lieferzeiten zum Kunde*, ist durch die große Variantenvielfalt hinfällig geworden. Es fehlt doch immer etwas.

Die erforderlichen Maßnahmen für eine bestandsminimierte Materialwirtschaft sind:

- Abbau der Dispositionsstufen / Sicherheit auf die unterste Ebene verlagern
- Stücklistenauflösung mehrmals täglich / Online Bestands-Info
- Disponieren nach Reichweiten / Minimieren von Sicherheitsbeständen

Bild 5.3: *Schema Wertezuwachs- und Lagerbestandsprofil*

Dispositions-Stückliste mit L = Lagerebene	**Lagerwert bei 5 Lagerebenen**		**Durchlaufzeit bei 5 Lagerebenen**	**Lagerwert bei 2 Lagerebenen**		**Durchlaufzeit bei 2 Lagerebenen**
Fertigerzeugnis	------	0,1	Monate Endmontage	------	0,2	Monate Endmontage
Baugruppe 1. Ordnung	€ 200.000,--	0,5 1,0	Monate Fertigungsdurchlaufzeit Monate Liegezeit Lager	------		Diese beiden Baugruppen werden im System auf *„nicht lagerfähig“* gesetzt. Artikelnummer selbst, bleibt erhalten
Baugruppe 2. Ordnung	€ 150.000,--	0,5 1,0	Monate Fertigungsdurchlaufzeit Monate Liegezeit Lager	------		
Baugruppe 3. Ordnung	€ 120.000,--	0,5 1,0	Monate Fertigungsdurchlaufzeit Monate Liegezeit Lager	------		
Einzelteile F = Fremdbezug E = Eigenfertigung	€ 100.000,--	0,5 1,0	Monate Fertigungsdurchlaufzeit Monate Liegezeit Lager	€ 200.000,--	0,5 1,0	Monate Fertigungsdurchlaufzeit Monate Liegezeit Lager (als Konsi-Lager?)
Halbzeug	€ 50.000,--	1,5	Monate Liegezeit Lager	€ 50.000,--	1,5	Monate Liegezeit Lager
Summen: 5 Lagerebenen	**€ 620.000,--**	**7,6**	**Monate Gesamt-Durchlaufzeit**	**€ 250.000,--**	**3,2**	**Monate Gesamt-Durchlaufzeit NEU**

Flache Stücklisten und Einrichten von KANBAN-Lagern in der Fertigung minimieren den Aufwand in Disposition und Lager, senken die Bestände bei höherer Verfügbarkeit. Stellplätze werden frei, die Fertigung / Montage wird flexibler, weil nur das gefertigt wird, was gebraucht wird. Die Durchlaufzeit wird insgesamt verkürzt. Die Warteschlangenproblematik geht gegen null. Sofern Baugruppen als Ersatzteile benötigt werden, werden separate Ersatzteil-Stücklisten angelegt. Ebenso sogenannte Bereitstell-Stücklisten für das Lager, wenn nach Baugruppen bereitgestellt werden muss.

Praxisrat:

> Nur auf der untersten Stücklistenebene Materialsicherheit (hoher Servicegrad) herstellen.

Eine sach- und zeitraumbezogene, korrekte Warenbereitstellung für eventuelle vorzeitige Baugruppenvormontage muss sichergestellt sein. KANBAN-Lager in der Fertigung mit Regelkreis zum Zentrallager oder Lieferant bieten sich hier an.

In einer weiteren Stufe stellt sich dann die Frage: *„Nach welchem Arbeitsgang soll gelagert werden?"* Hier bieten sich Möglichkeiten Fehlteile, Bestände und Lagerplätze zu minimieren, wenn z. B. die Variantenerstellung, wie z. B. Lochbild bohren, der erste Arbeitsgang in der Montage ist und nicht alle Varianten einzeln am Lager liegen.

Beispiel: Nach welchem Arbeitsgang wird an Lager gelegt?

Herkömmliche Betrachtung:
Teil liegt einbaufertig / montagefähig an Lager

Diesen Antriebs-Flansch (Anschlussteil für Motor an Getriebe) gibt es in 20 verschiedenen Bohrungsvarianten, die alle am Lager liegen. (Oder fehlt gerade die Variante, die benötigt wird?)

Bestand pro Teil: 100 Stück im Ø
Ø-Preis pro Teil: 40,-- €

<u>Woraus sich ergibt:</u>

Lagerbestand in € ca. 80.000,--
(20 x 100 x 40 €)
Anzahl belegte Lagerfächer 20
Ø verfügbare Teile in Stück: 0 - 180
(je nach Lagerbestand)

Vorschlag zur Einlagerung:
Teil liegt als Rohling am Lager, Bohrungen noch nicht gesetzt – KANBAN-Gedanke

Montage-Team erhält CNC-Bohrmaschine und produziert gewünschte Variante vor Einbau.

Es liegen 800 Teile am Lager, also das 8-fache
Ø-Preis pro Teil: 32,-- €

<u>Woraus sich ergibt:</u>

Lagerbestand in € 25.600,--
(1 x 800 x 32 €)
Anzahl belegte Lagerfächer 1
Ø verfügbare Teile in Stück: 100 - 800
Es ist immer *„DAS RICHTIGE"* verfügbar.

<u>Aussage:</u>

Einsparung in €	=	54.400,--	(80.000,-- - 25.600,--)
Einsparung Lagerfächer	=	19	
Einsparung Artikelnummern	=	19	(Stammdatenverwaltung)

- Teileverfügbarkeit = ist um 800 % höher
- Die Wahrscheinlichkeit, dass eine bestimmte Variante nicht gefertigt werden kann, das Teil also fehlt, geht jetzt gegen null
- Die gekaufte CNC-Maschine finanziert sich selbst, durch Abbau Lagerbestand und entfallene Eilaufträge in Teilefertigung (ungeplantes Rüsten) / mehrmals anfangen, weglegen in der Montage und vermiedene Teillieferungen / -Versandkosten, die in der Kalkulation nicht sichtbar sind
- Rohlingteilenachschub kann mittels KANBAN-Organisation einfachst gehandhabt werden – Montage → Lager → Vorfertigung

Jeder geordnete Materialdurchlauf setzt voraus, dass geeignete Unterlagen vorliegen. Dies sind Stücklisten und in begrenztem Umfang Arbeitspläne. Ohne richtig aufgebaute Stücklisten können Teile für die Fertigung und Montage nicht korrekt beschafft / bereitgestellt werden. Mangelt es aber an der terminlich richtigen Bereitstellung, fehlen Teile, so liegen andere Teile / Materialien in den Lägern, binden Kapital, führen zu Produktionsstockungen und erhöhen die Bestände, da nichts abfließt.

Bild 5.4: *Muster einer Strukturstückliste*

Strukturstückliste		Datum: 22.04.xx
Stüli-Nr. 00814		
Alte Art.-Nr.	Bezeichnung MEMBRANPUMPE 220/50 IP00 N06	
Gruppe/Typ MEPU / N06		
Zeich.Nr. 8.0707	Abmessung 00064.00 / 00102.00 / 00106.00	
Matchcode MEPU-00814		

Baustufen										
0	1	2	3	4	5	6	Sachnummer	Bezeichnung	Zeichnungsnummer	Menge
X							00814	MEMBRANPUMPE 220/50 IP00 N 06	8.0707	1.00
	X						06054	KOPF KN BGRN06	8.03290	1.00
		X					06089	RIPPENDECKEL (HOSTALEN)N06	8.03290-010	1.00
		X					06090	ZWISCHENPLATTE (HOSTALEN)N06	8.03290-020	1.00
		X					06088	DRUCKSCHEIBE (AL)N06	8.03290-030	1.00
		X					06087	KOPFDRUCKPLATTE (AL)N06	8.03290-040	1.00
		X					06086	MEMBRANE (NEOPREN)N06	8.03290-050	1.00
		X					06083	VENTILPLATTE (NEOPREN)N06	8.03290-060	1.00
		X					05402	LINSENSCHRAUBE DIN 7985STGALZN	8.03290-070	4.00
		X					04331	FEDERRING DIN7980 STGALZN	8.03290-080	4.00
		X					05470	SENKSCHRAUBE DIN 963(KEL-F)1	8.03290-090	1.00
		X					02433	O-RING PERBUNAN	8.03290-100	2.00
	X						06048	KOMPRESSORGEHÄUSE BGRN06	8.03291	1.00
		X					06092	KOMPRESSORGEHÄUSE N06 GDALSI12	8.03291-010	1.00
		X					04499	EXZENTER (SPP-MOTOR)BGR N75	8.03218	1.00
			X				01010	EXZENTER NK7.04.01A 9SMNPB28K	8.03218-010	1.00
			X				01154	GEWINDESTIFT DIN913 STGALZN	8.03218-020	1.00
		X					01009	GEGENGEWICHT NV79 9S20K D10x10	8.03291-030	1.00
		X					06091	PLEUEL N06 GDALSI12	8.03291-040	1.00
		X					01092	ZYLINDERSCHRAUBE DIN84 STGALZN	8.03291-050	1.00
		X					07761	KUGELLAGER 6001-2Z	8.03291-060	1.00
		X					01190	ZYLINDERSCHRAUBE DIN912STGALZN	8.03291-080	2.00
	X						06603	SPALTMOTOR 220/50 BGRN05	8.03415	1.00
		X					03576	SPALTMOTOR N05	8.03415-010	1.00
		X					02958	FUSSPLATTE N05 ALCUMG1	8.03415-020	1.00
		X					03571	SENKSCHRAUBE DUN965 4.8 GALZN MIT KREUZSCHLITZ	8.03415-030	2.00

Weitere Stücklistenarten sind:

- Mengenübersichtsstücklisten für die Kalkulation / Ersatzteilstücklisten / Entnahmestücklisten, woraus sich die Struktur- und Baukastenstücklisten entwickeln
- Außerdem wird unterschieden zwischen Stücklisten für Einmalaufträge (kundenbezogen), sowie Wiederholaufträgen, eventuell mit Variantencharakter

Das Zusammenspiel Kunden- / Betriebsaufträge zu Stücklistenauflösungen – Brutto- / Netto-Bedarfsrechnung – Disposition – Beschaffen – Lagern – Versenden, aus der die Wichtigkeit der Stücklistenorganisation hervorgeht, ist nachfolgend dargestellt.

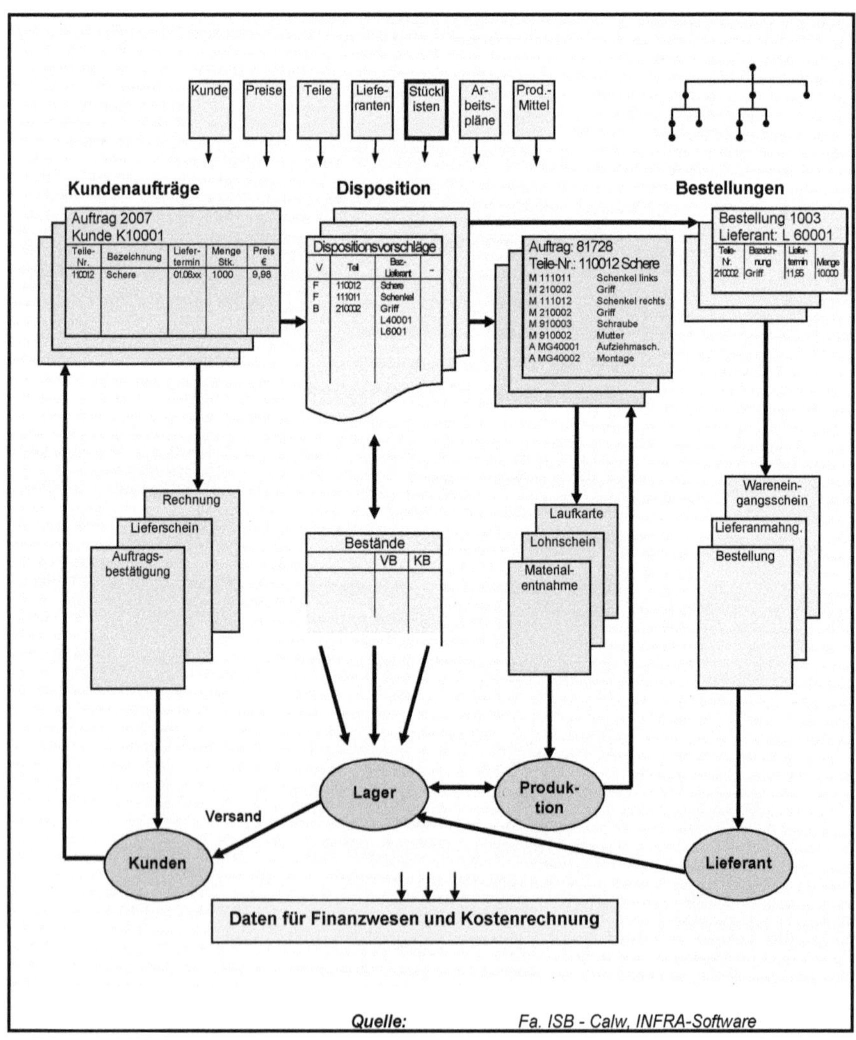

Quelle: *Fa. ISB - Calw, INFRA-Software*

Verantwortung im Lager ausweiten

Wenn also Läger, Bestände, Lieferservice und Kosten optimiert werden sollen, muss ein Regelwerk für die unterschiedlichen Artikelstrukturen geschaffen werden:

- welche Dispositionsstrategie
- welche Bevorratungsstrategie
- welche Losgrößenstrategie
- welche Lagerstrategie

soll gefahren werden?

Und wie kann die Verantwortung im Lager, bezüglich Datenqualität, kürzester Reaktionszeit verbessert werden?

Wodurch sich folgende Gesamtkonzeption / Aufgaben- und Lagerstrategie ergibt:

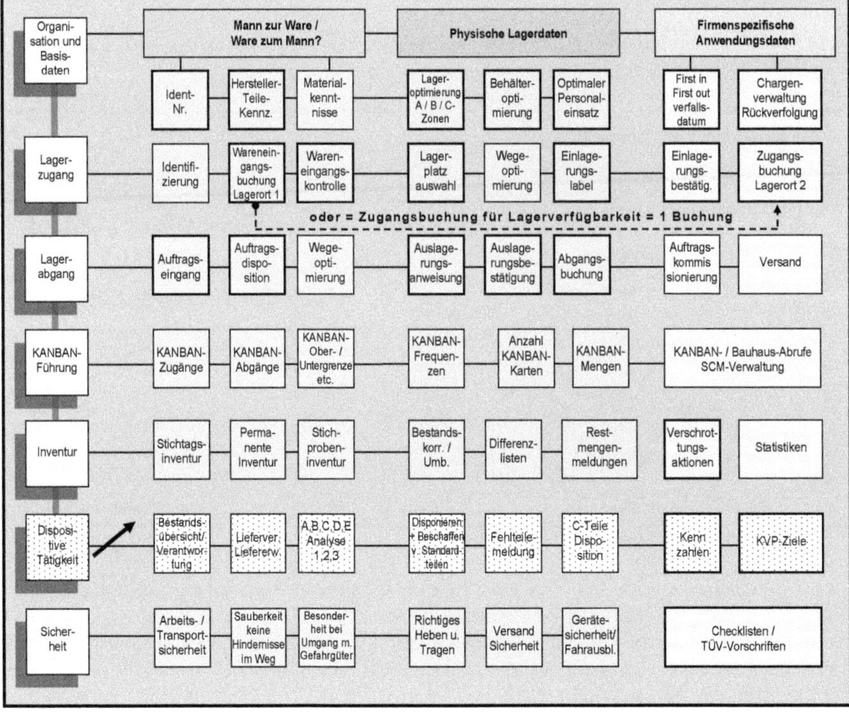

U N D

Der Lagerleiter wird Disponent und Beschaffer für die Teile, bei denen der Lieferant und der Preis bekannt sind.

In der Praxis hat sich gezeigt: Je näher die Disposition am Lager / am Lagerfach organisatorisch angesiedelt ist, je besser stimmen die Bestände im Warenwirtschaftssystem mit den tatsächlichen Beständen vor Ort überein.

Mittels Kennzahlen können die erreichten Verbesserungen einfachst dargestellt werden, z. B.:

- Umschlagshäufigkeit p. a.
- Anzahl Fehlteile / Monat
- Zeit / Zugriff (je Pick)
- Genauigkeit der Bestände in Prozent
- Anzahl Reklamationen
- Verweilzeit von Auftragseingang bis Lieferung der Ware

und im Falle von erforderlichen Bestandssenkungsmaßnahmen eindeutige Vorgaben, sowie deren Kontrolle auf Einhaltung getroffen werden können.

Bild 5.5: *Eindeutige Aufgabenvergabe / entsprechende Aufgabenumschreibung gemäß Lean-Gedanke „Führen nach Kennzahlen"*

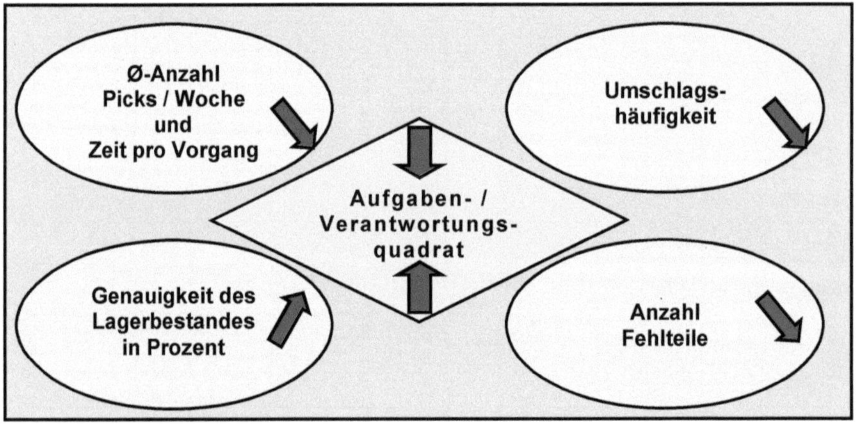

Wichtige Voraussetzung für eine zeitgerechte Material- / Teileanlieferung ist ein stimmendes Bestandswesen, d. h. dass sowohl die körperlichen als auch reservierten Bestände in der IT mit den tatsächlichen Beständen übereinstimmen, wobei KANBAN durch seine automatische Nachschubregelung Bestandsfehler überschreibt, also in der Praxis vor Ort, erst gar nicht auftreten lässt.

Merke: Je niedriger die Bestandsmengen, umso höher muss die Genauigkeit der Bestandszahlen werden!

Die neue A-, B-, C-Analyse als Bestandswertstatistik und Dispositionsgrundlage – Wichtige Stammdaten

Bei der Suche, wie bekomme ich die Materialwirtschaft noch besser in den Griff, bietet sich die A-, B-, C-Analyse an. Es wird ein Maßstab für die Wertigkeit der Lagerhaltung eines jeden Einzelteiles geschaffen. Verbrauch und Wertigkeit gehen in die Rechnung ein.

In früheren Jahren war die Klassifizierung ausschließlich durch Multiplikation der beiden Faktoren „Menge x Preis" und danach Einteilung in drei Gruppen üblich.

A-Positionen = 20 - 25 % aller Teile entsprechen ca. 70 - 75 % des Gesamtwertes
B-Positionen = 25 - 30 % aller Teile entsprechen ca. 20 - 25 % des Gesamtwertes
C-Positionen = 40 - 50 % aller Teile entsprechen ca. 5 - 10 % des Gesamtwertes

Da in diese Berechnungen nur Mengen und Werte eingehen, was in Bezug auf Verwirklichung des Just in time - Gedankens nicht die richtigen Entscheidungskriterien sind, werden heute als Merkmale:

**der Preis pro Teil absolut, sowie
die Dauer der Wiederbeschaffungszeit in Wochen**

zur Bestimmung der A-, B-, C-Einteilung verwendet.

Das bedeutet, dass z. B. geringwertigere B- oder C-Teile mit langen Lieferzeiten, z. B. 18 Wochen, dadurch zu A-Teilen werden, die über Abrufaufträge mittels Liefereinteilungen nach Wochen, sowie Anpassungen (wöchentliche Erhöhung / Verminderung der Liefereinteilungen, auch ATMEN genannt) abgerufen werden.

Bild 5.6: *A- / B- / C-Bestimmung nach Wertigkeit, Kosten, Wiederbeschaffungszeit, Lieferzeit (Beispiel) und Volumen U- / V- / W*

Wert	**Teileart nach Wert**	**Wieder-beschaffungs-zeiten**	**Teileart nach WBZ und Wert**	**Platz-bedarf? U / V / W**	**Mindest-haltbar-keit**
Größer 10,-- €	**A**	**5 Wochen**	**A-Teil**	**Teile mit großem Ausmaß/ Volumen U- können wegen hohem Platzbedarf auch zu A-Teilen werden**	**Teile mit geringer Mindesthaltbarkeit / Verfalldatum sollten auch A-Teile sein**
		17 Wochen	**A-Teil**		
Größer 1,-- €	B	4 Wochen	B-Teil		
		20 Wochen	**A-Teil**		
Kleiner 1,-- €	C	3 Wochen	C-Teil		
		18 Wochen	**A-Teil**		

C-Teile können also nur Teile sein, die preiswert sind und kurze Wiederbeschaffungszeiten haben und B-Teile von der Zielsetzung her, quasi aussterben, da sie entweder zu A-Teilen oder zu C-Teilen werden. Diese Einteilung entspricht mehr den heutigen Notwendigkeiten nach Erfüllung aller kurzfristigen Kundenwünsche mit den damit verbundenen Dispositions- und Beschaffungsregeln, als die frühere Praxis.

Disposition / Bestandsführung / Nachschubautomatik

Abrufaufträge für A-Teile und *„atmen"*

Bestände können reduziert werden durch die Einbeziehung des Vertriebes in die Dispositionsverantwortung von teuren A-Teilen, Materialien oder Vorprodukte mit langer Lieferzeit, denn die Wandlung vom Verkäufer- zum Käufermarkt verlangt mehr Marktorientierung. Sichere Prognosen sollten eine Grundlage für Fertigungsprogramm und -plan sein.

Bild 5.7: *Schemadarstellung der rollierenden Planung:*

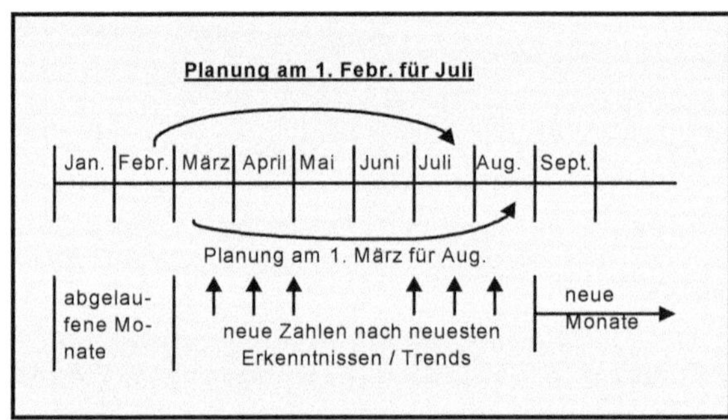

Untersuchungen zeigen jedoch, dass der Bestand eines Betriebes zu 10 % bis 30 % durch mangelnde Prognosequalität verursacht sein kann. Oft ist die Prognosequalität unzureichend, der Kunde bestellt doch anders als geplant.

Der Verzicht auf absolute Zahlen auf Endproduktebene für die Vorplanung der nächsten Zeiträume, erleichtert dem Vertrieb seine Entscheidungen, wenn sie durch eine Trendangabe für alle A-Teile / -Materialien auf der untersten Stücklistenebene ersetzt wird. Basis Vergangenheitswerte / Wiederholteilelisten / Trend für die Zukunft

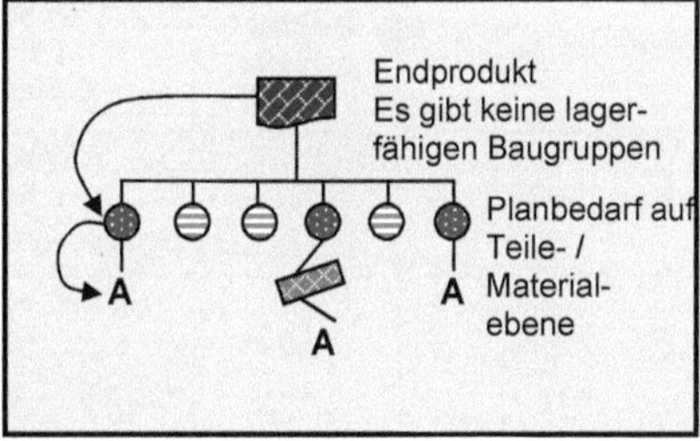

Letztlich muss der Disponent für seine Lagerbestandszahlen doch gerade stehen. Also kann er mit seiner Erfahrung sicher sachgerecht seine Mengen- und Abrufentscheidungen, zusammen mit Vertrieb und Einkauf, selbst treffen.

In regelmäßiger Abstimmung werden auf dieser Basis alle A-Teile / Materialien bzw. Vorprodukte mit längerer Lieferzeit als die eigene Lieferzusagemöglichkeit disponiert und Rahmenvereinbarungen mit den Lieferanten getroffen und entsprechend angepasst.

Diesen Liefereinteilungen wird wiederum der echte Bedarf, laut tatsächlichem Auftragseingang und Liefertermin, dagegen gefahren und die Abrufe entsprechend gesteuert (erhöht, vermindert, terminlich vorgezogen oder zurückgestellt = „Atmen" genannt).

Durch die Einsichtnahme in die Bestandskonten, bzw. statistische Werte aus der Vergangenheit, und die Möglichkeit nicht ganze Produkte disponieren zu müssen, sondern nur die Teile / Materialien auf der untersten Ebene, wird die Planung sicherer.

Der echte Bedarf wird gegen die Planmengen gefahren. Der Lieferant disponiert für uns[1)]

Prognosen müssen sein, aber der Kunde bestellt doch anders.
Der Lieferant wird in den Informationskreis einbezogen. Er erhält die Bedarfsübersichten z. B. 1 x pro Woche, disponiert und produziert danach (= punktgenaue Anlieferung). Eine bessere Einhaltung von Lieferzusagen und eine Verminderung des Bestandsrisikos ist für Lieferant und Kunde eine Zwangsfolge.

Bild 5.8: *Bestell- / Bedarfsanalyse = Informationsfluss zum Lieferanten verbessern*

Datum: 13.06.xx Artikelgruppe von: 3005000 Bestell / Bedarf berechnet für Zeitraum ab 23 xx KW-Abstand 1 Blatt: 1
bis: 3006000

Pos.	Mat-Nr.	Bezeichnung	Lagermenge	verfügbare Menge	reservierte Menge	bestellte Menge	Bestellpunkt	Bestellmenge	Besch-Zeit Wochen
A	**4 030-0569.0**	**Transformator EI 30/15.5** 220/2 x 9 V 1,8 VA	838.00	-12162.00	13000.00	10000.00	1000.00	0.00	10 Wochen

*** Kennzeichen : ***

Woche →	23xx-23xx	24xx-24xx	25xx-25xx	26xx-26xx	27xx-27xx	28xx-28xx	29xx-29xx	30xx-30xx	31xx-31xx	32xx-32xx	33xx-33xx	34xx-34xx
eingeteilte Abrufe →	10000	0	0	0	6000	0	0	0	0	0	8000	0
echter Bedarf: →	2000	3000	0	0	0	0	4000	0	0	4000	0	0

Hier Abrufe rausschieben + reduzieren

nächstes Teil:
↓ ↓

Pos.	Mat-Nr.	Bezeichnung	Lagermenge	verfügbare Menge	reservierte Menge	bestellte Menge	Bestellpunkt	Bestellmenge	Besch-Zeit Wochen
B	**40 030-0507.0**	**Transformator EI 30/12.5** 220/24 V 1,2 VA	355.00	-38645.00	39000.00	8000.00	1000.00	0.00	10 Wochen

*** Kennzeichen : ***

Woche →	23xx-23xx	24xx-24xx	25xx-25xx	26xx-26xx	27xx-27xx	28xx-28xx	29xx-29xx	30xx-30xx	31xx-31xx	32xx-32xx	33xx-33xx	34xx-34xx
eingeteilte Abrufe →	0	5000	0	0	0	3000	0	0	0	0	0	3000
echter Bedarf: →	0	0	3000	3000	0	2800	0	0	0	0	4899	0

Hier Abrufe vorziehen + erhöhen

Durch entsprechende Mengenkontrakt-Festlegungen

MENGENKONTRAKT INSGESAMT

- ca. Bedarf pro Laufzeit ________________ Stück
- Abrufmenge ________________ Stück
- Liefermengentoleranz / Lieferung ________________ Stück
- Bevorratung bei Lieferant min. ________________ Stück
- Bevorratung bei Lieferant max. ________________ Stück
- Bestandsinfo bei ________________ Stück
- Vormaterialbereitstellung ________________ kg an Lager

kann das Risiko von Fehlplanungen / -prognosen, sowohl für den Lieferant, als auch für den Kunden minimiert und die Zusammenarbeit wesentlich verbessert werden.

[1)] Geht bei KANBAN zu Lieferant automatisch über die Frequenz der Abrufe mittels KANBAN-Karte, die Vorschau dient dazu, dass sich der Lieferant auf die obigen Veränderungen einstellen kann, bei Supply-Chain-Teilen über Bestandsplattform mit Min.- / Max.-Bestandsplattform im Internet. Lieferant hat täglichen Zugriff.

Richtlinien zur Behandlung von B-Teilen / -Materialien

Für B-Materialien lassen sich nur schwer Richtlinien aufstellen. Einige B-Materialien liegen näher bei der A-Kategorie, einige näher bei der C-Kategorie. Die Behandlungsweise muss deshalb von Fall zu Fall festgelegt werden. Wobei der Trend, Entscheidungen zu A-Teil, überwiegt. B-Teile also immer weniger werden.

Übliche Dispositionsverfahren sind:

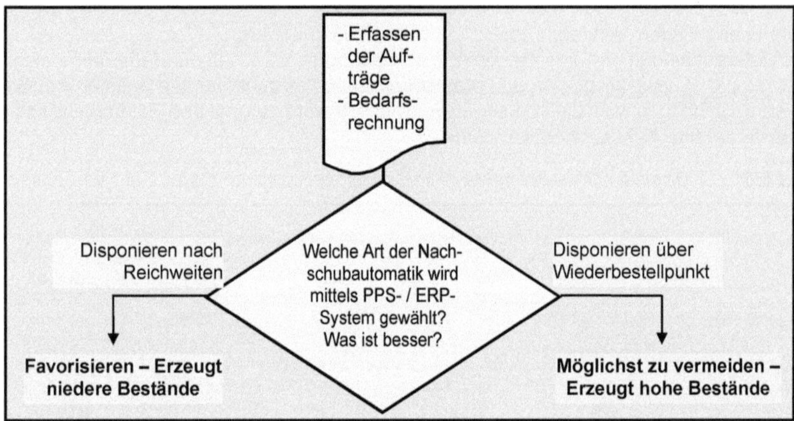

Disponieren nach Reichweiten

Nach dem gewinnwirtschaftlichen Prinzip *„Geld ist wie ein Produkt zu betrachten“*, und dem Zwang *„Verbesserung der Liquidität“*, setzt sich für die Teile die nicht nach KANBAN laufen, das Disponieren nach Reichweiten immer mehr durch.

Beim Disponieren nach Reichweiten, wird an die Disponenten die Bedingung gestellt:

Die Reichweite der Bestellmenge, plus vorhandener Bestand darf z. B. zwei Monate nicht überschreiten.

A) Vergangenheitsbezogene Reichweitenberechnung

$$\frac{\text{Bestellmengen + Bestand}}{\text{Ø - Verbrauch / Woche}} = \text{Reichweite in Wochen}$$

B) Zukunftsbezogene Reichweitenberechnung

$$\frac{\text{Bestellmengen + Bestand}}{\text{zukunftsbezogener Bedarf im Zeitraster}} = \text{Reichweite}$$

Auch die Festlegung eines sogenannten Reichweitenkorridors hat sich für eine bestandsminimierte Disposition bewährt, siehe nachfolgend.

Darstellung: Reichweitenkorridor für reine Vorratswirtschaft (Ampel ● ● ● für Dispo-Arbeit)

Die Visualisierung der Bestandshöhe als Reichweite in Tagen (ohne Si-Bestand) setzt obere und untere Interventionspunkte für den Disponenten

Ampel-Reichweite festlegen	WBZ: 17 AT		
Ampel	●OO	O O	OO●
☑ Best.-Reichweite ± 1 S	20	26	33
☐ Best.-Reichweite ± 2 S	13	26	40

Dadurch werden nur die relevanten Artikel angezeigt, die am dringlichsten zu bearbeiten sind

Bestandshöhe als Reichweite in Tagen [1] z.B.	Farbskala bei WBZ = 17 Tage	Aktivitätenplan
größer 40 Tage	rot	überhöhter Bestand weitere Abrufe hinausschieben
34 - 40 Tage (Ø 37 AT)	gelb	überhöhter Bestand, Bewegungen sorgfältig beobachten
20 - 33 Tage (Ø 26 AT)	grün	Reichweite entspricht dem festgelegten Drehzahl-Ziel / der Wiederbeschaffungszeit
13 - 19 Tage (Ø 16 AT)	gelb	Bestand zu nieder Abrufe / Bestellungen vorziehen
kleiner 13 Tage	rot	Bestand zu nieder, es entsteht Produktionsstillstand, Notfallplan mit Lieferant aktivieren

Errechnet aus den Bedarfsschwankungen der einzelnen Verbrauchsperioden, z. B. Tage / Wochen, mittels Gaußscher Normalverteilung ($\overline{X}$) und Standardabweichung (S)

Beispielhafte Darstellung:

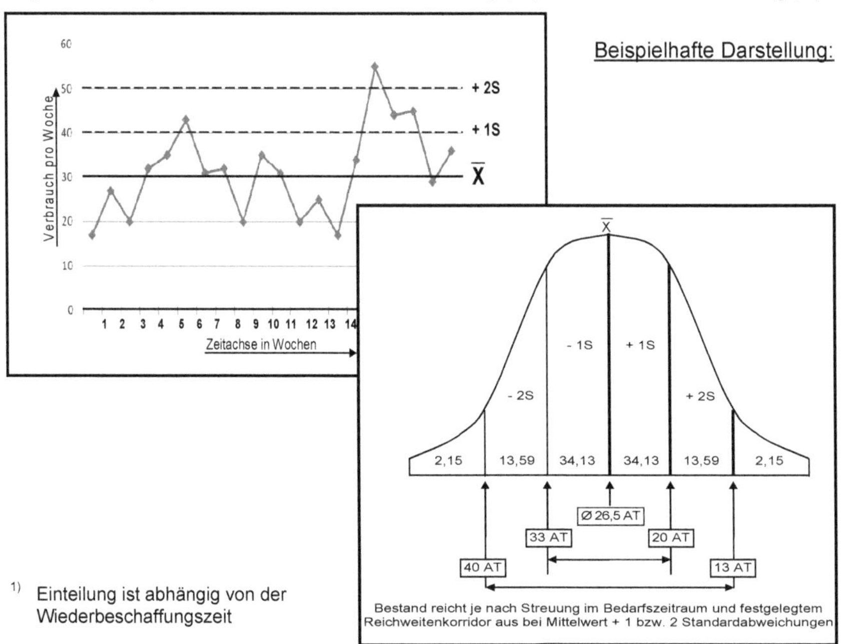

[1] Einteilung ist abhängig von der Wiederbeschaffungszeit

Die Berechnung des Reichweitenkorridors ist nachfolgend beispielhaft dargestellt. Der Zeitraum für den Rückgriff auf die Vergangenheitswerte muss variabel sein, in Wochen- oder Monatswerten, über z. B. 3, 6, 12 Monate, oder Wochenwerten

Wochen-verbrauch	Standard abweichung			
21		Ein Service-grad von 84 % errechnet sich aus Mittelwert plus einer Standard-abweichung	Ein Service-grad von 95 % errechnet sich aus Mittelwert plus zwei Standard-abweichungen	Ein Service-grad von 99,9 % errechnet sich aus Mittelwert plus drei Standard-abweichungen
33				
16				
19				
12				
20				
24				
22				
31				
19				
10		Servicegrad	Servicegrad	Servicegrad
21	1 S =	84 % entspr.	95 % entspr.	99,9 % entspr.
20,67	**6,67**	**27,33**	**34,00**	**40,66**

REICHWEITENKORRIDOR		Aktueller Bestand (Stck.)	Reichweite in Wo.	Aktuelle WBZ
Bei 50 %	Sevicegrad	120	**5,81**	4 Wo.
Bei 84 %	Sevicegrad	120	**4,39**	4 Wo.
Bei 95 %	Sevicegrad	120	**3,53**	4 Wo.
Bei 99.9 %	Sevicegrad	120	**2,95**	4 Wo.

Bei einem Servicegrad von 84 % müsste noch nicht nachbestellt werden, bei 95 % muss!

Faktorentabelle auf Basis $\overline{X}$ + 1 S = 84 % = F 1,0 für Zwischenwerte

Service-grad	Faktor	Service-grad	Faktor	Service-grad	Faktor
50,00 %	0,0000	82,00 %	0,9154	98,50 %	2,1701
52,00 %	0,0502	**84,00 %**	**0,9945**	99,00 %	2,3263
54,00 %	0,1004	86,00 %	1,0803	99,10 %	2,3656
56,00 %	0,1510	88,00 %	1,1750	99,20 %	2,4089
58,00 %	0,2019	90,00 %	1,2816	99,30 %	2,4573
60,00 %	0,2533	91,00 %	1,3408	99,40 %	2,5121
62,00 %	0,3055	92,00 %	1,4051	99,50 %	2,5758
64,00 %	0,3585	93,00 %	1,4758	99,60 %	2,6521
66,00 %	0,4125	94,00 %	1,5548	99,70 %	2,7478
68,00 %	0,4677	**95,00 %**	**1,6449**	99,80 %	2,8782
70,00 %	0,5244	95,50 %	1,6954	**99,90 %**	**3,0903**
72,00 %	0,5828	96,00 %	1,7507	99,95 %	3,2906
74,00 %	0,6433	96,50 %	1,8119	99,96 %	3,3528
76,00 %	0,7063	97,00 %	1,8808	99,97 %	3,4317
78,00 %	0,7722	97,50 %	1,9600	99,98 %	3,5401
80,00 %	0,8416	98,00 %	2,0537	99,99 %	3,7191

Bildschirmübersicht im ERP-System oder als Excel-Tabelle sortierbar, z. B. nach Teileart, Lieferant, Endprodukt mit Filter, wo ist Reichweite kürzer als WBZ in Wochen

Artikel-Nr.	körperl. Lager-bestand	zu liefern innerhalb WBZ	verfügb. Lager-bestand	offene Bestellungen	fest-[2] gelegter Sicher-heits-bestand	Abgang letzte 12 Monate	Ø / Wo. Letzte 12 Mo-nate	Reichweite in Wochen[1] verf. Bestand			Reichweite in Wo.[1] incl. Bestellbestand (innerhalb WBZ)			WBZ in Wochen
								Ø	+ 1 S	+ 2 S	Ø	+ 1 S	+ 2 S	
1	**2**	**3**	**4**	**5**	**6**	**7**	**8**	**9**	**10**	**11**	**12**	**13**	**14**	**15**
6-500039	10	2	8	0	0	41	1	3	2	1	3	2	1	3
6-500048	113	11	102	200	50	491	9	6	4	2	14	12	10	6
6-500050	36	42	-6	300	100	754	15	3	2	1	23	21	20	2
6-500051	5	0	5	50	10	55	1	11	9	7	15	19	10	2
6-500052	0	8	-8	20	10	27	1	5	4	3	9	8	7	2
6-500053	4	0	4	0	0	21	1	2	1	0	2	1	0	1
6-500054	0	40	-40	40	20	260	5	1	0	0	41	40	39	1
6-520001	0	1	-1	4	0	1	0	12	11	10	12	11	10	2
8-500031	2	2	0	0	0	1	0	20	20	19	20	20	19	5
8-500033	11	10	1	0	0	17	0	1	0	0	1	0	0	1
8-501204	6	0	6	8	0	22	1	1	0	0	9	8	7	4
8-501206	0	70	-70	4	0	30	1	2	1	0	4	3	2	4
8-501207	8	72	-64	6	0	28	1	1	0	0	7	6	5	3
8-501208	4	25	-21	4	0	25	1	2	1	0	4	3	2	4

1) gerechnet über $\overline{X}$ und Gaußsche-Normalverteilung und + 1 und + 2 Standardabweichungen

2) bei liefertreuen Lieferanten kann der Sicherheitsbestand auf null gesetzt werden

Oder Reichweitenübersicht wochengenau bei Auftragsfertiger nach Teilenummer:

```
BEDARFSUEBERSICHT NACH TEILENUMMERN                              DATUM: 07.08.xx
NACH KALENDERWOCHEN                                              BIS KW:      53/xx
[WBZ = 6 Wo.]  [Si = 10] [körperl. Best. 19] [Reichweite bis KW 27]   SEITE:       1
- - - - - - - - - - - - - - - - - - - - - - - - - - - - - - - - - - - - - - - - - - -
Buchungsda  Lief.-    Bestelln  Auftragsn  Menge/  Soll-      Reserv  Bestell
tum         Numm      ummer     ummer      Bedarf  Termin in  . je KW je KW         Lagerbestand *
            er                                     Tagen

11304       HOLZGESTELL SESSEL                        WBZ:6      Wo.  Si: 10        [ 19.00 * ]
18.04.xx      7051      9324       50.00    50.00  200              18                  |
24.06.xx      7295       250       50.00    50.00  290              28                  |
05.07.xx      7051      2289       80.00    80.00  390              40                  |
                                                                                        |   R
KW. 35.xx                             64     1.00   358     1.00                        |   E
KW.  3.xx                            102     1.00    38                                 |   I
KW.  3.xx                            237     2.00    38     3.00                        |   C
KW.  9.xx                            583     1.00    98     1.00                        |   H
KW. 12.xx                           1216     2.00   128     2.00                        |   W
KW. 14.xx                           1230     2.00   148     2.00                        |   E
- - - - - - - - - - - - - - - - - - - - - - - - - - - - -                               |   I
KW. 21.xx                           2263     1.00   218     1.00  Si - Bestand wird     |   T
                                                                  unterschritten        |   E
- - - - - - - - - - - - - - - - - - - - - - - - - - - - -                               |
KW. 24.xx                           1865     1.00   248     1.00                        |
KW. 26.xx                           2430     2.00   268                                 |
KW. 26.xx                           2291     2.00   268     4.00                        |
KW. 27.xx                           2369     1.00   278                                 |
KW. 27.xx                           2513     1.00   278                                 |
KW. 27.xx                           2425     1.00   278     3.00         Unterdeckung   v
KW. 28.xx                           2512     3.00   288  <----------------------------
   ↓                                   ↓        ↓      ↓       ↓
```

Bild 5.9: *SAP-Artikelkonto – Reichweiten-gesteuert*

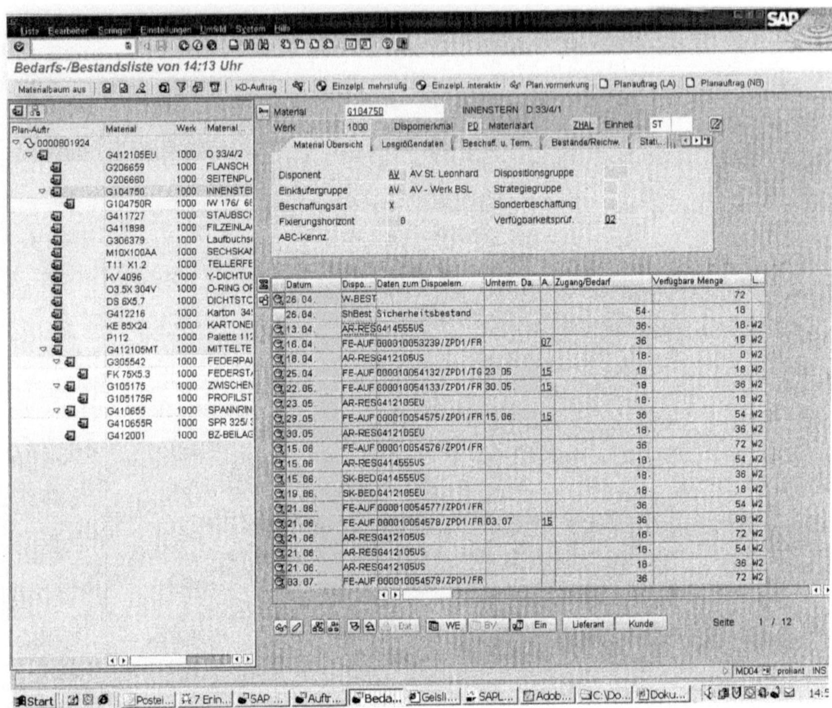

erial	K 70X40		Kiste 700X700X400 mm			
k	1000	Dispomerkmal PD	Materialart	ZMAT	Einheit	ST

)atum	Dispo...	Daten zum Dispoelem.	Umterm. D...	A...	Zugang/Bedarf	Verfügbare Menge
6.04.20	W-BEST			96		
6.04.20	ShBest	Sicherheitsbestand			2-	
7.04.20	AR-RES	G412298EUAB			1-	
7.04.20	AR-RES	G412298EUAB			5-	
8.04.20	AR-RES	G412298			1-	
9.04.20	BS-EIN	07-6082 /00100	16.04.20	10	3	
!0.04.20	AR-RES	G411729UM			1-	
3.04.20	BS-EIN	07-6103 /00070	17.04.20	10	6	

Sofern diese sinnvollen IT-Einstellungen mit Hinweis *„Umterminieren / vorziehen – raus schieben“*, *„Menge erhöhen – reduzieren“*, in Ihrem ERP-System nicht machbar sind, bieten sich Excel-Lösungen an, siehe nachfolgend.

Disponieren nach Reichweiten senkt die Bestände

- Durch Reichweitenvorgabe haben Sie die gewollte Umschlagshäufigkeit nach Teileart im Griff
- Steigt oder fällt der Bedarf, so wird mit diesem Dispositionssystem automatisch mehr oder weniger bestellt. Die Bestellmenge passt sich dem jeweiligen Bedarf an
- Das Disponieren nach Wellen kann einfachst eingeführt werden. Sie erhalten ein Gesamtoptima und kein Einzeloptima. Vom linken Teil ist in etwa die gleiche Menge verfügbar wie vom rechten Teil.

  Wichtig: Geliefert / montiert kann immer nur nach der kleinsten Stückzahl werden
- Der Sicherheitsbestand kann bei Disponieren nach Reichweiten und termintreuen Lieferanten auf null abgesenkt werden. Ein Schritt zur weiteren Bestandssenkung.
- Das Disponieren über Wiederbestellpunkte / Mindestbestände o. ä. und Losgrößen *„kostenoptimiert berechnet"*, erzeugt reine Einzeloptima, die nicht aufeinander abgestimmt sind und treibt somit die Bestände in die Höhe.

Zusätzliche Dispo-Kennzeichen als Dispositionshilfen

Ein weiteres, wichtiges Hilfsmittel zur Verbesserung der Dispositionsqualität ist folgende Zusatzinformation an den Disponenten, bzw. das Hinterlegen eines zusätzlichen Dispo-Kennzeichens in den Stammdaten nach der 1- / 2- / 3- bzw. X- / Y- / Z-Methode:

Bild 5.10: *Dispo-Kennzeichen nach Artikelklassifizierung (1- / 2- / 3- = pragmatische Einteilung)*

<table>
<tr><th rowspan="2" colspan="2">Dispo-Vorgabe</th><th colspan="4">Zusatz - Dispo - Kennzeichen</th></tr>
<tr><th>Wiederholteil
1 (X)</th><th>Sonderteil mit Wiederholcharakter für 1 Kunde
2 (Y)</th><th>Reines Sonderteil
3 Z (S)</th><th>Ersatzteil
4</th></tr>
<tr><td rowspan="3">A- / B- / C- Klassifikation</td><td>A</td><td>Vorratshaltung: Ja
Mindestbestand: Lt. Vertriebsplanvorgabe
Bestellmenge: Lt. echtem Kundenbedarf
Art der Bestellung: Punktgenaue Abrufaufträge</td><td rowspan="3">Vorratshaltung: Ja
Mindestbestand: 0
Bestellmenge: In Abstimmung mit Kunde über Vertrieb max. z.B. 1 - 2 Monate
Dispo-Art: Reichweitenberechnung gemäß freigegebener Liefereinteilung</td><td rowspan="3">Vorratshaltung: Nein
Mindestbestand: 0
Bestellmenge: Reine, auftragsbezogene Fertigung, ohne Losgrößenberechnung</td><td rowspan="3">Nach Vorgabe bzw. festgelegtem Servicegrad</td></tr>
<tr><td>B</td><td>Vorratshaltung: Ja
Mindestbestand: Ja
Bestellmenge: Nach Reichweitenberechnung</td></tr>
<tr><td>C</td><td>Vorratshaltung: Ja
Mindestbestand: Ja
Bestellmenge: Lt. Losgrößenberechnung möglich, aber z. B. max. für 6 Monate
Oder besser C-Teile - Management, Lieferant liefert automatisch nach</td></tr>
</table>

X- / Y- / Z-Analyse / Berechnungsmethode

Mittels Methoden der mathematischen Statistik, hier VARIATIONSKOEFFIZIENT (V), wird die Schwankungsbreite der Bedarfe in der Zeitachse ermittelt und danach Dispositionsverfahren und Servicegradhöhe bestimmt[1].

Beispiel:

V = Verhältnis Mittelwert $\overline{X}$ zu Standardabweichung S
Beispielrechnung (S 86,21 : $\overline{X}$ 238 = 0,36 = Y-Artikel)
mit folgender Aussage:

- ► je kleiner die Abweichung = je regelmäßiger der Bedarf
- ► je größer die Abweichung = je unregelmäßiger der Bedarf

woraus sich folgende Einteilungen / Lieferbereitschaftsgrade für die Praxis ergeben[1]:

Schwankungsbreite	Ergibt Teileart [1]	Bemerkung	Höhe des Si-Bestandes
≤ 0,33	X	Im Regelfalle[2] Einser-Teile	Höher ↕ Niederer
≤ 0,66	Y	Im Regelfalle[2] Zweier-Teile	
≤ 1,00	Z	Im Regelfalle Dreier-Teile	
Artikel kommen nur sporadisch vor, weiterer Bedarf ist nicht absehbar	ZZ	Immer Dreier-Teile	0 - auftragsbezogene Beschaffung
Alles unter Beachtung saisonaler Schwankungen und Trends. Dann gleiche Zeitfenster zur Berechnung heranziehen.			

Bild 5.11: *Berücksichtigung weiterer Dispositions-Wertigkeiten / Auftragsarten*

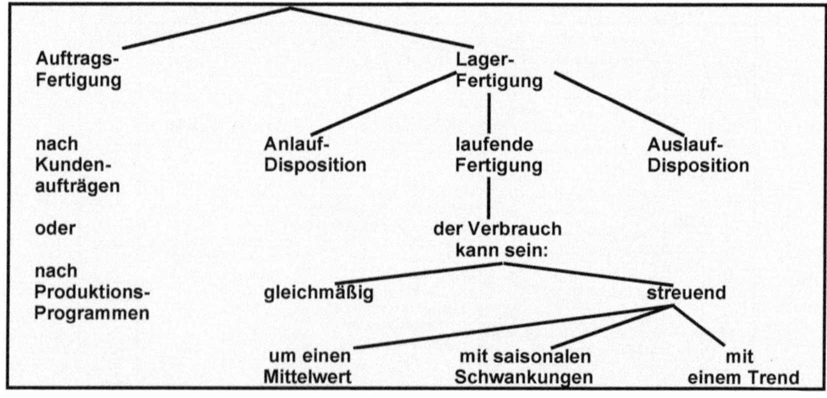

[1] In Anlehnung an Prof. Dr. Ing. Dipl.-Wirtsch.-Ing. Helmut Ables, Fachhochschule Köln
[2] Je nach Wiederbeschaffungszeit

Bestellpunktverfahren kann zu überhöhten Beständen / Fehlleistungen / Fehlteilen führen

Die Kunden bestellen anders als gedacht, wodurch das geplante Mengen- und Termingefüge nicht mehr zufriedenstellend funktioniert. Die Disposition nach Reichweiten überwindet Fehlleistungen, ist näher am Kunden.

Bild 5.12: *Ermittlung des Wiederbestellpunktes / Meldebestandes*

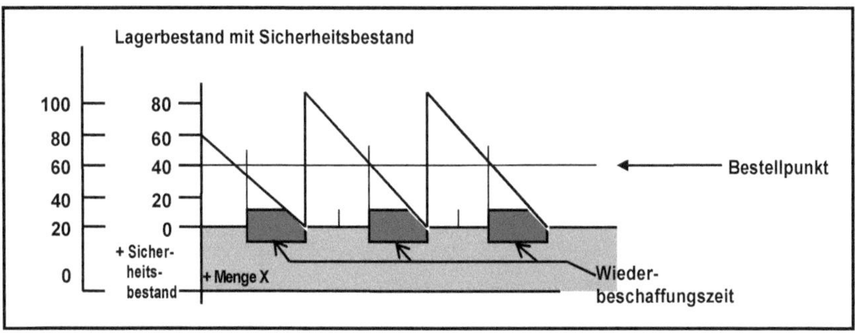

Formel: (WBZ in Wochen x Ø-Verbrauch / Woche) + gewollter SI-Bestand
z. B. $\overline{X}$ + 1 S, oder je nach Liefertreue Lieferant: Eindeckung für 2 AT, oder 5 AT, oder ...

Dieses Verfahren sollte in der heutigen Just in time - Zeit auf Grund der Variantenvielfalt und zweier gravierender Kriterien nicht, bzw. nur noch für C-Teile angewandt werden:

1. Der Pflege- und Betreuungsaufwand dieser Stammdaten ist hoch (wird häufig vernachlässigt). Insbesondere die Berechnungen sollten für A- und B-Teile alle 6 - 8 Wochen überprüft, bzw. fallweise sofort angepasst werden.

2. Der größte Nachteil ist jedoch:
   Es wird eventuell eine Bedarfslawine vom Endprodukt, über Baugruppen, bis hin zum Einzelteil / Halbzeug erzeugt, wenn der so errechnete Bestellpunkt unterschritten wird. Die Fertigung wird verstopft, erzeugt hohe Bestände, denn die Kunden bestellen doch anders.

Bild 5.13: *Festlegung und Pflege von Wiederbeschaffungszeiten - Standard-Mail*

Adressen - Feld

Lieferzeit-Anfrage

Sehr geehrte Damen und Herren,

um unser ERP-System mit präzisen und aktuellen Daten zu pflegen, bitten wir Sie, uns Ihre aktuelle Lieferzeit, bezogen auf die einzelnen Artikel, mitzuteilen.

Für den Fall, dass wir mit Ihrem Hause Rahmenaufträge abschließen, weicht möglicherweise die Lieferzeit für Abrufe von den Lieferzeiten für Einzelbestellungen ab. In diesem Falle bitten wir um entsprechende Unterscheidung.

Im Interesse einer reibungslosen Zusammenarbeit, bitten wir um umgehende Beantwortung.

Mit freundlichen Grüßen

Artikel-Nr. (IDENT-NR.)	Zeichnungs-Nr.	ME	Bezeichnung / Bestell-Nr.	Lieferzeit in Wochen	Rahmenauftrag Abrufzeit in Wo.

Oder in den Liefervereinbarungen je Artikel sind fixe Lieferzeiten mit entsprechenden Vermerken, was bei Nicht-Einhaltung eintritt, vermerkt.

Problematik der bedarfsorientierten Disposition bei Vorratswirtschaft, mittels Bestellpunktverfahren

Es besteht kein zeitlicher Zusammenhang zwischen Festlegung Bestellmenge zu echtem Bedarf in der Lieferstrecke. Die Kunden bestellen anders als gedacht. Das aufwendig ermittelte ERP-Mengen- und Termingefüge funktioniert nicht mehr zufriedenstellend.

Darstellung dieser Problematik anhand vier verschiedener Artikel mit ca. gleich großen Bestell- / Bedarfsmengen und Wiederbeschaffungszeiten. Dispo-System auf Bestellpunktverfahren eingestellt.

Endprodukt / Baugruppe / Einzelteil / Halbzeug			Ident-Nr. A	Ident-Nr. B	Ident-Nr. C	Ident-Nr. D	usw. ...
Festgelegter Wiederbestellpunkt im PPS-System			100	120	110	150	
Bestand lt. Letzter Bedarfsrechnung			99	119	109	129	
Wiederbestellpunkt ist niederer als Bestand, also erzeugt PPS-System nach festgelegten Regeln Bestellvorschläge, die vom Disponenten in Fertigungsaufträge umgewandelt werden							
Ergebnis:	Bestellmenge		200	220	210	240	
mit	Starttermin Wo./J.		32/xx	32/xx	32/xx	32/xx	
und	Endtermin Wo./J.		40/xx	40/xx	40/xx	40/xx	
Darstellung weiterer Kundenbedarfe, eingereiht in das terminliche Zeitraster, wann werden die Bedarfe tatsächlich benötigt (weitere Aufträge / Termin- / Mengenänderungen)							
Termin [1]	Kunden-aufträge	mit Menge					
Wo. 32	A	"	20	--	5	18	
Wo. 33	B	"	10	--	5	12	
Wo. 33	C	"	5	--	5	10	
Wo. 34	D	"	15	--	--	2	
Wo. 34	E	"	15	--	--	2	
Wo. 35	F	"	10	--	5	2	
Wo. 36	G	"	15	--	5	4	
Wo. 36	H	"	10 xxx [2]	--	--	10	
Wo. 38	I	"	10	--	1	10	
Wo. 39	K	"	20	--	1	10	
Wo. 40	L	"	10	--	8	--	
Ergibt Σ Bedarf bis Wo. 40			140	0	35	80	0
Ergibt Bestand in Wo 40 [1]			-41	119	74	49	0

Ergebnis der Dispo-Arbeit von Freitag Wo. 31 aus Sicht eines Lageristen, z. B. ↓ am Donnerstag Wo. 40	zu wenig und zu spät bestellt	wird nicht benötigt	wird in Wo. 40 nicht benötigt	o.k.	

Was bedeutet: Es wird eine Bedarfslawine über die gesamte Stücklistenstruktur erzeugt, vom Endprodukt über Baugruppen, bis zu den Einzelteilen, Halbzeug; mit Ergebnis: Überhöhter Lagerbestand und trotz hoher Bestände ist das Unternehmen nicht lieferfähig, da der Kunde doch anders bestellt.

[1] PPS-System erzeugt bei erneuter Unterdeckung / Unterschreitung des Wiederbestellpunktes neue Aufträge. Dieser Vorgang ist hier nicht dargestellt, da für Problembesprechung bedeutungslos.

[2] Ab hier Unterdeckung

Problem Minusbestände im verfügbaren Bestand bei Vorratswirtschaft innerhalb der WBZ

In manchen Materialwirtschaftssystemen ist es zulässig, dass Bedarfe auch dann reserviert werden, wenn dadurch bei terminlich nachfolgenden, bereits zugesagten Aufträgen innerhalb der Wiederbeschaffungszeit **UNTERDECKUNG** entsteht. Dies bedeutet, es werden Teile für einen bereits bestätigten Auftrag weggestohlen. Dies ist **NICHT** zulässig und führt zu Problemen in der Liefertreue (Flexibilität bedeutet nicht Chaos). Es sei denn, die eigentliche Nachschubautomatik wird über KANBAN gesteuert.

Bild 5.14: *Artikelkonto eines Vorratsteiles*
Kennung z. B. B 1 (B X)

Mat.-Nr.	von Termin	bis Termin	
030.0507.0	Wo.20 xx	Wo.30 xx	
Bezeichnung:	TRANSFORMATOR EI 30/12.5 220/24 V 1,2 VA	Datum: 13.06.xx	
Lagerbest.	Verf. Bestand	Wieder-bestellpunkt	WBZ in Tagen
+ 355.00	-38645.00	1500.00	20

Termin	Bedarf	Bestellt	Verfügbar
20 xx	0.00	4000.00	+4355.00
21 xx	3000.00	0.00	+1355.00
22 xx	0.00	0.00	+1355.00
23 xx	2500.00	0.00	-1145.00
24 xx	0.00	5000.00	+3855.00
25 xx	3000.00	0.00	+ 855.00
↓ ↓	↓	↓	↓
42 yy	4000.00	0.00	-23645.00
43 yy	0.00	0.00	-23645.00
44 yy	0.00	0.00	-23645.00
45 yy	3000.00	0.00	-26645.00
46 yy	0.00	0.00	-26645.00
47 yy	0.00	0.00	-26645.00
48 yy	0.00	0.00	-26645.00
49 yy	0.00	0.00	-26645.00

In dieser Zeitachse, WBZ 20 AT, darf nicht automatisch ins Minus reserviert werden Hinweisfeld **KLÄRUNG** notwendig

Merksatz:

Im verfügbaren Bestand darf bei *Vorratsteilen* innerhalb der Wiederbeschaffungszeit nicht ins Minus reserviert werden. Bei *Sonderteilen* (kein Vorrat gewollt) muss ins Minus reserviert werden.
Stammdateneinstellung je Artikelnummer

Körperlicher Bestand
- Bedarf + Bestellung
= Verfügbare Menge

Weitere Bestandsarten / Kennungen

Der Disponent muss zum Zwecke einer geordneten Materialwirtschaft mit minimierten Beständen Kenntnis haben über

- den Bestellbestand, getrennt nach Eigenfertigung und Fremdbezug je Artikelnummer im terminlichen Zeitraster
- Werkstattbestand, Bestand, der aus dem Lager zwar entnommen ist, aber im Rahmen einer Bereitstellung, z. B. nach KANBAN-Prinzipien (ein voller Behälter / Palette wird bereitgestellt) nicht in voller Höhe für den Auftrag benötigt wird
- Wareneingangsbestand
  Warenzugang, der noch nicht freigegeben ist[1)]
- Bestände in Sperrlager laut Qualitätskontrollmerkmalen[1)]
- Sicherheits- / eiserner Bestand
  Dies ist der Bestand, der eigentlich nicht unterschritten werden darf und der eine sofortige Nachschub-Anmahnung auslösen muss
- Bei flexibler (chaotischer) Lagerführung Gesamtbestand, sowie Bestand pro Lagerfach / -ort
- Bei Versandlager bereits entnommen, für Kunde reserviert, aber noch nicht verladen (Bereitstellbestand)

Sowie für die tägliche Arbeit, gemäß Bestellvorschlagsübersicht (Mindestanforderung):

- Verfügbarer Bestand im terminlichen Zeitraster
- körperlicher Bestand / Sicherheitsbestand
- Mengeneinheit (Stück, kg, Liter, oder ... ?)
- Reichweite und aktuelle Wiederbeschaffungszeit
- Bei Abrufaufträgen (bei Lieferanten) Restabrufmenge
- Min- / Max.-Bestand / Soll-Drehzahl / Umschlagshäufigkeit
- Farbige Hinweisfelder mit Datum für Vorziehen / Hinausschieben von Bestellungen / Fertigungsaufträgen, entstanden durch kurzfristige Kundenänderungen in Menge und Termin
- A-, B-, C- / X-, Y-, Z-Teil / Ersatzteil
- Verkettungshinweis
- Menge / Verpackungseinheit / Losgröße / Fixe Bestellmenge
- Trend / Prognosefaktor
- Verbrauch der letzten Perioden mit größtem und kleinstem Wert und Streuung, sowie vergleichbare Perioden in der Vergangenheit
- aktuelle Wiederbeschaffungszeit

[1)] Ware darf nicht länger als ein Arbeitstag im Wareneingang, bei der QS-Abteilung, auf dem Sperrlager liegen. Sofortiges bearbeiten, klären ist Pflicht. Wenn Feierabend ist, muss der Wareneingang / das Sperrlager „besenrein" sein

Ermittlung des Sicherheitsbestandes – Welche Systemeinstellung ist sinnvoll?

Der Sicherheitsbestand ist jene Menge eines Teiles, die als Schutz gegen eine Unterdeckung geführt wird. Er kann auf mehrere Arten berechnet werden. Diese reichen von einer einfachen Festlegung einer Zeitspanne, die mit dem Bedarf multipliziert wird (z. B. Eindeckung für eine Woche), bis zu statistischen Methoden.

I

a)	Liefertreuer Lieferant	Si = 1 - 5 AT
b)	Weniger liefertreu, aber noch akzeptabel	Si = 50 % des Verbrauchs in der WBZ
c)	~~Lieferuntreuer Lieferant~~	Anderen Lieferanten suchen

II Oder besser, es wird die Bestimmung des Sicherheitsbestandes mittels des Servicegrad-Verfahrens vorgenommen.

Mit dieser Messzahl **„Servicegrad"** genannt ist es je Teile- / Materialart möglich:

- den gewünschten Servicegrad in Form der zulässigen Unterdeckung festzusetzen, bzw. den Prozentsatz der Bestellabläufe, die keine Unterdeckung aufweisen sollen, zu berechnen.

Bild 5.15: *Servicegrad =* $\overline{X}$ *+ 1 oder 2 oder 3 Standardabweichungen*

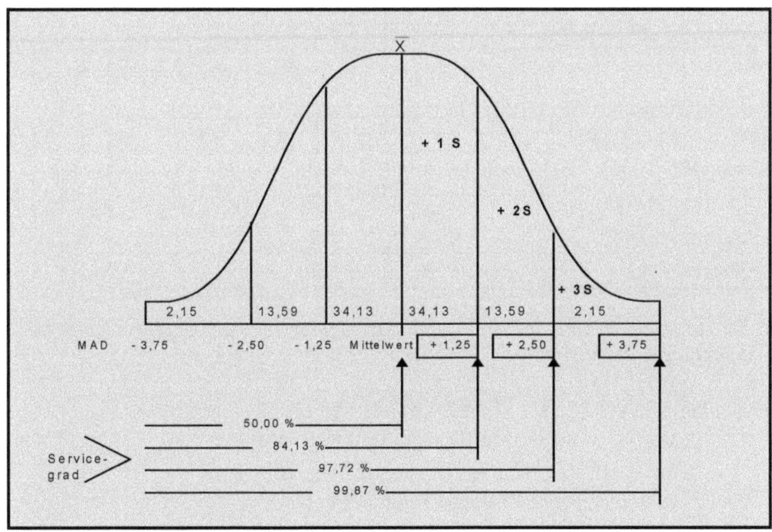

Achtung: Hohe Sicherheitsbestände treiben die Bestände um das X-fache nach oben, insbesondere bei langen Wiederbeschaffungszeiten und hohen Bedarfsschwankungen. Deshalb:

- Legen Sie eine vertretbare Lieferbereitschaft je Artikel / Warengruppe fest
- Akzeptieren Sie in Einzelfällen Null-Bestand

Ersatzteilmanagement / Disposition von Ersatzteilen

Für die Disposition / Lagerhaltungshöhe von Ersatzteilen lassen sich kaum Regeln aufstellen. Die Handhabung hängt größtenteils von der Unternehmensphilosophie / dem Zwiespalt ab, was will das Unternehmen:

- Eine hohe Verfügbarkeit, damit eine umgehende, termingerechte Versorgung sichergestellt ist.
  Mit dem Ergebnis: Hohe Lagerhaltungskosten, aber geringe Maschinenstillstandszeiten.
- Eine geringere Verfügbarkeit, mit dem Risiko, dass höhere Maschinenstillstandszeiten im Schadensfalle in Kauf genommen werden müssen.

Es sei denn, es können mit den Lieferanten / Maschinenherstellern KANBAN- / Konsignationslager oder besser, ein sogenanntes Zentrales Informationsmanagement mittels IT-Plattform, *„BEI WEM LIEGT WAS?"* eingerichtet werden.

Bild 5.16: *Die gesamte Problematik kann am einfachsten anhand eines Entscheidungsmodells dargestellt werden:*

Kriterium	**Ausprägungen**[1] **(mit beispielhaften Gewichtungsfaktoren)**		
	hoch	**mittel**	**niedrig**
Wiederbeschaffungszeit	**4**	**2**	**1**
Preis	**1**	**2**	**3**
Bedarfsregelmäßigkeit	**1**	**2**	**3**
Lagerhaltungskosten	**1**	**2**	**3**
Haltbarkeit	**4**	**2**	**1**
Lieferzuverlässigkeit	**1**	**2**	**3**
Stillstandskosten	**6**	**3**	**1**
Funktionsrisiko	**6**	**3**	**1**

1) Quelle: Zeitschrift ZWF 12 / 03 Carl Hanser Verlag, Autor Dipl.-Ing. K. Kaiser, Dipl.-Ing. M. Vogel, Dipl.-Ing. A. Werding

Nach der Höhe der Punktezahl wird dann die Lagerhaltungsstrategie für einzelne Teile oder Teilegruppen festgelegt.

Natürlich müssen noch weitere Einflussfaktoren Beachtung finden, wie z. B.:

- Lagerkapazität / Lieferant Helfer in der Not
- sowie Liquiditätsfragen grundsätzlicher Art
- Vertragliche Regelungen mit Kunden

Kenntnisse über Anzahl eingesetzter Anlagen, deren Laufstunden, bzw. planmäßige Wartungen / Generalüberholungen, also Daten wie sie aus modernen Instandhaltungsprogrammen geliefert werden, erleichtern die Arbeit wesentlich.

Eine völlig andere Strategie ist, das Ersatzteillager gegen null zu setzen und mit Unternehmen in der Nähe vertraglich vereinbaren, dass notwendige Reparaturen / Ersatzteile innerhalb von z. B. 24 Stunden, oder weniger, hergestellt / in einwandfreier Qualität geliefert werden. Ein höherer Stundensatz in der Bezahlung kann das Lockmittel sein.

5.3 C-Teile-Management – Das Supermarktprinzip für Industrie und Handel

Bei C-Materialien kann das Dispositionsverfahren gelockert werden. Es kann entweder

a) **nach dem Zwei-Kisten-System gearbeitet werden,**
   - Bestandsverantwortung liegt in den Händen des Lageristen, oder

b) **es werden nur komplette Abgänge nach**
   - Menge pro Kiste / Lagereinheit / fixe Entnahmemengen

im körperlichen Bestand auf Kostenstelle abgebucht. Nachdispositionen erfolgen über einen festgelegten Wiederbestellpunkt, der großzügig ausgelegt ist.

c) **Oder es wird ein sogenanntes Bauhaus- / Regalserviceverfahren eingerichtet, das ähnlich dem Auffüllen eines Zigarettenautomaten funktioniert.**

Alle IT-gestützten Bestandsführungsverfahren erfordern einen bestimmten Aufwand in Führung und Pflege. Bei niederen Beständen kommt noch das Risiko von Fehlmengen / Fehlbeständen hinzu, Bildschirmbestand entspricht nicht dem Lagerbestand vor Ort, was für die geforderte Flexibilität und Liefertreue ein verhängnisvoller Zielkonflikt ist.

Gelöst werden kann dieser Zielkonflikt durch die Einführung von sogenannten Bauhaus- / Regalserviceverfahren und / oder KANBAN-Systemen, wie sie im Handel bereits üblich sind, die Kosten senken (Abbau von Geschäftsvorgängen, wie z. B. Buchungs- und Bestellvorgänge), bei gleichzeitiger Erhöhung des Verfügbarkeit.

Darstellung der verschiedenen Ausprägungen von Regalserviceverfahren

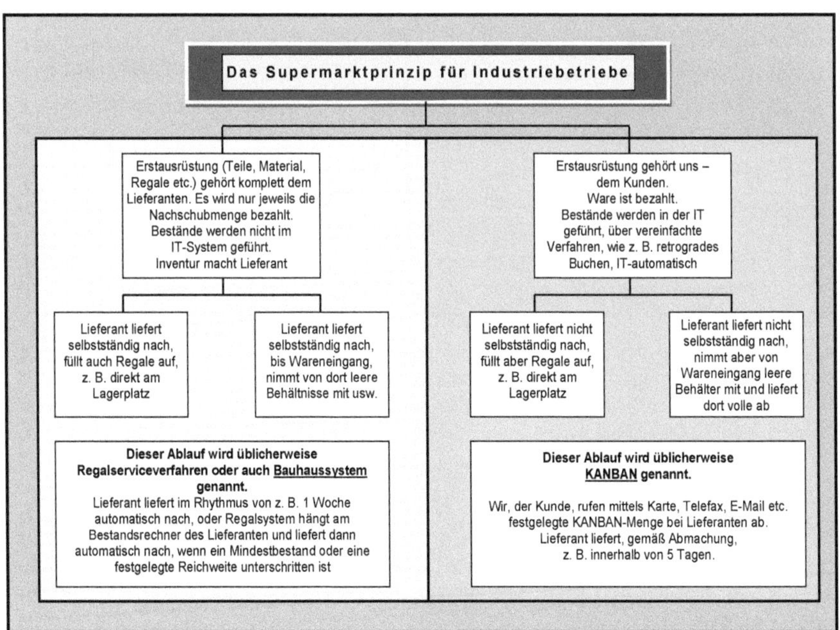

Diese sogenannten Bauhaus- / Regalserviceverfahren setzen sich immer mehr durch. Ein Blick in die Zukunft sagt, dass in den nächsten Jahren bis zu 50 % aller Beschaffungsvorgänge nach diesen Prinzipien ablaufen. Auch die Vorteile für den Lieferanten sind enorm: Weniger Lagerplatz, feste Kundenbindung, dadurch mehr Umsatz, außer liefern und Rechnung schreiben, keine weiteren Geschäftsvorgänge.

Auswirkungen von Regalservice- / Bauhaus- / KANBAN-Systemen auf die Logistik / Logistikleistung des Unternehmens

Bestandsreduzierung	**Durchlaufreduzierung**

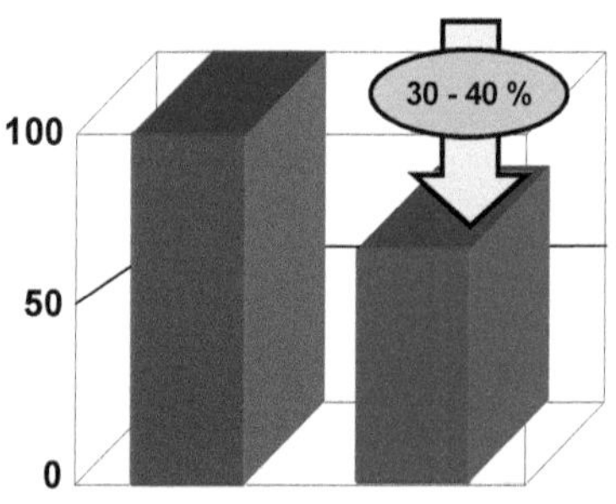

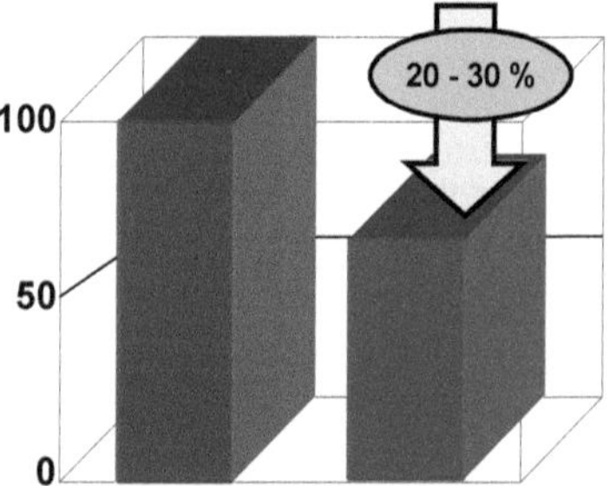

- Konzentration auf wenige Lieferanten
- Keine Disposition
- Erhöhung der Termin- und Liefertreue
- Keine Störungen des Produktionsablaufes
- Erhöhung der Lieferbereitschaft
- Senkung des operativen Beschaffungsaufwandes, keine Bestellung, keine WE-Kontrolle, kein Buchen

- Just in time - Lieferung
- Reorganisation der internen Logistik vom Einzelteil bis zur Baugruppe
- Senkung der Wiederbeschaffungszeiten
- Es ist immer das richtige in richtiger Menge da
- Reduzierung der Logistikkosten

Bei dieser Art der Nachschubautomatik muss eine entsprechende Kennung in den Stammdaten hinterlegt werden und das System wird auf eine rein körperliche Bestandsführung (nur Zugangs- und Abgangsbuchungen) für KANBAN-Teile umgestellt, wobei die Abgangsbuchungen meist so eingestellt sind:

> Zentrallager → Umbuchen auf Produktionslager – bei Fertigstellung retrogrades Abbuchen von PL-Lager, bei paralleler Zugangsbuchung auf Versand- / Fertigwarenlager.

Sofern die Erstausstattung noch dem Lieferanten gehört, entfällt eine Bestandsführung komplett. Es gibt nur eine Dummy-Bestellung, damit die Rechnungen vom Lieferanten bezahlt werden.

Vorteilsrechnung bei Belieferung nach dem Bauhaus- / Regalservice- / Supply-Chain-Verfahren

Weitere Vorteile, außer einer 100 % Verfügbarkeit, sind:

1. Vorteile

Reduzierung der Lagerkosten	Reduzierung der Logistikkosten
◆ Lagerfläche	◆ nur noch ein Lieferant
◆ Kapitalbindung	◆ bedarfsorientierte Lagerhaltung
◆ Lieferanten - Kommissionslager	◆ Reduzierung der Artikelvielfalt
◆ Verbesserung der Liquidität	◆ Überarbeitung der Klassifizierung

2. Berechnung der Einsparung von Geschäftsvorgängen auf der Basis von Prozesskosten (berechnet nach Zeitaufwand x 0,50 € / Minute Vollkosten)

2.1 Rechnungsprüfung und Buchung

	5,00 € / RE	Rechnung prüfen (Einkauf)
+	2,00 € / RE	Rechnungsduplikat ablegen (Einkauf)
+	6,00 € / RE	Rechnung kontieren und buchen (Buchhaltung)
+	4,00 € / RE	Zahlungsbeleg erstellen und prüfen (Buchhaltung)
+	2,00 € / RE	Rechnung ablegen (Buchhaltung)
	19,00 € / RE	Kosten einer Rechnung

Ergibt Einsparungen:

ohne KANBAN	280 Rechnungen / Jahr x 19,00 / RE	= €	5.320,00
mit KANBAN	12 Rechnungen / Jahr x 19,00 / RE	= €	228,00
Ergibt Summe Einsparung Rechnungsprüfung / Buchung / Jahr		= €	5.092,00

2.2 Lieferantenpflege

300,00 € Pflege eines Lieferanten pro Jahr im Einkauf
100,00 € angesetzt werden 30 % des Betrages bei KANBAN- / Regalserviceverfahren

Ergibt Einsparungen:

ohne KANBAN	28 Lieferanten x	€ 300,00	= €	8.400,00
mit KANBAN	2 Lieferanten x	€ 100,00	= €	200,00
Ergibt Summe Einsparung Lieferantenpflege / Jahr			= €	8.200,00

2.3 Beschaffen

30,00 € / BE Disponieren und Beschaffen, incl. Bestellung auslösen
10,00 € / BE Terminverfolgung
40,00 € / BE für einen Dispo- und Beschaffungsvorgang

Ergibt Einsparungen:

ohne KANBAN	250 Bestellungen x	€ 40,00	= €	10.000,00
mit KANBAN	0 Bestellungen x	€ 40,00	= €	0,00
Ergibt Summe Einsparung für Dispo und Beschaffen			= €	10.000,00

2.4 Buchen / Wareneingang / QS - Sicherung

0,20 € / Buchung	Abgangsbuchung entfällt, da solche Teile retrograd über Stückliste abgebucht werden
18,00 € / WE	Annahme und Wareneingangsprüfung (Menge, Identität, Qualität)
3,80 € / WE	Zugangsbuchung, incl. Ware zur Einlagerung bereitstellen und Lagerortbestimmung
22,00 € / WE	gesamt Wareneingang und Lager

Ergibt Einsparungen:

ohne KANBAN	950 Position / Jahr x	22,00	= €	20.900,00
mit KANBAN	1.800 Positionen / Jahr x	[1] 0,00	= €	0,00
Ergibt Summe Einsparung für Wareneingang, incl. Einlagern und Zugangsbuchung			= €	20.900,00

[1] Lieferant ist AUDITIERT und liefert direkt an Arbeitsplätze

2.5 Inventur

4,00 € / Artikelnummer — Inventurarbeit incl. IT-Eingabe und ggf. Bestandskorrektur
128 Artikelnummern x € 4,00 = € 512,00

Ergibt auch gleichzeitig die Ersparnis, da Inventur nicht mehr notwendig

3. Zinsersparnis

Angenommener Zinssatz 6 % p.a.
∅-Bestand dieser 128 Artikel p.a. insgesamt € 100.000,--
Ergibt Einsparungen:
5 % von 100.000,-- p.a. = € 5.000,--

4. Summe Einsparungen p.a., Pkt. 2.1 - 2.5 + 3 = € 49.704,00

5. Weitere Prozesskosten die eingespart werden können

35,00 € / Reklamation x Anzahl Vorgänge
15,00 € / Falschlieferung erfassen bzw. Fehlmengen bearbeiten
31,00 € / Umpackvorgänge, damit ordentlich eingelagert werden kann
260,00 € Preise verhandeln / Angebote bearbeiten

Sind bei der weiteren Betrachtung außer Acht gelassen, da sehr schwankende Vorgangszahlen

6. Mehrkosten für das eigene Unternehmen

Im Regelfalle null, bzw. manche Lieferanten bezahlen Miete für die von ihren Teilen in Anspruch genommene Fläche.

Grund: Lieferant selbst benötigt weniger Lagerplatz im eigenen Hause.

Und häufig fallen sogar die Teilepreise, da jetzt größere Mengen von einem Lieferant abgenommen werden.

Also weitere Einsparungen – keine Mehrkosten!

5.4 Restmengenmeldungen verbessern die Bestandsgenauigkeit und senken die Bestände

Niedrigere Bestände erfordern genauere Bestandsführung über die aktuelle Situation.

Restmengenmeldungen mit sofortiger Bestandskorrektur bei Abweichung, die vom Lagerverwalter bei Erreichen einer überschaubaren Bestandsmenge im Warenwirtschaftssystem vorgenommen wird, erhöht die Sicherheit, dass

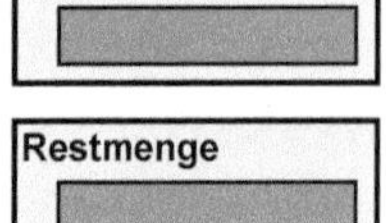

a) die Bestände stimmen, die Kontenauskünfte also glaubhaft sind,

b) Bestandsdifferenzen zwischen Buchungsbestand und körperlichem Bestand am Lager frühzeitig erkannt, rechtzeitig reagiert werden kann und es so nicht zu ärgerlichen Fehlbeständen überhaupt kommt.

c) Sicherheitsbestände heruntergefahren werden können

Außerdem kann das System Restmengenmeldung so ausgebaut werden, damit es eine ähnliche Funktion wie ein KANBAN-System erhält. In Verbindung mit der permanenten Inventur erhöht dies wesentlich die Genauigkeit der Bestandszahlen.

Bei Einsatz von Barcode / RFID- / Transponder-Systemen wird durch Onlinebuchen dasselbe erreicht, da alle Zugänge, Abgänge abgescannt werden; die Soll-Restmenge am Display des Scanners angezeigt wird.

Differenzkonto

Bei dieser Organisationsform führt der Lagerleiter auch das Differenzkonto in eigener Verantwortung.

Durch Vorgabe von Obergrenzen:

- Die Gesamtabweichung darf über das Jahr gesehen nicht mehr als X % vom Gesamtbestand überschreiten

und

- eine einzelne Abweichung über X € muss gemeldet und genehmigt werden (Ursachenforschung ist angesagt)

Außerdem kann mit diesem System, das letztlich funktioniert wie eine permanente Inventur, auf eine sogenannte Stichtagsinventur verzichtet werden, sofern die IST-Meldungen als Inventurdatum entsprechend vermerkt werden und dieses Verfahren mit der Finanzbehörde/dem Wirtschaftsprüfer abgesprochen ist. Für die Bilanzierung reicht dann eine sogenannte Stichprobeninventur / -prüfung durch das testierende Wirtschaftsprüfungsinstitut.

Sicherheitsbestand auf null setzen

Wenn eine Lagerbestandsgenauigkeit von 98 % sichergestellt ist, kann der Sicherheitsbestand auf null gesetzt werden, bzw. auf 1 - 2 AT reduziert werden, was eine weitere Bestandsreduzierung bedeutet. (Je nach Liefertreue der Lieferanten.)

Ermittlung der optimalen Bestellmenge nach Losgrößenformeln – Ist dies immer richtig?

Die Entscheidung, wie viel von einem Teil / Rohmaterial bestellt werden muss, ist eine der wichtigsten Gesichtspunkte für die Bestandsführung. Die Mengen der gefertigten oder gekauften Teile / Materialien stehen in direkter Beziehung a) zum Verbrauch während eines bestimmten Wiederbeschaffungszeitraums und b) zu den allgemeinen Kosten des Einkaufs, der Fertigung und des Einlagerungszeitraumes.

Die Entscheidung über die Größe der Bestellmenge beeinflusst die Kosten somit wesentlich. Hier können wesentliche Einsparungen erzielt werden, wobei die Herabsetzung der Bestellmenge weder den Arbeitsablauf im Betrieb stören, noch eine Erhöhung anderer Kosten mit sich bringen darf.

Nachfolgende Abbildung zeigt den Zusammenhang zwischen Lagerbestand und Bestellmenge. Der gesamte Durchschnittsbestand kann z. B. von 600 auf 300 Einheiten herabgesetzt werden, wenn die Bestellmenge von 900 auf 300 Einheiten sinkt. Das Teil müsste mittels Liefereinteilungen nachbestellt werden, wodurch sich die Zahl der zu verarbeitenden Wareneingänge, bzw. die Zahl der Rüstvorgänge für ein Fertigungsteil in der Produktion erhöht, aber nicht unbedingt die Rüstzeit in Stunden pro Jahr. Grund: Verkettungsmöglichkeiten vor Ort steigen.

Bild 5.17: *Abhängigkeit des durchschnittlichen Lagerbestands von Bestellmenge*

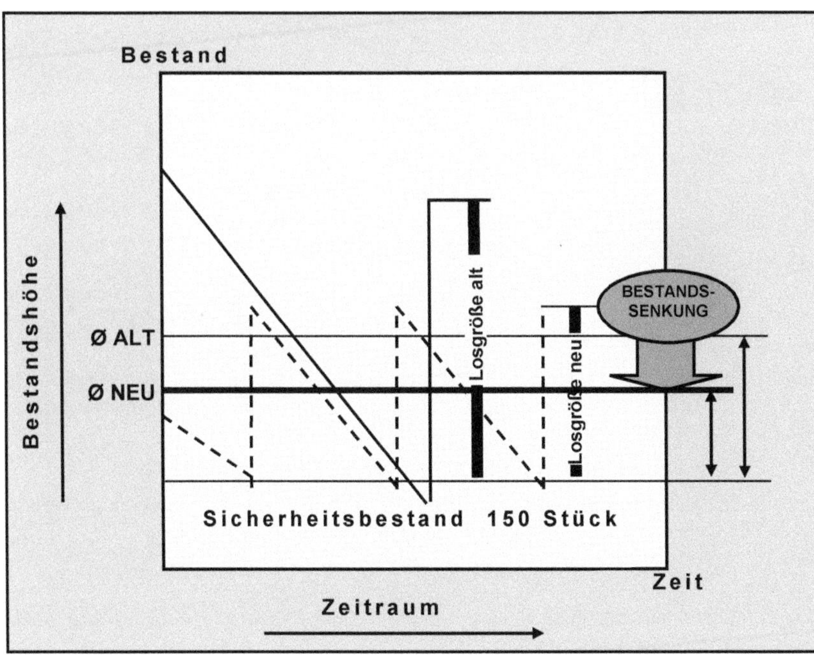

Bestand

Bestandshöhe

Ø ALT

Ø NEU

Losgröße alt

Losgröße neu

BESTANDS-SENKUNG

Sicherheitsbestand 150 Stück

Zeit

Zeitraum

Quelle: *Prof. Dr. Ing. Brankamp*

Kleine Lose sind gefordert

Ermittlung der optimalen Bestellmenge bzw. Losgröße – Ist dies immer richtig?

Die Kosten, die mit der Bestellung zur Ergänzung des Lagerbestandes verbunden sind, steigen mit abnehmender Losgröße. Sie umfassen die Rüstkosten, Bestell- und Ausfertigungskosten, einen Anteil der Kosten für Transport, Wareneingang, Versand usw. Die mit der Höhe des Lagerbestandes zusammenhängenden Kosten sinken, wenn die Losgröße abnimmt. Sie werden als Lagerhaltungskosten bezeichnet und umfassen den Wert des gebundenen Kapitals, die Lagerungskosten, die Kosten für Veralterung, Zinsen etc.

Es sollte ein wirtschaftliches Gleichgewicht bestehen, zwischen den Kosten die sich bei Veränderung der Bestellmenge erhöhen, bzw. verringern. Diese Festlegung ist der Ansatz der Berechnung der wirtschaftlichen Bestellmenge.

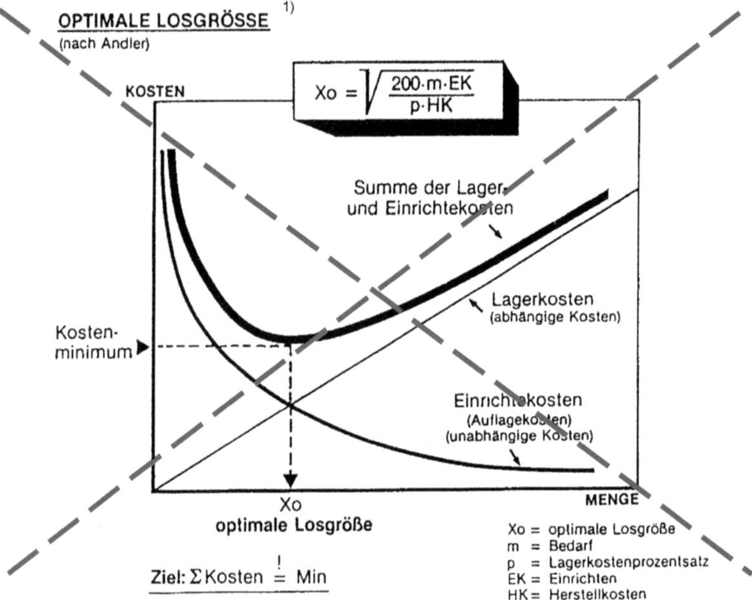

Diese Einzelbetrachtung kann dazu führen, dass bis zu 1/3 des Umsatzes in Beständen gebunden ist, große Lose zu langen Durchlaufzeiten in der Fertigung führen und trotz der hohen Vorräte immer wieder Fehlteile entstehen. Grund:

Die Kunden bestellen anders als geplant / gedacht war.

Hat diese Betrachtung ***REINES EINZELOPTIMA*** je Artikelnummer heute noch Bestand? Oder fehlen viele weitere Einflussgrößen zu einem ***GESAMTOPTIMA***?

„Liquiditätsgewinn ist auch Leistung"[1)]

Die Variantenvielfalt, der Just in time - Gedanke mit Ziel *niedere Bestände, hohe Umschlagshäufigkeit* setzt andere Regeln.

[1)] Die steigende Variantenvielfalt, Just in time - Denkweise bedeutet das Aus, das Ende von Andler

Auswirkungen von hohen Losgrößen nach Prof. Dr. Ing. Brankamp

Herkömmliche Betrachtung der Zusammenhänge

Rüstkosten

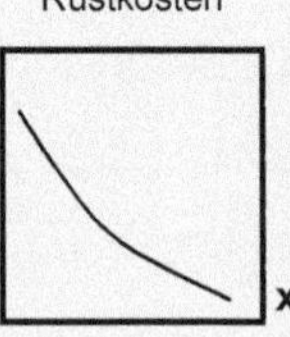

x

Lagerkosten

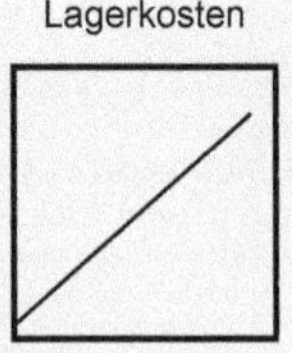

= wirtschaftliche Losgröße

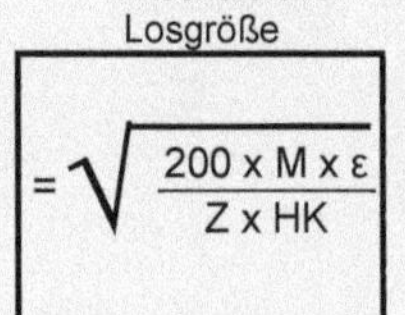

$$= \sqrt{\frac{200 \times M \times \varepsilon}{Z \times HK}}$$

Erzeugt hohe Bestände, lange Durchlaufzeiten, geringe Flexibilität

Fehlende / weitere Einflussgrößen mit gravierenden Auswirkungen auf Bestände, Flexibilität und Durchlaufzeiten:

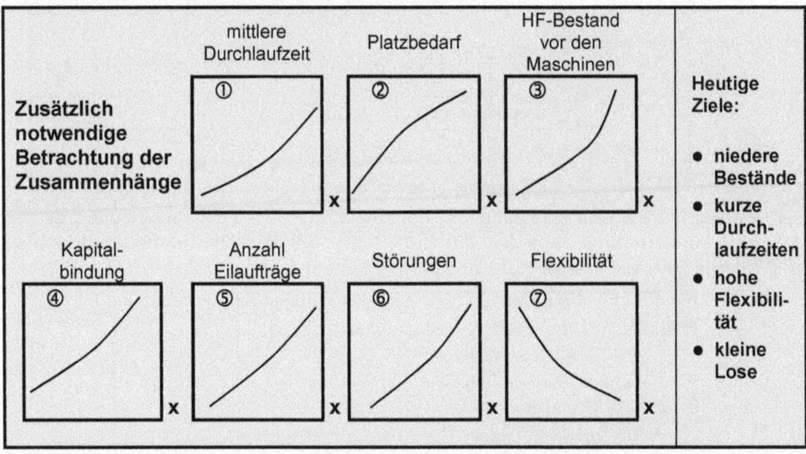

Heutige Ziele:

- **niedere Bestände**
- **kurze Durchlaufzeiten**
- **hohe Flexibilität**
- **kleine Lose**

KEINE VERSCHWENDUNG IN ZEIT UND WERTSCHÖPFUNG ZULASSEN

Merksatz:

Wenn etwas produziert wird, was im Moment nicht gebraucht wird, dafür aber etwas nicht gefertigt werden kann, was gebraucht wird, ist dies pure Verschwendung. Leistung ist nur das, was gefertigt und auch umgehend, termintreu verkauft werden kann.

Große Lose und viele Aufträge gleichzeitig in der Fertigung, verstopfen diese, erzeugen lange Lieferzeiten, beeinträchtigen die Flexibilität, treiben die Bestände in die Höhe – dies ergibt eine sogenannte hausgemachte Konjunktur.

Durch das Fertigen kleiner Lose werden Sie hoch flexibel

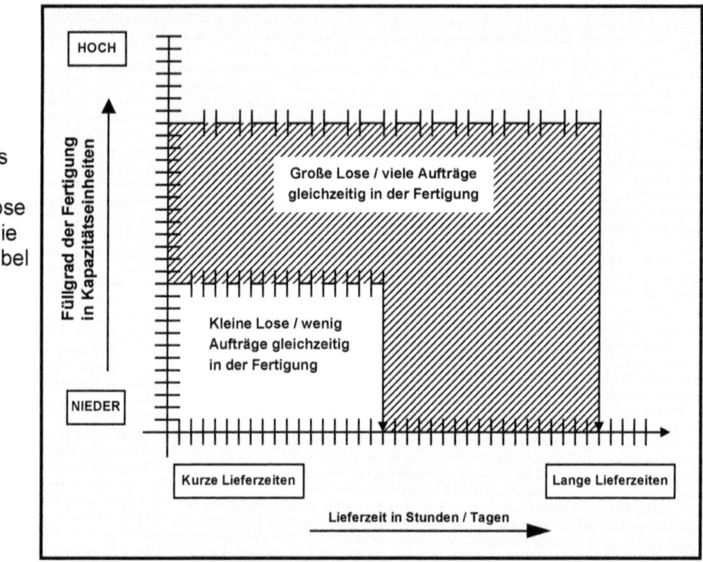

U N D Können Sie sich vorstellen wie viel zusätzliche Umrüstvorgänge pro Jahr getätigt werden können, ohne dass dies die Firma mehr kostet, wenn Sie folgende, nicht direkt in die Stückkosten einfließende Kosten ermitteln und in Rüstvorgänge umsetzen?

Pos.	Bezugsgröße Fertigungsteile	ca. Kosten pro Jahr in €	Bemerkung
1	Höhe der jährlichen Verschrottungskosten		**Und was kostet ein Umrüstvorgang einer Maschine *"in Euro absolut"*, wenn diese Maschine kein Engpass ist?**
2	Höhe der jährlichen Abwertungen		
3	Höhe der Kosten, die durch Sonderfahrten entstehen, wegen Fertigen von großen Losen an Engpassmaschinen		
4	**Summe Kosten Pos. 1 + 2 + 3**		
5	Durchschnittlicher Stundensatz der Anlagen[1]		
6	Pos. 4 : Pos. 5 ergibt zusätzlich verfügbare Stunden für Umrüsten		
7	Durchschnittliche Rüstdauer in Stunden		
8	Pos. 6 : Pos. 7 ergibt ca. Anzahl "Mögliche zusätzliche Rüstvorgänge"		
9	Anzahl ungeplante Rüstvorgänge, die wegen Eilaufträgen getätigt werden, die nicht in die Stückkostenkalkulation einfließen		
10	Pos. 8 + Pos. 9 ergibt gesamt ca. Anzahl möglicher Zusatz-Rüstvorgänge		

1) Bei dieser Berechnung werden nur die variablen Anteile eines Stundensatzes angesetzt.

Also Losgrößen pragmatisch festlegen

Bewährt hat sich:

a) Nach dem 20-80-Prinzip belegen ca. 20 % der zu produzierenden Artikel ca. 80 % des Kapazitätsbedarfs der Anlagen / Arbeitsplätze. Diese Lose z. B. halbieren. Der zusätzliche Rüstaufwand ist im Regelfalle minimal, kann von der Produktion problemlos aufgefangen werden. Auch wird dadurch häufig ungeplantes Umrüsten wegen Eilaufträgen vermieden. Kleinst-Lose werden nicht verändert.

b) Die Losgrößen werden so berechnet, dass z. B. in einer Zeiteinheit „2 Wochen" (oder „4 Wochen"?) alle Artikel wieder neu produziert werden können.

Nivelliert die Produktion, Spitzen werden vermieden. Die Mitarbeiter vor Ort verinnerlichen diesen Rhythmus. Rüstzeiten werden durch stetiges Umrüsten (Einübungseffekt) verringert.

Beide Varianten steigern die Produktivität durch „rückstandsfreies Produzieren". Und was wichtig ist:

> ***Es gibt pro Jahr zwar mehr Rüstvorgänge, aber nicht unbedingt mehr Rüstzeit in Stunden.***

UND

> ***Engpässe werden vermieden. Teilweise kann von 3-Schicht-Betrieb auf 2-Schicht-Betrieb reduziert werden.***

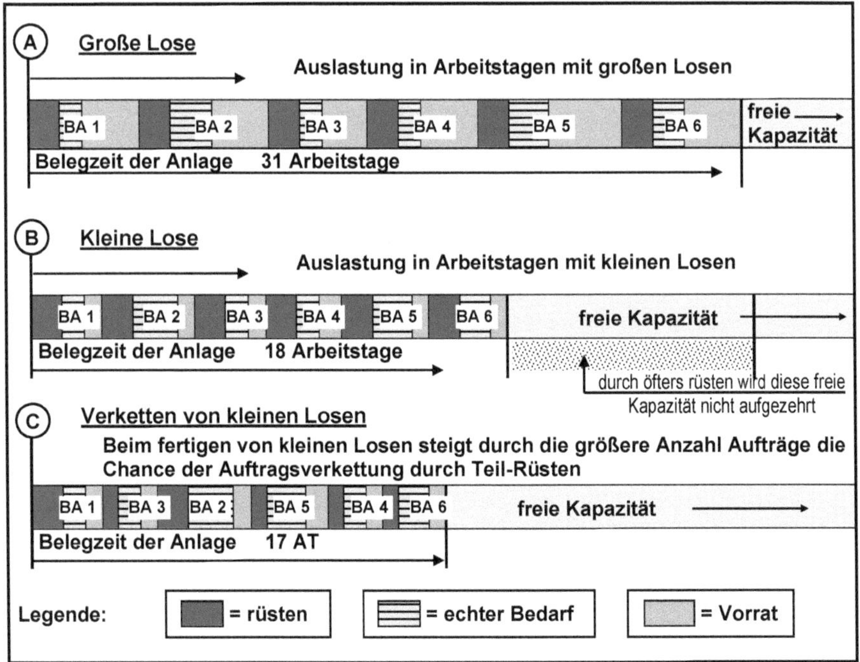

5.6 Der unsägliche Zusammenhang *„Mehr Umsatz – Mehr Lagerbestand"* muss dauerhaft durchbrochen werden

Nicht beachtet werden bei den üblichen Dispositionsverfahren nach Reichweiten und noch in verstärktem Maße bei Disponieren mittels Wiederbestellpunktverfahren mit Si-Bestand und eventueller Trendberücksichtigung, die negativen Auswirkungen auf das Working Capital / die Cashflow-Entwicklung.

Mit der damit einhergehenden, gewollten Anpassung der Bestellmengen an den Umsatz, wird die unsägliche Verbindung ***„Mehr Umsatz – Mehr Materialbestand"*** nicht durchbrochen.

Schemabild: Darstellung Prozentanteil Working Capital bei bedarfsgesteuerter Nachschubautomatik über z. B. Wiederbestellpunkt und Trendberechnung zu verbrauchsgesteuert, z. B. mittels KANBAN- / SCM-System

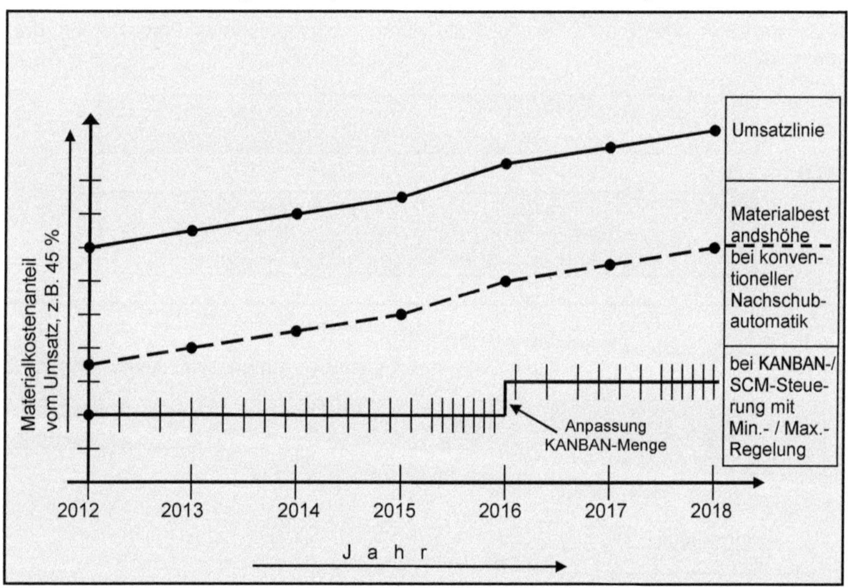

Bei einer verbrauchsorientierten Disposition mit Min.- / Max.-Bestand, bzw. KANBAN- / SCM-Organisation wird dieser unsägliche Zusammenhang durchbrochen.

Die Nachschubautomatik wird über die Frequenz geregelt. Natürlich müssen bei gravierenden Abweichungen mittelfristig auch bei diesen Verfahren die Abrufmengen erhöht / vermindert werden.

Hinweis: Alle mathematischen Modelle die für die bedarfsgesteuerte Nachschubautomatik entwickelt wurden, entstanden in früheren Jahren, als die Variantenvielfalt unbedeutend und der Just in time - Gedanke unbekannt war. Das Unternehmen hat seine Ware / Lieferungen dem Kunden zugeteilt.

5.7 Bestände reduzieren

Bestandstreiber / Fehlleistungen sichtbar machen und eliminieren

1.) Führen Sie eine Artikelanalyse auf Überbestände und Null-Dreher durch, am einfachsten mittels Reichweitenanalyse zu aktuellen Wiederbeschaffungszeiten, z. B. gegliedert nach A- / B- / C-Selektion, Disponent sowie getrennt nach Fertigungs- / Kaufteilen und Handelsware

Disponent:	XY	Kaufteil		Halbzeug		Baugruppe		A	✓
								B	
Handelsware		Fertigungsteil	✓	Einzelteil	✓	Fertigprod.		C	☒

Artikel-nummer	Ø-Bestand in Stück oder in € / Mo. oder Stichtag	Ø-Verbrauch / Mo. der letzten Perioden, z. B. 12 Monate, in € oder Stück	Ø-Reichweite in Wochen	Wiederbe-schaffungs-zeit in Wochen	Überbestand [1] Bestand in Reichweite doppelt so hoch wie die Wiederbeschaffungszeit	
					J	N
1	**2**	**3**	**4 = 2 : 3 x 4**	**5**	**6**	**7**
A	4.000,-- €	1.000,-- €	16 Wo.	6 Wo.	✓	—
B	6.500,-- €	4.000,-- €	6,5 Wo.	6 Wo.	—	✓

2.) Danach je Analyse-Block eine Hitliste erzeugen = höchste Überbestände nach oben, niederste Überbestände nach unten (Null-Dreher nach Jahren letzter Verbrauch gegliedert).

3.) Durchgang der Überbestände nach dem 80-20-Prinzip (im ersten Schritt), zusammen mit den Verantwortlichen *„Wie ist es zu diesen Überbeständen gekommen?“* [1]

Bei den Null-Drehern: *„Warum ist dies ein Null Dreher geworden?“*[1]

4.) Ordnen Sie die Ergebnisse der Analyse, zusammen mit den Fachabteilungen, nach Gründen und stellen Sie die Häufigkeiten der *„WARUM?“*, wieder gegliedert nach Wertigkeiten dar, in einer Statistik geordnet, siehe nachfolgend.

5.) Stellen Sie Gründe nach einer Hitliste durch entsprechende Maßnahmen auf Dauer ab.

UND: Reduzieren Sie die Mehrstufigkeit, wie im entsprechenden Abschnitt beschrieben.

[1] geordnet nach einem Gründekatalog (eindeutige Merkmale)

Bild 5.18: *Analyse nach Bestandstreiber*

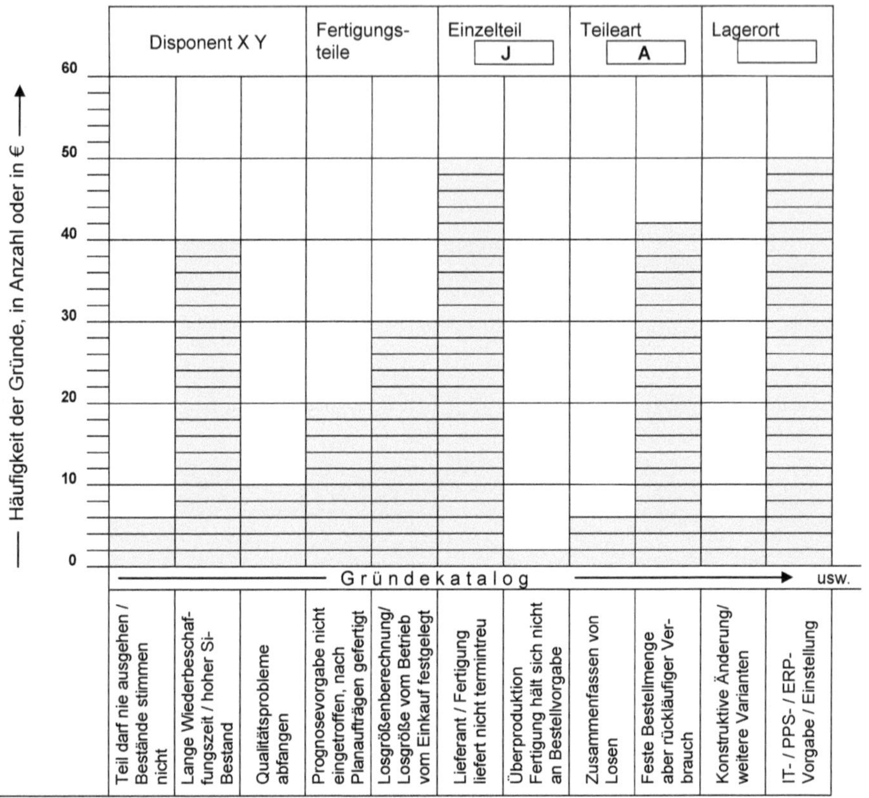

Das Ergebnis ist die Erkenntnis, *„Was sind die Haupt-Bestandstreiber im Unternehmen?“*, die dann Schritt für Schritt in einem Projekt Bestandsreduzierung, Ziel z. B. minus 30 %, bei verbesserter Lieferfähigkeit, im Team gegen null gebracht werden müssen.

Und denken Sie daran:

Eine Erhöhung des Lieferbereitschaftsgrades von z. B. 95 % auf 99 %, kann je nach Wiederbeschaffungszeit und nach Streuung der Bedarfe eine Verdopplung des Bestandes bewirken.

Praxis-Tipp:

Eine rein auftragsbezogene Fertigungs- / Beschaffungspolitik senkt Ihre Lagerbestände auf null! Mehrkosten durch Kapazitätsvorhalt müssen dagegengehalten werden. Meist rechnet es sich. Das oberste Ziel muss also sein:

„Kürzeste Durchlaufzeiten in der Fertigung herstellen und Materialsicherheit auf der untersten Stücklistenebene herstellen“.

Problem Lagerhüter (Null-Dreher) lösen

Die steuerliche Betrachtung der Abwertung / des Abverkaufs von Null-Drehern ist wichtig, wobei Null-Dreher erst gar nicht entstehen sollten, z. B. durch folgende Maßnahmen:

- Restmengen sofort verschrotten, sie reichen für den nächsten Auftrag doch nicht aus
- Kundenaufträge incl. Restmengen ausliefern

MASSNAHMELISTE – RÄUMUNGSPLAN			
Kriterium (Beispielhafte Aufzählung)	**Zu erledigen von:**	**Zu erledigen bis:**	**Informationsstand:**
- Null-Dreher-Analyse des Fertigwarenlagers aufstellen lassen nach Modell, Lagerbestand Menge, Wert, letzter Zugang, letzter Abgang und nach fallenden Jahren			
- Wie hoch ist der Bestand unverkäuflicher Ware?			
- Ausverkaufs- bzw. Räumungsplan aufstellen a) Wer ist dafür verantwortlich? b) Welche Artikel müssen verschrottet werden? - Ist Ausschlachten möglich? - Was kostet das? c) Wie muss der Schrott behandelt werden? (z. B. unkenntlich machen)			
- Welche Sonderverkäufe sollen einsetzen? Zielkunden / Zeitpunkt / Preis / Werbeaufwand?			
- Ist Umbau möglich? Welche Kunden beziehen ähnliche Artikel? Wer spricht mit Ihnen über Abnahme?			
- Gibt es die Weiterverwendungsmöglichkeit in neuen, verkaufsfähigen Produkten?			
- Wird in absehbarer Zeit ein erneuter Verkauf möglich?			
- Können Posten exportiert werden?			
- Was kann über eBay verkauft werden?			
- Zeitplan für Verschrottungsaktion festlegen			

Ein Räumungsplan ist wichtig, denn auf Dauer können nur die lebenden Artikel beeinflusst werden. Der Sumpf bleibt ansonsten konstant (Beispiel)

Lagerbestandsanalyse:

Anzahl Artikel	Wert in €	Anteil in % von Gesamtbestand
4.000 Stck. lebend	750.000,-- €	75 %
1.000 Stck. 0-Dreher	250.000,-- €	25 %
5.000 Stck. Gesamt	1.000.000,-- €	= 100 %

Erforderliche Zielbestandssenkung: 30 %

A)	Ziel: 30 % von 1.000.000,-- € = 300.000,-- €
B)	Die lebenden Artikel, Wert 750.000,-- € sollen um 300.000,-- € reduziert werden
C)	Ergibt Zielbestandssenkung für die lebenden Artikel von $\frac{300.000,\text{-- €}}{750.000,\text{-- €}} \times 100 = 40\ \%$

5.8 Festlegen und Pflegen der Teile-Stammdaten für die erforderlichen IT-Systemeinstellungen / Dispositions- und Beschaffungsregeln

Voraussetzung für eine bestandsminimierte Materialwirtschaft, ist eine sachlich korrekte Stammdateneinstellung. Eine regelmäßige Pflege, Anpassung an veränderte Gegebenheiten ist für die zuständigen / verantwortlichen Sachbearbeiter ein MUSS.

- Falsch eingestellte, bzw. nicht gepflegte Stammdaten erzeugen Überbestände, Fehlleistungskosten und ungenügende Lieferbereitschaft. Es fehlt immer etwas. Nicht gepflegte Wiederbeschaffungszeiten, überholte Losgrößen-, Mindestbestellmengenvorgaben tun ein Übriges.

- Abgestimmte Lieferbereitschaftsgrade (Servicegrade) / das Denken in Wellen, bezogen auf das jeweilige Endprodukt mit den darunter liegenden Baugruppen / Einzelteilen helfen, die richtigen Einstellungen zu finden.

- Stellen Sie Ihr System auf *„Disponieren nach Reichweiten"* ein. Bei dieser passen sich die Bestellmengen dem tatsächlichen Bedarf / Verbrauch an. Die Bestände werden reduziert.

- Prüfen Sie, was für Ihre Belange je Artikel- / Warengruppe das bessere Dispo-System ist:
  - Bedarfsorientiert – Push-System
  - Verbrauchsorientiert – Pull-System, auch KANBAN- / SCM-System genannt

- Korrigieren Sie Ihre Durchlaufzeiten nach unten, mittels auf null setzen von so genannten Liege- / Pufferzeiten im ERP- / PPS-System.
  Kurze Wiederbeschaffungszeiten / Durchlaufzeiten vermindern das Working Capital in der Fertigung, erhöhen die Flexibilität, reduzieren die Bestellmengen und Bestände.

- Geben Sie Fertigungsaufträge so spät wie möglich und nicht so früh wie möglich frei.
  Somit wird nur das gefertigt, was auch tatsächlich gebraucht wird. Die Bestände und Durchlaufzeiten werden weiter reduziert, bei wesentlicher Verbesserung der Liefertreue.

- Zu prüfen ist auch, ob der Vertrieb durch frühzeitige / schematisierte Freigabe von einmal festgelegten Planmengen und die Disponenten durch zu große Lose das Unternehmen in Liquiditätsengpässe treiben,

  deshalb

- schulen und qualifizieren Sie Ihre Mitarbeiter in den Bereichen Disposition, Beschaffung, Planung und Steuerung in Theorie und ERP- / Systempraxis. Nur so kann verantwortungsbewusstes Arbeiten erreicht werden

  und

  dass erkannt wird, was durch schludriges Arbeiten / Es-sich-zu-einfach-Machen, in der MAWI bezüglich Liquidität / Lieferservice angerichtet werden kann.

Wobei die eingebauten Zeitreserven in den Stammdaten / in der Zeitstrecke des Materiaflusses, wie z. B. Si-Bestand, Wiederbeschaffungs- / Durchlaufzeiten etc., bezüglich Bestandshöhe, Lieferzeit und Flexibilität große Auswirkungen haben.

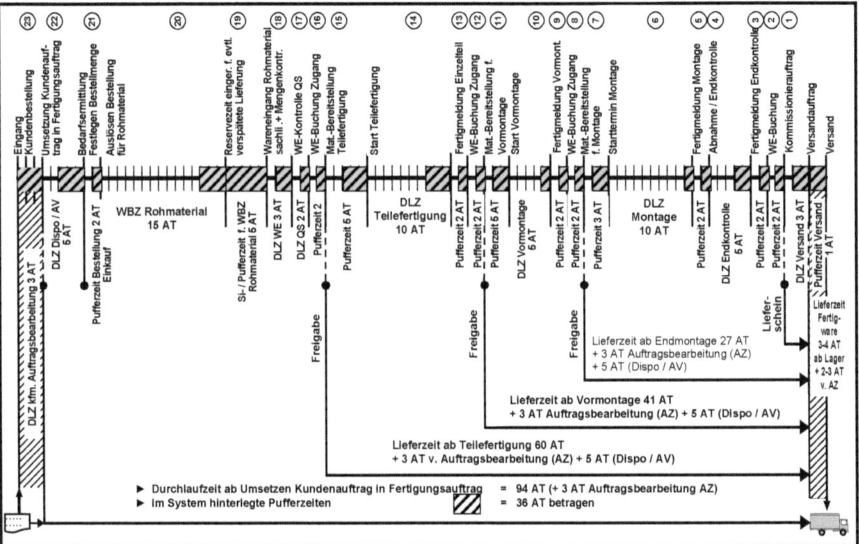

Bild 5.19: *Beispielhafte Aufzählung von Zeitreserven / Sicherheiten im ERP-System*

<table>
<tr><td colspan="2">Zeit für Wareneingangsbearbeitung</td><td>IST 3 AT</td><td>SOLL 1 AT</td></tr>
<tr><td rowspan="3">Zeit für Bereitstellung von Teile / Baugruppe etc. für Montage / Versand</td><td>Teilelager für Vormontage</td><td>IST 3 AT</td><td>SOLL 1 AT</td></tr>
<tr><td>Komponentenlager für Endmontage</td><td>IST 2 AT</td><td>SOLL 1 AT</td></tr>
<tr><td>Fertigwarenlager / Versand / Endkontrolle</td><td>IST 2 AT</td><td>SOLL 1 AT</td></tr>
<tr><td rowspan="3">Zeit für Einlagern von</td><td>Fertigungsteilen</td><td>IST 2 AT</td><td>SOLL 0,5 AT</td></tr>
<tr><td>Baugruppen</td><td>IST 2 AT</td><td>SOLL 0,5 AT</td></tr>
<tr><td>Fertigwaren</td><td>IST 2 AT</td><td>SOLL 0,5 AT</td></tr>
<tr><td colspan="2">Zusätzliche Zeitreserve wegen evtl. unpünktlicher Lieferung von Ware, in den Lieferanten-Stammdaten hinterlegt</td><td>IST 5 AT</td><td>SOLL 0
da in Si-Bestand hinterlegt</td></tr>
<tr><td colspan="2">Zeitreserve bei Umsetzen von Planbedarf in Fertigungsaufträge</td><td>IST 5 AT</td><td>SOLL 0</td></tr>
<tr><td colspan="2">Übergangsmatrix = hinterlegte Liegezeiten, Transportzeiten etc., bei den Arbeitsgängen von Arbeitsgang 1 zu Arbeitsgang 2 usw., zu großzügig ausgelegt</td><td>z. B. 2 AT x 6 Arbeitsgänge = 12 AT Liegezeit</td><td>bei 0,5 AT ergibt dies bei 6 Arbeitsgängen = 3 AT</td></tr>
<tr><td colspan="2">Durchlaufzeiten sind 1-schichtig hinterlegt / berechnet, Firma arbeitet aber 2-schichtig, also 50 % Reserve in der DLZ hinterlegt, Berechnungsbasis (te x m) + tr</td><td>1-schichtig
5 AT</td><td>2-schichtig
2,5 AT</td></tr>
<tr><td colspan="2">Summe Zeitreserve</td><td>43 AT</td><td>11 AT</td></tr>
<tr><td colspan="2">Dies ist gleichbedeutend mit einem zu frühen Materialeingang für Rohmaterial (unterste Lagerstufe) von</td><td colspan="2">32 Tage</td></tr>
</table>

Leitfragen zur Lagergestaltung

1. Warum muss gelagert werden?

Vorratshaltung oder Pufferlager

2. Was ist zu lagern?

Schüttgut, Sackgut, Fassgut, Langgut, Stückgut, Flüssigkeiten, Tafeln usw. Anlage der Lager aufgrund ihrer Zweckbestimmung. Für verpackte Güter den bereits erwähnten Grundsatz beachten, dass Verpackungs- und Lagereinheit gleich Transport- oder Versandeinheit darstellen sollte.

3. Wie viel ist zu lagern?

Mengenangaben aus Materialdisposition über verfügbaren und körperlichen Lagerbestand (Min.- / Max.-Bestand).

4. Wo ist zu lagern?

Materialfluss beachten, Läger durch Materialflussbilder / -studien nach Häufigkeit des Anlaufes an der wegmäßig günstigsten Stelle anlegen.

5. Wie ist zu lagern?

Vorschriften, Transport- / Kostengesichtspunkte beachten. Anpassung der Lagereinrichtung an die Zugriffszeiten. Entnahmen sollen ein Minimum an Weg, Zeit und somit an Kosten benötigen.

6. Wie viel Lagerplatz ist vorhanden?

Optimale Raumausnutzung durch Hochregelläger / Chaotische Lagerplatzverwaltung

7. Welche Lagerordnung ist zu wählen?

a) Lagerplatzbenummerung für **flexible Lagerplatzzuweisung**

Flächenlager: Entsprechende Raumaufteilung durch Farbstriche, Nummerierung wie bei Landkarten, z. B. A 3, B 10.

Hochlager: Nummerierung der Regale - Blöcke mit Buchstaben, Durchnummerierung der Lagerplätze entsprechend der Regalplatzhöhe durch Zehner- oder Hundertersprünge, z. B. A 325.

b) **Festplatz-System**

Bei immer wiederkehrenden Artikeln kann auch über Zugehörigkeit, z. B. linkes Teil liegt neben rechtem Teil etc., gelagert werden.

Vorteil: Schnellstes Auffinden, minimale Zugriffszeit

Nachteil: Von Zeit zu Zeit muss das Lager überarbeitet und neu geordnet werden, wenn sich Mengenverschiebungen bzw. Erzeugnisveränderungen ergeben haben.

8. Wie ist das System „First in – First out“ sichergestellt“

Am sichersten mittels Durchlaufregale, bei chaotischen Lägern IT-gestützt, bei konventionellen Lägern mittels verschiedenfarbigen Wareneingangslabels (monatlich, ½ jährlich)

Lagerplanung / -gestaltung / -systeme

Bei der Planung von Lagern kann im Einzelnen unterschieden werden:

a) Zentrallager (I-Punkt-System Wareneingang zugeordnet)

Der wirtschaftliche Grenzwert eines Zentrallagers liegt bei manuellen Lagern bei ca. 2.500 - 3.000 qm, bzw. bei Lagern mit Stapler bedient, bei 50.000 bis 60.000 qm umbauter Grundfläche, danach automatisieren: Ware zu Mann.

b) Dezentralisiertes Lager (mit eigenem Personal ausgestattet)

Die dezentralisierte Lagerung ist aufwendig an Geld und Zeit. Sie sollte deshalb nur dann angewendet werden, wenn ein Zentrallager infolge seiner Größe zu viele Nachteile mit sich bringt, oder wenn es die Fertigung, z. B. Fließfertigung, unbedingt erfordert.

c) KANBAN-Läger in der Fertigung (wird vom Fertigungsmitarbeiter verwaltet)

Bei diesem dezentralisierten Lager sind die Lagerzonen so aufgeteilt, dass je eine Lagerzone einem Arbeits- und Montagefeld zugeteilt wird. Aus einer Planungsmatrize ist ersichtlich, wo das Lager ist und an welchem Arbeitsbereich es gebraucht wird. Es wird hauptsächlich bei der Fließfertigung und bei KANBAN-Systemen angewandt.

d) Kommissionierlager (Wege minimieren)

Reine Kommissionierlager werden dann eingerichtet, wenn die Summe der Lagermengen aller Artikel die Wege für Auslagern / Kommissionieren zu lange werden lassen.
In Kommissionierlagern stehen z. B. von einem Artikel zwei Behälter. Wenn ein Behälter leer ist, wird aus dem zweiten Behälter entnommen und aus dem Reservelager ein neues Behältnis angefordert.

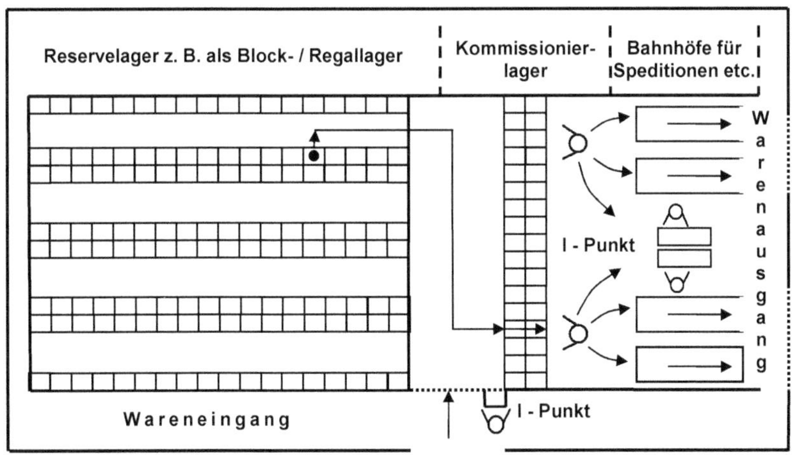

Vor- und Nachteile einer festen bzw. flexiblen Lagerplatzverwaltung

A) Feste Lagerordnung

Bei einem längerfristig konstanten Lagersortiment und in etwa gleich bleibender Lagermenge ist eine feste Lagerplatzzuordnung am zweckmäßigsten. Die Lageristen kennen den Lagerort meist auswendig. Der Lagerort und der Lagerplatz sind im System hinterlegt. Reserveorte werden am Basis-Lagerplatz gekennzeichnet. Nachteilig ist eine eventuelle unvollständige und uneinheitliche Ausnutzung der Lagerflächen.

B) Flexible Lagerplatzzuweisung = Chaotische Lagerbestandsführung

Durch eine flexible / chaotische Lagerführung ergibt sich eine bessere Lagerplatzausnutzung. Allerdings findet niemand mehr ohne ein Hilfsmittel die Lagerplätze eines Artikels!

Die Festlegung des Lagerorts und Lagerplatzes geschieht bei manueller Steuerung beim Eingang der Ware durch den Lageristen. IT-gestützt schlägt das Warenwirtschaftssystem den Lagerplatz vor.

Bei einer geplanten Entnahme steht die Lagerplatznummer auf dem Entnahmebeleg / Scanner. Bei einer ungeplanten Entnahme erhält man über die Eingabe der Artikelnummer am Bildschirmplatz den Lagerort / -platz.

C) Teilchaotische Lagerorganisation

Teilchaotisches Lagern bedeutet:

Alle Regale, Flächen etc. sind eindeutig nach Felder, Stellplätzen etc. nummeriert.

Der Lagerist kann einen Bereich für die chaotische Lagerung nach freien Feldern benutzen, muss sich aber streng an diesen begrenzten Freiraum halten und gibt für die ERP-Organisation den jeweiligen Bereich als Kennung an.

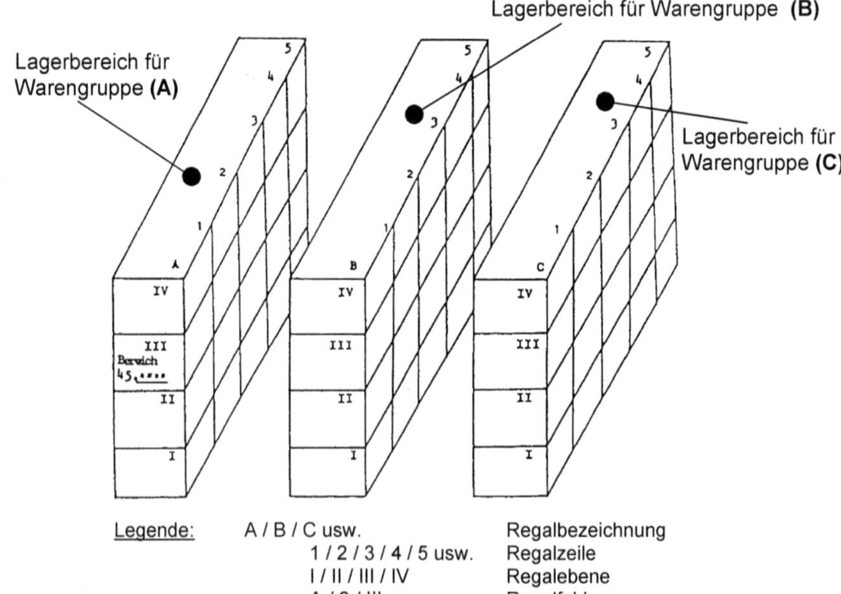

Legende:

A / B / C usw.	Regalbezeichnung
1 / 2 / 3 / 4 / 5 usw.	Regalzeile
I / II / III / IV	Regalebene
A / 2 / III	Regalfeld

Vorteile der teilchaotischen Lagerorganisation

a) Freie Plätze können in begrenztem Maße optimal genutzt werden

b) Das Auffinden der Lagerteile etc. gelingt ohne großen Organisations- und Wissensstand

c) Die Pickzeit wird reduziert, da z. B. linkes Teil neben rechtem Teil liegt, etc.

Bild 5.20: *Mögliche Lagerordnungen und Zugriffsverfahren*

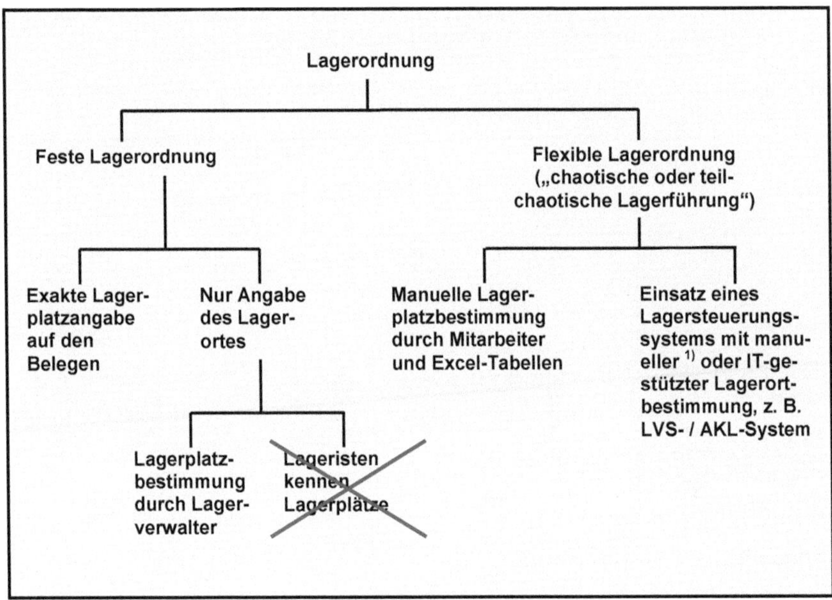

1) Die Einführung von Lagernummernschilder (wo ist eingelagert worden), die mit den Warenbegleitpapieren, z. B. Laufkarte oder Lieferschein, mitlaufen, hat sich für eine fehlerfreie Buchung des korrekten Lagerplatzes, bei manueller Lagerplatzzuordnung, in der Praxis bewährt.

Oder vor der Einlagerung im ERP-System wird für jeden vom Programm festgelegten Liefer- / Lagerplatz ein Wareneingangslabel mit Artikelnummer, Lagerort und Lagerplatz, Menge und Liefer- / Einlagerungsdatum, Chargen-Nummer etc. gedruckt. Damit lassen sich Lagerplatz und die Ware im Lager einwandfrei identifizieren. First in – First out, Entnahme nach Verfalldatum etc. ist sichergestellt.
Mittels einer sogenannten Null-Punkt-Inventur, wird vom System sichergestellt, dass der Lagerplatz belegbar ist.

Praxistipp für Lagerplanung / Lagerkonzeption:

Aus Sicherheitsgründen, bezüglich

- **Unfallgefahr**
- **Sicherheitsvorschriften**
- **Gewerbeaufsichtsamtsverordnungen usw.,**

sowie Berücksichtigung eines optimalen Aufbaus des Lagers bezüglich Platz, Kosten, Wege optimieren, Zugriffszeiten etc., empfiehlt der Autor die Einrichtung eines Lagers nicht selbst vorzunehmen, sondern dies sogenannten Lagersystem-Einrichtern zu übergeben, die dies im Rahmen ihrer Angebotsausarbeitung kostenlos per CAD, unter Berücksichtigung aller Notwendigkeiten für Sie optimal durchführen.

Unter Voraussetzung des heutigen Standes der Technik kann man etwa folgende Zahlen für eine optimale Lagereinteilung nennen:

Typ	Regalhöhe	Regallänge	Verbindungswege an Stirnseite der Regale	Regaltiefe (Fachtiefe)
Handbedienung	max. ca. 2,6 m	max. 5 m	ca. 1,5 m	max. 0,8 m
Gabelstapler-bedienung	max. ca. 8-10 m	max. 40 - 60 m (Zugriffszeit beachten)	ca. 3 m	max. gleich der Gangbreite - 20 cm
Regalbedienungs-geräte	mind. ca. 10-15 m, max. ca. 35 m	je nach Anbieter	---	Palettengröße z. B. 1,20 m
Vollautomatisierte Lager mit elektronischer Steuerung (LVS-Systeme)	Gemäß Vorgabe Anzahl Lagerplätze und konstruktiven Möglichkeiten (quasi unbegrenzt)			

Gangbreite zwischen den Regalen

Für Handbedienung 0,9 m

Für Regalbedienungsgeräte Lastbreite + 100 mm, mind. ca. 1500 mm

Für Spezialgabelstapler mit schwenkbarer und ausfahrbarer Gabel:
Diagonale der Last + 200 mm, z. B. bei Normpaletten ca. 1800 mm

Für Universalgabelstapler (Gabel seitlich verfahrbar, jedoch nicht schwenkbar) Lastbreite + ca. 700 mm, z. B. bei Normpaletten ca. 1500 mm.

Für Schubmast-Frontgabelstapler ca. 2400 mm.

Für Frontgabelstapler normaler Bauart ca. 3600 mm.

Die Arbeitsgangbreite kann für Gabelstapler auch rechnerisch ermittelt werden, die Formel dafür erhalten Sie von Ihrem Staplerhersteller.

Weitere / ergänzende Kennzahlen für eine rationelle Lagerplanung können Sie in umfangreicher Form als logistische Datensammlung beziehen, bei:

L O G M A — Telefon: 0231 / 97 50 78-0
Logistics & Industrieplanung GmbH — E-mail: logma@logma.de
44227 Dortmund — Internet: www.logma.de

bzw. über das Internet, von entsprechenden Lager- / Regalsystemherstellern

5.10 Festlegung einer zweckmäßigen Lagerordnung

Mit der Übernahme der Materialwirtschaft und einer Online-Bestandsführung ist es sinnvoll, die Zweckmäßigkeit der vorhandenen Lagerordnung und der Zugriffsverfahren zu überdenken. Der Zeitpunkt ist deshalb günstig, weil der Anwender beim Aufbau eines bildschirmorientierten Bestandsführungssystems auch Festlegungen über das Lagerzugriffsverfahren treffen muss.

Durch eine zweckmäßige Lagerordnung kann ein Unternehmen Lagerplatz einsparen und die Zeiten für die Ein- und Auslagerung verkürzen.

- ⇨ Durch eine gesonderte Platzierung von Schnellläufern und Lagerhütern, Wegeoptimierung
- ⇨ durch eine flexible Lagerordnung, nach z. B. A- / B- / C-Lagerzonen
- ⇨ durch die Trennung von Reservemengen und kurzfristig benötigten Lagermengen eines Artikels,
- ⇨ durch die Einlagerung von Packungsgrößen, wie sie bei der Ausgabe meist benötigt werden.

Bei den Überlegungen zur Verbesserung eines Lagersteuerungskonzeptes sind einfache IT-gestützte Möglichkeiten, die sich ohne große Investitionen erreichen lassen, und der Aufbau von Lagersteuerungssystemen auf der Basis umfangreicher Lagerinvestitionen zu unterscheiden.

Computergesteuerte Hochregellager samt Steuerungssystemen, Flurförderfahrzeugen und genormten Lagerkasten sind bei Mittel- und Kleinunternehmen nur in seltenen Fällen sinnvoll. Einfachere IT-gestützte Lagerbestandsführungssysteme mit Mehrfachlagerplatzverwaltung bei gleichzeitiger *„First in - First out - Berücksichtigung“* sind heute bei fast allen Materialwirtschaftsprogrammen Standard.

Lagerart – Lagerfläche – Flächennutzung – Lagernutzung

Die Größe eines Lagers kann sehr unterschiedlich sein. Sie ist sehr stark abhängig von der jeweiligen Produktion, von ihren Kooperationsbedingungen und anderem mehr. Vorliegende Analysen ergeben, dass das Verhältnis von Lagerfläche zu Produktionsfläche in reinen Produktionsbetrieben im Normalfall 1:6 bis 1:3 betragen kann. Auf jeden Fall muss die Lagerfläche so groß bemessen sein, dass eine übersichtliche Lagerorganisation, sowie eine wirtschaftliche Lagertechnik einsetzbar sind. Daneben sichert eine ausreichend groß bemessene Lagerkapazität, dass erforderliche Materialentnahmen rasch vor sich gehen, und dass kein Material unnötig in Gängen oder in den Produktionsräumen gelagert wird und dort zu Suchen / Wegräumen und Störungen im Betriebsablauf, sowie zu Unfallquellen führt, oder die Läger liegen bei den Lieferanten, die kurzfristig, nach Lieferplänen liefern, SCM-Systeme.

Die Lagernutzung wird eingeteilt in:

- ➤ Flächennutzungsgrad
- ➤ Raumausnutzungsgrad
- ➤ Lagerfachnutzungsgrad

Details siehe Abschnitt: Technische Lageroptimierungsmöglichkeiten

Lagerplatzorganisation nach A- / B- / C-Analysen / 80-20-Statistik

A- / B- / C-Analysen zur Reduzierung der Zugriffszeit

Schnelldreher	=	**A-Zone**
Langsamdreher	=	**C-Zone**
Dazwischen	=	**B-Zone**

Zusammensetzung des Zeitaufwandes für einen Pick (Mann zur Ware):

	Tätigkeitsart	Zeitanteil
–	Basis- / Rüstzeit, z. B. Pickliste ausdrucken, lesen, Kommissionierwagen holen etc.	ca. 5 %
–	Wegezeit	ca. 60 %
–	Greifzeit incl. Zählen, Kiste in Fach zurück	ca. 20 %
–	Nebenzeit, wie z. B. Buchen, Liste abhaken	ca. 5 %
–	Verteilzeit, sachlich, persönlich	ca. 10 %
Gesamtzeit		**100 %**

Um also die Zugriffszeit zu minimieren, muss die Wegezeit (höchster Zeitanteil) durch Einteilen der Lagerfläche optimiert werden:

Schnelldreher	=	kurze Wege (liegt vorne)
∅-Bewegungen	=	im Mittelteil des Lagers
Langsamdreher	=	lange Wege, wird selten benötigt (liegt entfernt)

a) Mittels fester Lagerplatzzuweisung ist es auch möglich und sinnig, dass Teile die zusammengehören, aber von verschiedenen Lieferanten geliefert werden, „nebeneinander" liegen. Also das Lager in sogenannte A- / B- / C-Zonen, mit Strukturen nach dem 80-20-System, eingeteilt wird.

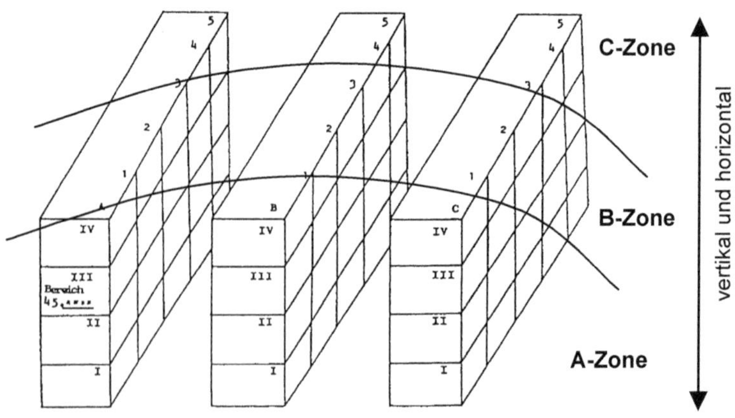

Dies gilt auch für eine chaotische Lagerhaltung nach dem flexiblen Einlagersystem.

b) Durch eine mitlaufende Statistik ist dem LVS-System bekannt, was wird häufig, bzw. weniger häufig bewegt. Schlägt entsprechendes Lagerfach vor.

c) Durch feste Bereichseinteilungen „in welchem Bereich soll eingelagert werden“, lässt sich Ähnliches erreichen.

d) Auch die Anlieferung von Liefer-Sets (ein Set ist eine fiktive Baugruppe), reduziert den Aufwand für Ein- / Auslagern wesentlich.

Sofern das Lager nach dem a) Festplatzsystem, bzw. c) in feste Bereiche eingeteilt ist, müssen die Felder / die Lagerorte jährlich, bzw. nach Bedarf gepflegt werden.

Ordnung und Übersichtlichkeit im Lager, sowie ein aussagefähiges Lagerplatz-Nummernsystem hilft weiter

(A) Erstellen eines Nummernplans / Beispiel:

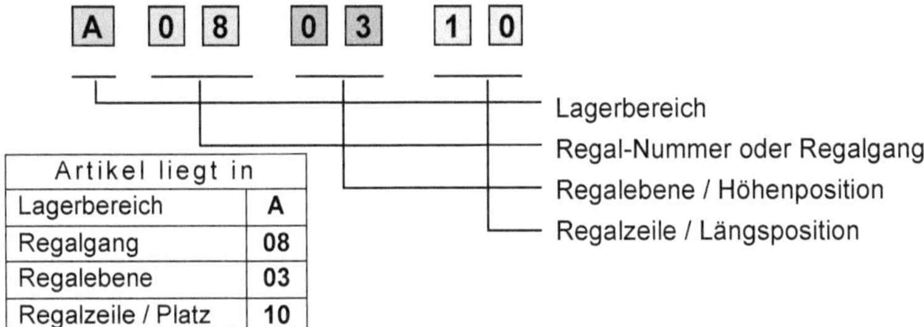

Artikel liegt in	
Lagerbereich	**A**
Regalgang	**08**
Regalebene	**03**
Regalzeile / Platz	**10**

(B) Berechnung der Gesamtsumme Regalplätze

Lager-bereich	Regal-gänge	Höhen-positio-nen	Längen-positio-nen	Ergibt Anzahl Regalplätze je Bereich	
1	**2**	**3**	**4**	**5** = 2 x 3 x 4	
A	01 - 12	01 - 05	01 - 20	12 x 5 x 20 =	1200
B					
C					
D					
E					
= Gesamtsumme Regalplätze					

(C) Regalfach- / WE-Labels-Etikettierung / Farbeinteilung nach Bedarf

Etikettenfarbe: ☐ Gelb ☐ Weiß ☐ Sonst. Farbe____ ☐ als Klebeetikett ☐ mit Richtungspfeil

Schriftfarbe: ☐ Schwarz ☐ Sonst. Farbe ☐ mit Rahmen ☐ mit Logo / Firmenzeichen

Etikettengröße: ☐ bis 40 mm ☐ 41 - 65 mm ☐ 66 - 100 mm ☐ retroreflektierend ☐ kühlraumgeeignet

☐ mit Barcode, Barcodetyp _____ ☐ in Klarschrift

☐ mit Prüfziffer / als Klebeetiketten ☐ als Magnetetiketten

5.11 Platz- und Wegezeitgewinn durch Behälter- und Lagerfachoptimierung

Im Laufe der Zeit verändern sich die Bedarfs- / Lagermengen. Dies hat Einfluss auf den Platzbedarf, sowohl in

- Behältnisgröße

  als auch im

- Platzbedarf von Regalfächern

Deshalb muss von Zeit zu Zeit mittels *„Kisten- / Lagerfachgrößen-Inventur"* eine Neubestimmung der Teilemengen, in welche Behältnisse, bzw. Lagerfächer gehören sie (optimale Platz- / Volumenausfüllung), durchgeführt werden.

A) Behältertyp 1, bzw. Gitterbox etc.

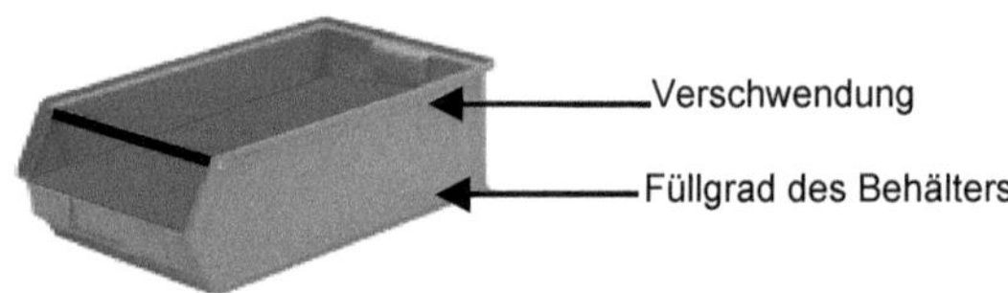

B) Lagerfachgröße zu Inhalt

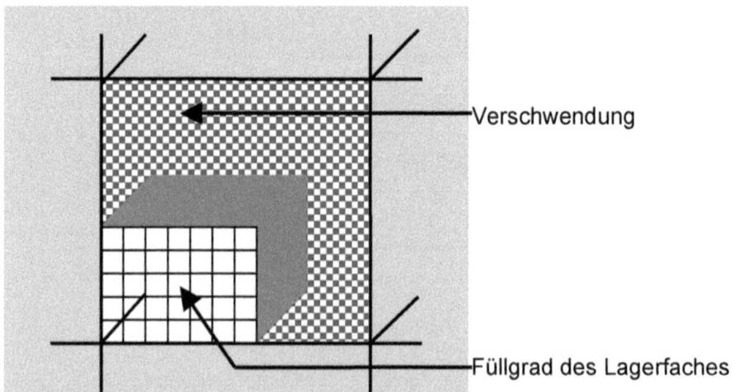

Die Einrichtung eines Umpackplatzes im Wareneingang, für Ware die nicht in der gewünschten Lagermenge und Verpackungsart geliefert wird (Lieferant macht nicht mit), kann sinnvoll sein (oder Fremdvergabe, Umpacken durch?).

Die Erfahrung zeigt, dass, in Verbindung mit gezielten Verschrottungsaktionen, bis zu 30 % freier Lagerplatz geschaffen werden kann. Auch mit dem Lager abgestimmte Liefermengen, in festgelegten Verpackungsgrößen, vereinfachen die Arbeit im Lager

Kein Ein- und Auslagern von auftragsbezogen bestellter Ware. Eine schnelle Ecke / Fläche (entsprechend gekennzeichnet), schafft Platz in den Regalen, spart Zugriffe und Wege.

Anliefern von kleineren Mengen (schnellerer Takt), nach dem 80-20-Prinzip[1)], erleichtert eine systematische Lagerfach- und Behälteroptimierung.

Festplatz-Lagerplatz-System, zumindest in Teilbereichen, kann sinnvoll sein. Oberteil liegt neben Unterteil, also Teile liegen in Nähe, was parallel benötigt wird.

ALDI-Prinzip, Wegeoptimierung und Häufigkeit nach Griffhöhe, Teileart. Einfach zu öffnende Verpackung, Gewichtsgrenzen bei Verpackungseinheiten. Große und schwere Ware auf die unteren Plätze der Regale etc., hilft ebenfalls weiter.

Variable Behältergrößen und Palettenrahmen, Basis zur Lagerfachoptimierung

Bild: *Fa. BITO*

Auch die Anlieferung von zusammengestellten Sets, auf z. B. einer Palette, setzt sich immer mehr durch. Ein Set ist eine Art fiktive Baugruppe von zusammengehörigen Teilen, die der Unterlieferant nach Firmenwunsch so in einem Gebinde zusammenstellt, dass die vielen Einzelaufnahmen im Lager entfallen können. Der Hauptlieferant bekommt somit von anderen Unterlieferanten die Anlieferungen, damit er, so wie gewünscht, die Set-Zusammenstellung zu einem Anliefergebinde durchführen kann.

[1)] 80-20 soll bedeuten, es geht nur um große Mengen, kleinere Mengen bleiben in heutigen Mengengrößen bestehen

Optisch / elektronische Warenerfassungssysteme

Optisch / elektronische Warenerfassungssysteme im Lager senken Kosten und verbessern wesentlich die Bestandsqualität

Strichcode im Lager

Moderne / automatisierte Läger und Produktionsanlagen fordern in zunehmendem Maße den Einsatz von Identifikationssystemen.

Die im Strichcode verschlüsselte Information wird mit Hilfe spezieller Lesegeräte optisch abgetastet, Lesefehler sind quasi ausgeschlossen. Etiketten, deren aufgedruckte Informationen nicht richtig entschlüsselt werden können, werden auch nicht verarbeitet, System zeigt Fehler an.

Mit einem Laser-Scanner bzw. einer CCD-Kamera wird die Codierung aus einer bestimmten Entfernung in Bewegung oder im Stillstand erfasst. Durch das automatische Lesen des Strichcodes ist eine zeitgenaue Betriebsdatenerfassung zur Steuerung der Fertigungs- und Lagersysteme gegeben. Außerdem vereinfachen diese Identifikationssysteme die Datenhandhabung bei der Erstellung von Dokumentationen im Lager- und Versandwesen (Lieferschein, Laufzettel, Chargen-Verwaltung, Rechnung).

Auch die Anbindung an automatische Lager oder Paternostersysteme und die Integration zu Datenfunksystemen / W-LAN-Systemen, Waagen, etc. ist realisierbar. Daneben unterstützen diese Lösungen eine vereinfachte Inventurabwicklung nach dem Stichprobensystem zu einer durchgängigen Gesamtlösung für die Logistik- und Bestandsoptimierung.

Strichcodesysteme sind moderne, zeit- und kostensparende Systeme zur automatischen Lagerwirtschaft und Warenflusskontrolle, mit hoher Bestandsqualität. Und was besonders wichtig ist, die Systeme arbeiten quasi fehlerlos.

Mit entsprechender Software ausgestattet, hilft das System durch seine Funktionen zum raschen und sicheren Erkennen und Eliminieren von Fehlerquellen:

- Bestandstransparenz schaffen
- Bestände rasch und nachhaltig senken
- Bestellkosten reduzieren / eine Entnahme erzeugt beim Lieferanten einen Abruf
- Lieferfähigkeit und Servicegrad erhöhen
- Zeitnah buchen / Online verarbeiten
- Konsequentes (Bestands-)Controlling implementieren
- Zahlendreher / falsches Bereitstellen wird vermieden, System quittiert

Sowie automatische Kennzahlenermittlung von Zeitraum bis Zeitraum:

- Durchschnittliche und absolute Reichweite
- Umschlagshäufigkeit / Bestandsverlauf
- Altersstruktur der Artikel / Bodensatz (0-Dreher)
- Durchschnittliche Zugriffszeiten
- Anzahl Bewegungen / Artikel mit Lagerplatzanalyse ABC und Wegeoptimierung beim Sammelvorgang

Auch die Anbindung an automatische Lager oder Paternostersysteme und die Integration zu Datenfunksysteme, Waagen, etc. ist realisierbar. Daneben unterstützen diese Lösungen eine vereinfachte Inventurabwicklung nach dem Stichprobensystem zu einer durchgängigen Gesamtlösung für die Logistik- und Bestandsoptimierung.

Strichcode / das Vier-Augen-System vermeidet Fehler. Restmengendarstellungen am Scanner verbessern die Arbeitsqualität im Lager wesentlich.

Die SOLL-Restmenge wird am Display des Scanners angezeigt. Bei Abweichung wird sofort korrigiert. Datum = Inventurdatum. Der Lagermitarbeiter führt auch das Differenzkonto in eigener Verantwortung (Verantwortung für Geld wird übertragen), siehe nachfolgende Abbildung.

Durch Vorgabe von Obergrenzen:

- Die Gesamtabweichung darf über das Jahr gesehen nicht mehr als X % vom Gesamtbestand überschreiten

und

- eine einzelne Abweichung über XX € muss gemeldet und genehmigt werden (Ursachenforschung ist angesagt)

Außerdem kann mit diesem System, das letztlich funktioniert wie eine permanente Inventur, auf eine sogenannte Stichtagsinventur verzichtet werden, sofern die IST-Meldungen als Inventurdatum entsprechend vermerkt werden und dieses Verfahren mit der Finanzbehörde / dem Wirtschaftsprüfer abgesprochen ist. Für die Bilanzierung reicht dann eine sogenannte Stichprobeninventur / -prüfung durch das testierende Wirtschaftsprüfungsinstitut.

Auch bei der Durchführung einer Stichtagsinventur bieten die Scanner-Lösungen heute eine große Hilfe. Die aufgenommenen Mengen werden zur Inventurerfassung sofort am Scanner eingegeben. Bei Zählfehler, falscher Artikelnummer, bzw. Überschreitung einer hinterlegten, zulässigen Abweichung kommt sofort eine Fehlermeldung. Somit kann umgehend eine nochmalige Erfassung durchgeführt werden, was die Datenqualität erheblich verbessert.

Hilfestellung bezüglich Einführung von Strichcodesystemen bietet:

<table>
<tr><td>DIE STRICHCODE - FIBEL

von der Firma

Datalogic GmbH
Uracher Straße 22

D - 73268 Erkenbrechsweiler

www.datalogic.it</td><td>Incl. Hinweise
für
Datenfunk-Realisierung
aller Art</td></tr>
</table>

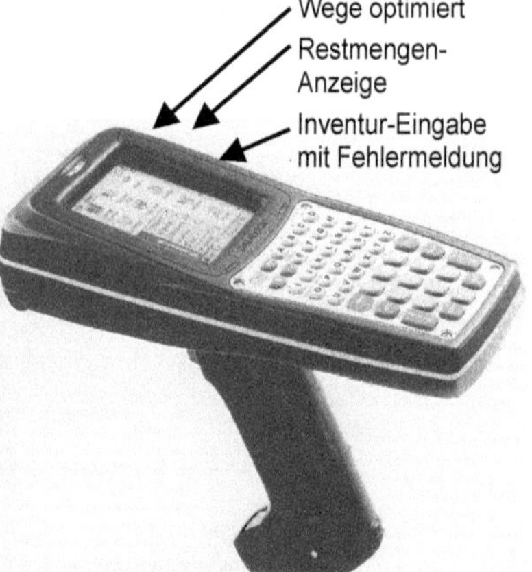

Bild: *Fa. SSI-Schäfer*

Pick by Voice – Effizienter kommissionieren

Die Zeitvorteile liegen bei ca. 20 % bis 30 % gegenüber herkömmlicher Kommissionierarbeit.

Das Warenwirtschaftssystem teilt die Aufträge nach hinterlegten Regeln in Einheiten, sogenannte Batches auf und ordnet diese den verschiedenen Lagermitarbeitern / Kommissionierern zu. Über WLAN-Headset werden die Kommissionieraufträge dann gemäß ermittelter Prioritäten den Mitarbeitern in Reihenfolge wegeoptimiert zugeteilt. Ein Mehrfachkommissionieren ist möglich.

Bei Kommissionier- / Versandarbeiten hält das „Pick by Voice" - System fest, in welchen Versandkarton der Artikel gepackt wurde. Ist der erste Karton für eine Lieferung gefüllt, teilt der Kommissionierer über einen Sprachbefehl mit, dass der nächste Artikel in einen neuen Karton gepackt wird, was gleichzeitig die Versandetiketten steuert.

Nach Entnahme der vorgegebenen Artikelmenge quittiert der Lagermitarbeiter die Entnahme per Spracheingabe oder Scanner und bringt die Ware an den entsprechenden Bereitstellbahnhof / Versandplatz, nimmt den nächsten Auftrag entgegen. Ist die notwendige Stückzahl nicht vorhanden, kann eine Untermenge gebucht werden.

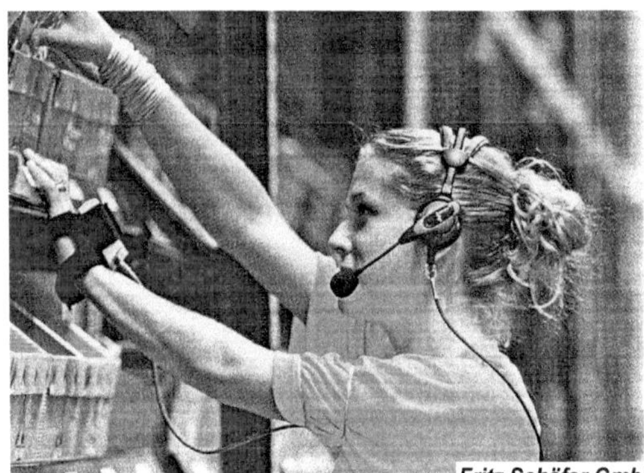
Fritz Schäfer GmbH

Weitere Vorteile sind:

- Kein Ausdrucken von Picklisten. Wartezeiten am Drucker entfallen
- Kein Handling / Bearbeitungsaufwand von Picklisten
- Kein Fertigmelden (buchen am System)
- Kurze Anlernzeit des Lagerpersonals, weniger Fehler und die so wichtige ONLINE-Buchung ist sichergestellt

Pick by Light – Effizienter kommissionieren

- Eine Alternative hierzu ist Pick by Light

  Die Reihenfolge der Entnahmen wird hier über verschiedenfarbige Lampen an den Regalen angezeigt

- **Nachteil**, das Lager muss in verschiedene Zonen eingeteilt werden

KBS Industrieelektronik GmbH KBS

RFID[1] – Die berührungslose Datenerfassung in der Logistik

Bei Einsatz von RFID-[1] / Transponder-Systemen wird durch automatisches Buchen dasselbe erreicht, da alle Zugänge, Abgänge gescannt werden.

In der Logistik bieten sich folgende Einsatzgebiete an:

- Inventur per Mausklick / Bestände sind permanent im Zugriff
- Automatische Paletten- / Behälterverwaltung
- Automatische Erfassung der Zu- und Abgänge durch Identifikation der Gegenstände, First in – First out, Chargennummer, Herstelldatum, Verfallsdatum etc.
- Rückverfolgbarkeit durch Abbilden aller Prozesse, vom Lieferanten über Wareneingang, Fertigung, bis Fertigwarenlager und Kunde
- Zeiten aller Art, z. B. ∅-Zeit für einen Zugriff, Wareneingang etc., zur Verbesserung der Wirtschaftlichkeit in der Logistik

Weitere Infos über das FIR-Aachen, Bereich Informationsmanagement, www.fir.rwth-aachen.de, oder über das Fraunhofer-Institut, die auch entsprechende Seminare zu diesem Thema anbieten. Auch verschiedene Etikettenhersteller helfen Ihnen bei Bedarf weiter (Internet).

[1] RFID = Radio Frequenz Identifikationssysteme = Programmierbarer Datenträger
Dieser Mikrochip speichert Daten und gibt sie als Information über eine Art Antenne ab. Chips gibt es in den unterschiedlichsten Ausprägungen

Buchungsarten

Lagerzugänge bei Eigenfertigung

Außer Fremdzugängen sind in einem Fertigungsbetrieb auch Einzelteile, Baugruppen und evtl. Fertigprodukte der Eigenfertigung, nach ihrer Fertigstellung als Lagerzugang zu verbuchen.

Basis hierfür ist der Betriebsauftrag. Er wandert mit den übrigen Arbeitspapieren bis zur Schlusskontrolle mit. Vom Lagerist wird er zusätzlich mit den Angaben *Datum, Gutstückzahl, Ausschussmenge, Name* versehen. Anschließend erfolgt die Rückmeldung am Bildschirm, oder besser, mittels Barcode- / Datenfunksystem im Lager direkt.

Die Rückmeldung führt zur Abbuchung des Auftrags oder der Teilmenge in der Fertigungsauftragsdatei und zur Zubuchung im Lagerbestand. Dabei ist zu vermerken, ob es sich um eine Voll-, Teil- oder Schlusslieferung handelt, damit im System entsprechend abgeschlossen werden kann. Je nach Einstellung erfolgt parallel zur Zugangsbuchung das Abbuchen aller Teile auf der darunter liegenden Ebene = retrogrades Buchen.

Lagerabgänge — „Zeitnahes Buchen ist wichtig“

Entnahmebelege

A) Einzelbelege

Bei der Verbuchung mittels Entnahmescheinen sind folgende Verbuchungen zu unterscheiden:

- geplante Entnahmen
- ungeplante Entnahmen
- Rückgabe an ein Lager.

Von geplanten Entnahmen spricht man, wenn die Entnahme aufgrund einer vorherigen Reservierung erfolgt. Mit der Entnahme wird die Reservierung gelöscht, bzw. bei manuellen Systemen egalisiert. Bei einer Abweichung der körperlichen Entnahme von der geplanten wird vom System, bzw. von Hand bei manueller Organisation, der verfügbare Bestand entsprechend korrigiert.

B) Entnahmestückliste / Pickliste

Bei der Verbuchung mittels Entnahmestückliste / Pickliste wird im Regelfalle der komplette Auftrag im System durch Eingabe der Auftragsnummer und Artikelnummer im körperlichen Bestand abgebucht (oder es werden Barcodesysteme eingesetzt).

Der Disponent muss, in Verbindung mit den Möglichkeiten der Software, zuvor folgende Regularien festlegen:

- Soll ein Auftrag freigegeben werden, obwohl trotz Verfügbarkeitsprüfung ein oder mehrere Teile fehlen?
  Wenn ja, oder bei Mengenabweichungen, muss das System für bestimmte Stücklistenpositionen Nachmeldungen bzw. Korrekturen der Entnahme zulassen, oder soll dies erst nach Bereitstellung erfolgen, wobei auch hier Korrekturen möglich sein müssen.

Buchungsarten für Entnahmen

Für das Verbuchen von Entnahmen haben sich, je nach Unternehmen und Branche, verschiedene Buchungsarten durchgesetzt:

A) Beim Ausdruck der Entnahmepapiere wird die Ware, SOLL-Entnahmemenge, vom körperlichen Bestand automatisch abgebucht und für diesen Auftrag separiert. (Separates Feld zur Freigabe für Auftrag XY reserviert = Bereitstellbestand)

Bei Erstellen der Rechnung / der Versandliste oder bei Auftragsstart (erster Arbeitsgang), wird die Ware von diesem separierten Bestand automatisch weggebucht, auf null gesetzt.

Vorteil: Keine händische Arbeit für Buchen

Nachteil: Zeitstrecke von Separieren bis Wegbuchen – kann dauern.

B) Die Entnahmen werden bei / nach Teilebereitstellung abgebucht, entweder

- positionsweise
- über Aufruf des Gesamtauftrages, mit fallweiser Einzelpositionskorrektur

Vorteil: Genaue Bestandsführung im Zeitraster

Nachteil: Aufwand durch Buchungsaufwand am System

Diese Buchungsart wird deshalb meist mittels Barcode-System getätigt, da dann der genannte Nachteil entfällt und noch zeitnaher gebucht wird.

Bild 5.21: *Muster einer Materialentnahmeliste*

FST-565 4.00 Materialentnahmeliste / Auftrag Woche: 28 Datum: 16.07.xx Blatt: 1

00001001

Referenz-Nr.	Auftrags-Nr.	Starttermin	Endtermin	Zchng./Werkstoff	Prio.
1001	81714	19.07. /	30.07. /	Stahl 8.8	2

Projekt	Bezeichnung	Kundenauftrag	Kunde
934711	Projekt Testerle	2005	K1001

Erzeugnis	Bezeichnung	Menge	ME	Lager	Ausschuss/Grund
0110012	Büroschere 160mm rostfrei	5000,000	St	F	

IST: ________ _____ ______ ___

Pos	Teile-Nummer	Entnahme Soll Auftragsmenge	Entnahme IST	Lager LPlatz	Mib.- Grund	Bearb.	Referenz-Nummer
20	1111011 Stahlschenkel li.f.B-Sch.160mm	5000,000 St 5000,000 St	________	T	___	_____	6001
30	2210002 Griff f.Büroschere 160mm schw.	5000,000 St 5000,000 St	________	T	___	_____	6002
50	1111012 Stahlschenkel re.f.B.Sch.160mm	5000,000 St 5000,000 St	________	T	___	_____	6003
60	2210002 Griff f.Büroschere 160mm schw.	5000,000 St 5000,000 St	________	T	___	_____	6004
70	1910001 Schlitzschraube 10mm	5000,000 St 5000,000 St	________	Z	___	_____	6005
80	1910002 Kontermutter	5000,000 St 5000,000 St	________	T	___	_____	6006

>> Ende der Liste <<

C) Retrogrades Buchen von Entnahmen

Dieses Verfahren hat sich in der Praxis sehr durchgesetzt, was bedeutet:

Vorteil: Eine Zugangsbuchung erzeugt automatisch, über eine entsprechende Stücklistenauflösung, auf der unteren Ebene eine Abbuchung.

Sofern diese Abbuchung das Zentrallager entlastet, ist diese Vorgehensweise nicht zu empfehlen. Grund:

Nachteil: Der Zeitverzug von körperlicher Entnahme zu Entnahmebuchung, liegt zu weit auseinander. Der Bildschirmbestand stimmt nicht mit dem körperlichen Bestand überein.

UND

Die Buchungsvorgaben sind unrein:

Zusatzentnahmen aufgrund von Fehlmengen müssen nicht gebucht werden.

Zusatzentnahmen wegen Ausschuss müssen einzeln gebucht werden = ungeplanter Abgang, was in der Praxis nicht sauber funktioniert.

Sofern aber bei Entnahme vom Zentrallager, z. B. Lager ZL1 automatisch auf Produktionslager, z. B. PL2, oder auf Versandlager, z. B. VL3 umgebucht wird und von dort, also von Lager PL2 oder VL3 retrograd abgebucht wird, ist das Verfahren sehr zu empfehlen.

Bild 5.22: *Funktionsablauf Umbuchen, danach Retrogrades Buchen*

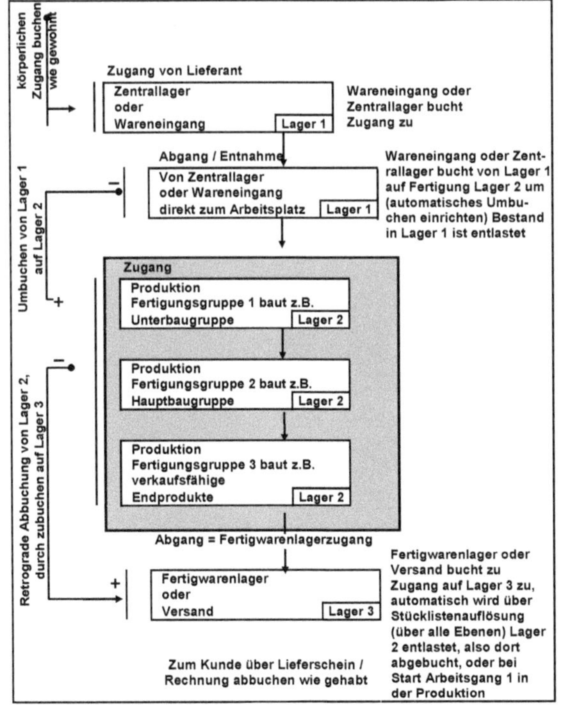

Grund:

Die Bestände im Zentrallager = Lager ZL1 stimmen absolut

Bestandsfehler können nur im Produktionslager = Lager PL2 oder Versandlager = Lager VL3 auftreten, was aber nach einer gewissen Zeit auffällt. Denn, wenn immer mehr in die Produktion oder auf das Versandlager zugebucht, als retrograd abgebucht wird, fällt dies auf Dauer auf und kann korrigiert werden.

Siehe nebenstehender Schemaablauf:

Es ist zu unterscheiden in

Zentrallager *und* ***Produktions- / KANBAN-Lager***

Um eine stimmende Bestandsführung sicherzustellen, muss ein Zentrallager geschlossen sein. Idealerweise mittels Zugangskontrolle elektronisch abgesichert. Darauf geachtet wird, dass „zeitnah" gebucht wird. Idealerweise mittels Barcode-System.

Produktions- / KANBAN-Lager sind offene Systeme. Die Bestandsverantwortung, Ordnung, Sauberkeit, gehört in die Verantwortung der Fertigung. Das Lagerpersonal hat nur die Aufgabe, die Nachschuborganisation sicherzustellen.

Um die Ordnung in den KANBAN-Lägern vor Ort sicherzustellen, hat sich das Patendenken bewährt. Für eine bestimmte Anzahl Regale ist ein KANBAN-Pate verantwortlich.

Schemadarstellung einer Werkstatt / Lager und Bereitstellkonzeption mit KANBAN-Lägern in der Produktion

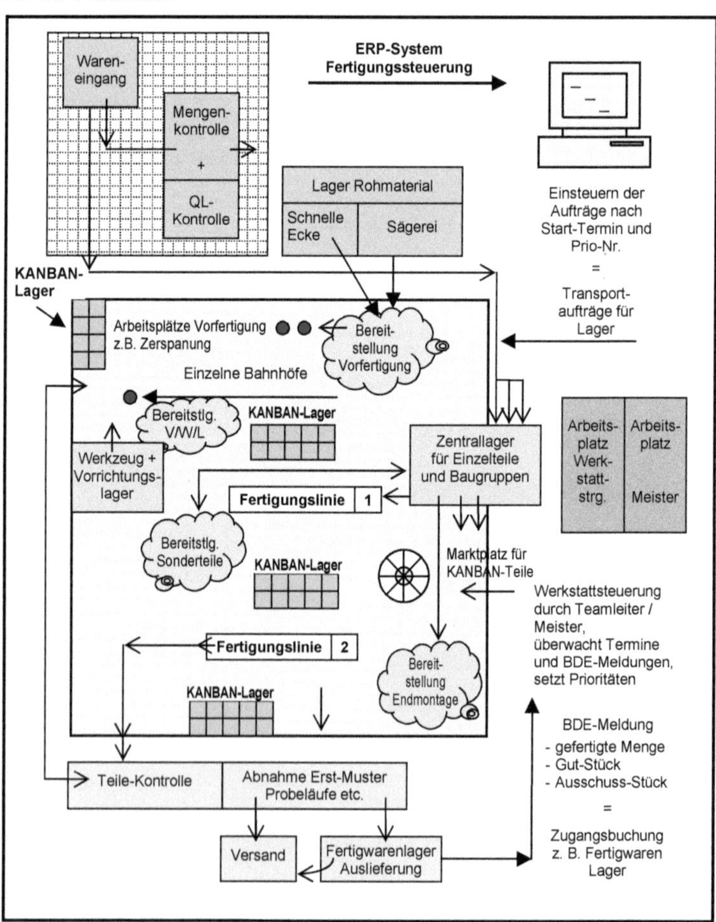

I-Punkt-Organisation im Wareneingang / Handhabung von Sperrlagern

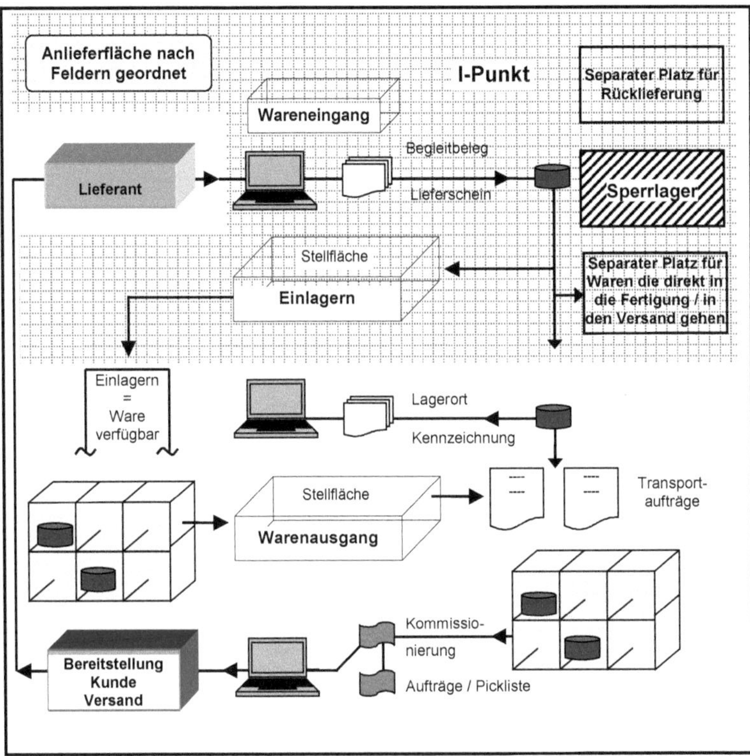

Da eine unanfechtbare Leistungskontrolle, aufgrund der unterschiedlichsten Einflussgrößen im Wareneingang, nur schwer möglich, aber eine zeitnahe Abarbeitung der Anlieferungen unabdingbar ist, gilt folgende Regel:

- **Jeden Abend muss der Wareneingang leer (besenrein) sein**[1)]

  U N D

- **Das Sperrlager muss jeden Freitag völlig abgearbeitet sein.**
  Stellflächen sind leer (besser 2 x pro Woche, Mittwoch und Freitag)

Diese einfache Regelung ist problemlos zu überwachen, führt zu kurzen Durchlaufzeiten. Ein weiterer Vorteil ist, dass die Mitarbeiter zeitversetzt eingesetzt werden, also die Anlieferzeitfenster um ein bis zwei Stunden weiter geöffnet werden können.

U N D

- **Das Anliefern nach Zeitfenstern (Lieferanten werden eingetaktet) hat sich bewährt.**
  Warteschlangenprobleme werden minimiert. Lieferanten müssen sich z. B. einen Tag vor Anlieferung eintakten.

1) Ausnahme Container-Anlieferung ist gegeben, aber die ist im Regelfalle den Vorgesetzten bekannt

Milk-Run-System

Minimiert die Beschaffungs- / Anlieferkosten, ein Spediteur oder eigener LKW sammelt, bringt die Ware zu uns.

Vorteil: Weniger Frachtkosten, weniger LKW-Anliefertakte, keine Warteschlangenprobleme

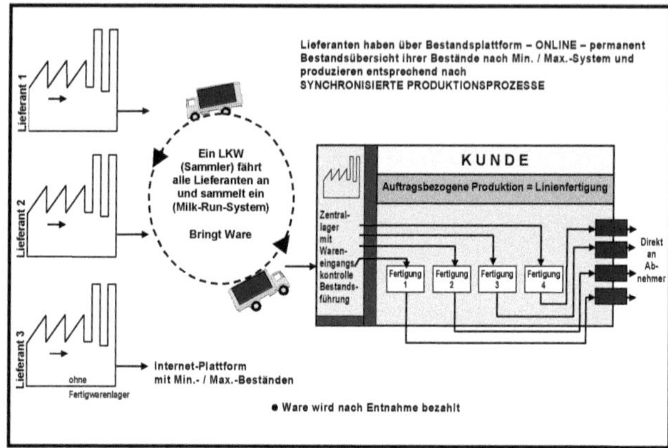

Und Fiktive Baugruppen (SET) einkaufen

Eine weitere Möglichkeit den Aufwand im Wareneingang / Lager zu minimieren ist, zusammengehörige Teile als SET einzukaufen. Ein SET ist eine fiktive Baugruppe, die es so im normalen Stücklistenaufbau nicht gibt, z. B. Welle und Lager als eine Einheit beschaffen. Dies gilt insbesondere auch für Elektronik-Bauteile die als komplette Einheiten für z. B. eine Anlage (KIT-Lösung) auftragsbezogen eingekauft werden.

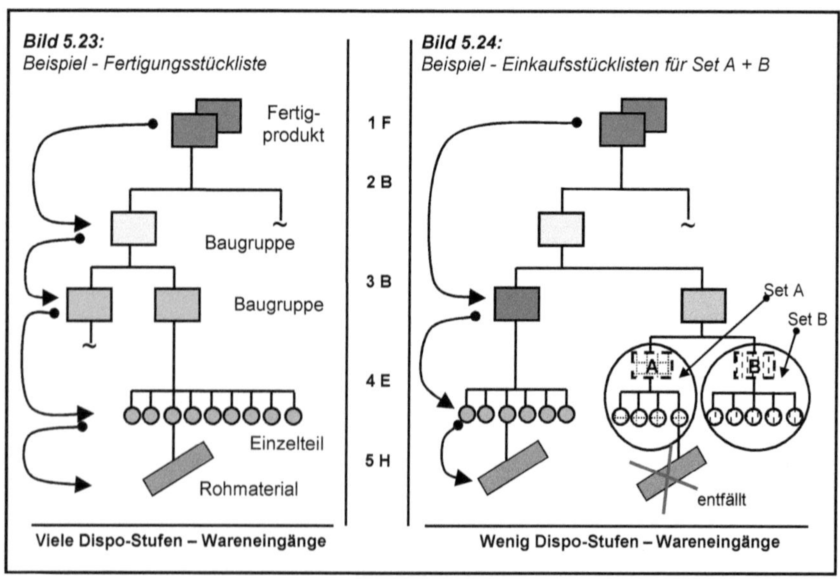

Bild 5.23:
Beispiel - Fertigungsstückliste

Bild 5.24:
Beispiel - Einkaufsstücklisten für Set A + B

5.14 Ordnung, Sauberkeit, Sicherheit, Patendenken im Lager

Ordnung und Sauberkeit steigern die Effizienz, verringern das Fehlerrisiko, sind eine Grundvoraussetzung für eine ordnungsgemäße Lagerhaltung und bezieht sich auf:

- Arbeitsräume (aufräumen, fegen etc.)
- Transportwege (freie Wege, nichts steht störend herum)
- Lagereinrichtung (schmutz- und staubfreie Regale / Regalfächer)
- Ware selbst (frei von Schmutz, Straub, Dreck)
- Transportmittel (Waagen, vorgeschriebene Wartung / Audits etc.)

Um dies sicherzustellen, hat sich das Patendenken bewährt.

- Ein Mitarbeiter im Lager ist Pate für eine bestimmte Anzahl Regale / Regalfächer oder Teilenummern bezüglich Datenqualität, geht Fehlbeständen nach
- Ein Mitarbeiter ist Pate für Sauberkeit der Wege, der Arbeitsräume
- Ein Mitarbeiter ist Pate für Transportmittel, Stapler, Hubwagen etc. (Sicherheit) und für die technischen Einrichtungen, wie z. B. Waagen

Um Umpacken, aufwendiges Bereitstellen, also *„nicht wertschöpfende Arbeit"* im Lager zu minimieren, hat sich u. a. die Anlieferung der Ware in sogenannten Kleinlastträger (KLT) bewährt; Inhalt = eine festgelegte Menge.

Zeitnahes Buchen ist eine Grundvoraussetzung für die Datenqualität.

Wiederkehrende Schulungen und konsequente Einhaltung des I-Punkt-Systems mit wiederkehrenden Audits verinnerlichen dies.

Automatisierte Lager verringern Fehlerquoten ebenfalls wesentlich.

Also auch im Lager die 6 S des kontinuierlichen Verbesserungsprozesses für die eigene Arbeit und das Arbeitsumfeld einführen

Schritt 1	SEIRI	=	Ordnung schaffen, Aussortieren nicht benötigter Gegenstände
Schritt 2	SEITON	=	Jeden Gegenstand am richtigen Platz, mit gutem Zugriff / Ablauf
Schritt 3	SEISO	=	Sauberkeit des Arbeitsplatzes herstellen, gründlich reinigen. Konsequente farbliche Absetzung von Regalen, Behältern, Hilfsmittel, Transportmittel
Schritt 4	SEIKETSU	=	Persönlicher Ordnungssinn, erhalten des geordneten und sauberen Zustandes, Patendenken
Schritt 5	SHITSUKE	=	Disziplin, die Arbeit in der richtigen Art und Weise durchführen
Schritt 6	SHÛKAN	=	Gewöhnung, das Erlernte und Angeordnete verinnerlichen

6.1 Wareneingangskontrolle und Verbuchen der Zugänge

Der traditionelle Ablauf einer Warenanlieferung, mit den daraus entstehenden / erforderlichen Prüfungen, ist nachfolgend dargestellt.

Wareneingänge / Lagerzugänge von Fremdlieferanten

Der Wareneingang ist eine wichtige Stelle im Warenfluss.

Er liefert

- die Abgangsdaten für die Bestellbestandsführung Einkauf
- die Zugangsdaten für die Bestandsführung Disposition
- die Eingangsdaten für die Rechnungsprüfung Einkauf / Fibu
- die Labels für die Wareneingangsprüfung / Lagerortzuweisung
- Warenrückverfolgung / First in – First out, etc.
- Qualitätsprüfung / Durchlaufzeit

Die endgültige Verbuchung der Warenlieferung erfolgt mit dem Zugang der Ware ins Lager. Geschieht dies kurzfristig, innerhalb von 0,5 - 1,0 Tagen nach dem Eingang der Ware, kann die Verbuchung des Zugangs in der Lager- und Bestellbestandsdatei gleichzeitig erfolgen, was das Ziel sein muss. Der Anwender kann von Fall zu Fall entscheiden, ob mit der Verbuchung des Wareneingangs sofort die Zubuchung in den Lagerbestand erfolgen soll, oder ob ein zweistufiges Vorgehen gewünscht wird (zeitaufwendig, alles muss zweimal in die Hand genommen werden).

Beispiel eines **zweistufigen** Verbuchungsablaufs:

1. **Buchungsvorgang Wareneingang**
   - Bestellbestand (vorläufig)
   - Wareneingangsbestand (+)
2. **Buchungsvorgang Lagerist Lagerzugang**
   - Bestellbestand (endgültig)
   - Wareneingangsbestand (–)
   - Lagerbestand (+)

Zwischen dem Eingang der Ware im Wareneingang und dem Zugang ins Lager können sich Mengendifferenzen ergeben, z. B. durch Zerstörung von Prüfteilen oder teilweise Rücksendung schlechter Teile, so die Logik der zweistufigen Buchung.

Die zweistufige Buchung erzeugt im Regelfall eine längere Durchlaufzeit, Ware ist aus dem Mahnwesen raus, aber noch nicht verfügbar. Es besteht kein Zwang schnellstmöglich die Ware einzulagern, damit diese verfügbar ist.

Durch die permanent steigende Anlieferfrequenz / steigende Artikelvielfalt und kleinere Anlieferlose mit höheren Anliefertakten (synchrone Anlieferungen), wird der Wareneingang immer mehr zu einem Engpass und somit zu einem Problem.

Es entstehen Warteschlangenprobleme, lange Liege- / Durchlaufzeiten (2 - 3 Arbeitstage). Die Ware kann nicht weiterverarbeitet werden, obwohl sie im Hause (aber nicht verfügbar) ist.

Schemabild: **Ablauf einer traditionellen Wareneingangsprüfung**

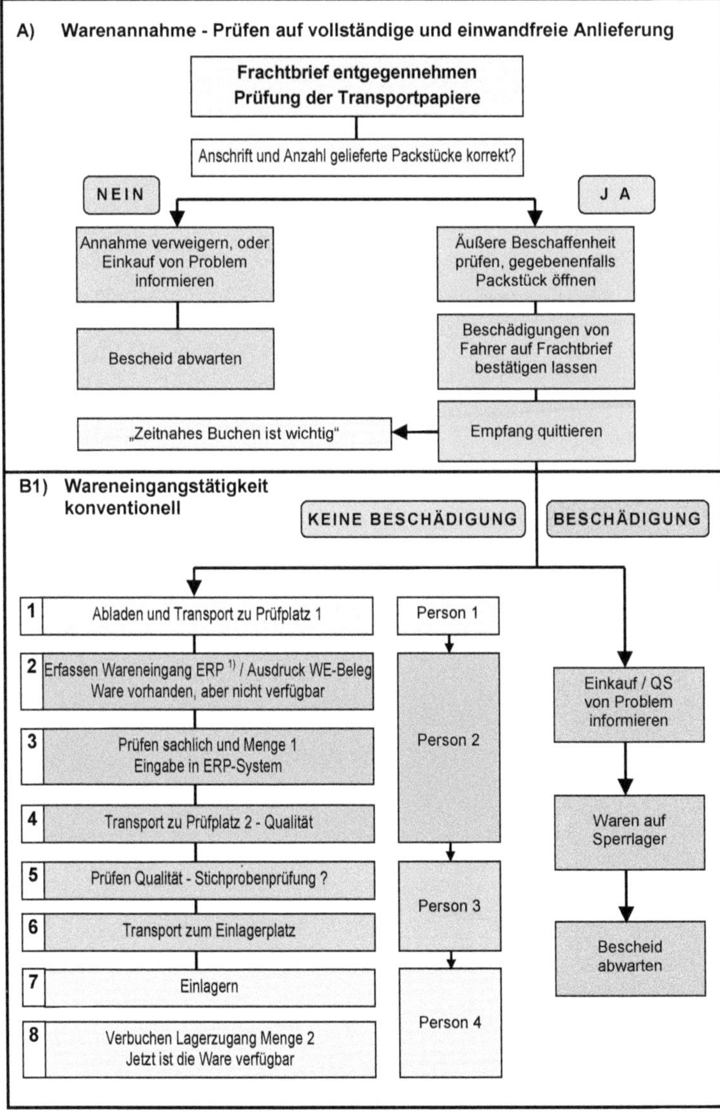

Auch die Einrichtung einer *„schnellen Ecke"* (für die bevorzugte Wareneingangsbearbeitung von rückständiger Ware / Eilaufträgen etc.), löst das eigentliche Problem auf Dauer nicht, da mit dieser Lösung nur eine Art Intercity-Organisation für eilige Ware eingerichtet wird. Die tayloristischen Tätigkeitsschritte bleiben erhalten und andere Ware bleibt durch diese Vorgehensweise länger liegen.

Daher wird immer mehr auf die zweistufige Buchung verzichtet und eingehende Ware sofort als *„verfügbar"* gebucht. Bei Abweichung Menge [1] zu Menge [2], z. B. nach Mengen- oder QS-Kontrolle, wird eine Korrekturbuchung vorgenommen und der/die Mitarbeiter im Wareneingang tätigen alle Arbeitsschritte von Pos. 2 bis Pos. 8, also incl. QS-Kontrolle[1)] und einlagern in einem Durchgang.

Die Vorteile dieser einstufigen Wareneingangsbuchung und durchgängigen WE-Arbeiten in einem Schritt, liegen

- in einer Verkürzung der Liegezeit im Wareneingang
- in einer erheblichen Effizienzsteigerung im Wareneingang

Abbildung **B2)**:

Einstufig und Wareneingangsmitarbeiter erledigt alle Arbeiten ab Erfassen Wareneingang Pos. [2] bis Pos. [8] in einem Durchgang. Voraussetzung, Mitarbeiter ist mehrfachqualifiziert, hat die gleichen Messmittel wie QS-Abteilung. Wobei es immer Ausnahmen geben wird, wie z. B. angelieferte Ware muss im Labor geprüft werden, wie z. B. Lebensmittel-, Pharma-Industrie.

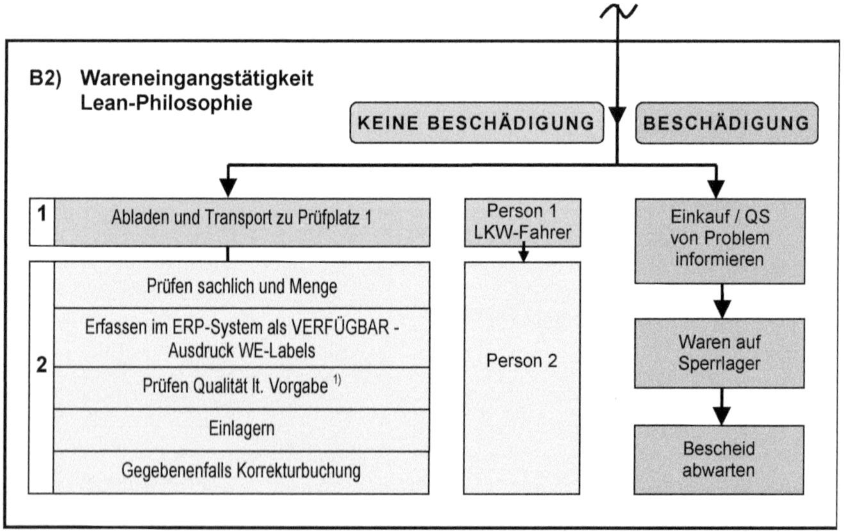

1) Ausnahmen Lebensmittel-, Pharma-Industrie, oder sonstige Firmenvorgaben

Wer macht was wie? / Wareneingangsoptimierungsmöglichkeiten

Gemäß Prozessanalyse *„WER MACHT WAS WIE?"* und den genannten Prozessindikatoren / -risiken, ergeben sich folgende Prozessoptimierungsmöglichkeiten im Wareneingang (beispielhafte Aufzählung):

Laufen minimieren – 1 Schritt = 1 Sekunde

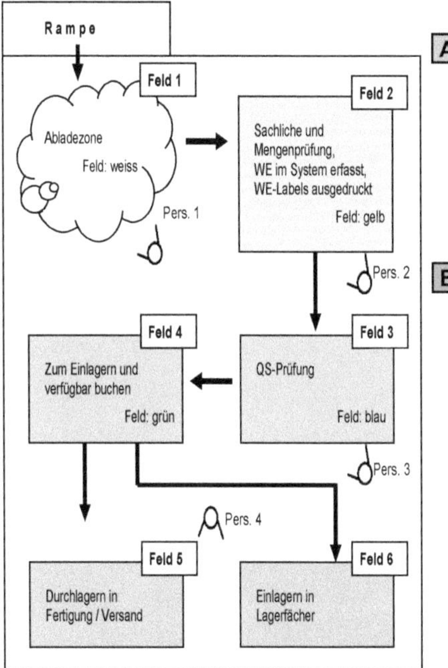

A LKW-Fahrer lädt ab, transportiert mit Hubwagen Frachtstücke hinter die erste verschlossene Tür[1] (in Felder eingeteilter WE-Stauraum).

Prüfung auf Vollständigkeit und einwandfreie Anlieferung durch WE-Personal.

B Mitarbeiter im Wareneingang und Lager sind mehrfachqualifiziert

Formel: Anzahl Schichten + 3

So viele unterschiedliche Tätigkeiten sollte ein Mitarbeiter in diesem zentralen Logistikbereich beherrschen.

Bei Einschicht-Betrieb z. B. vier:

Alle Wareneingangstätigkeiten,
QS-Prüfungen (außer z. B. Labor),
Einlagern / Auslagern / Versandarbeit

Müssen diese weiten Wege sein? Laufwege in Anzahl Schritte / Meter aufnehmen – Optimierungsmaßnahmen einleiten. Ca. 20 % der Artikel die angeliefert werden, erzeugen ca. 80 % der Warenbewegungen. Und alles durchgängig von der Warenerfassung bis Einlagern und Zugang Buchen „Verfügbar" Menge XX, alle Tätigkeiten in einer Hand.

Ergebnis: Hohe Zeitersparnis, kein Laufen, kein Suchen etc. und kürzere Durchlaufzeit von Eingang, bis Ware verfügbar

C Mehr Verantwortung im Wareneingang

Z. B. Anliefermenge stimmt nicht mit Bestellmenge überein!

Bei wie viel Prozent (?) Über- / Unterlieferung bei Vorratsteilen kann WE selbst entscheiden, ob Lieferung *REKLAMIERT* oder als *o.k.* betrachtet werden kann, wenn Liefermengentoleranzen zugelassen sind, 5 % - 10 %?

[1] da wo möglich und gewollt

Da eine unanfechtbare Leistungskontrolle, aufgrund der unterschiedlichsten Einflussgrößen im Wareneingang nur schwer möglich, aber eine zeitnahe Abarbeitung der Anlieferungen unabdingbar ist, gilt folgende Regel:

- Jeden Abend muss der Wareneingang leer (besenrein) sein[1)]
- Das Sperrlager muss jeden Freitag völlig abgearbeitet sein.
  Stellflächen sind leer (besser 2 x pro Woche, Mittwoch und Freitag)

U N D

- Das Anliefern nach Zeitfenstern (Lieferanten werden eingetaktet) hat sich bewährt.

  Warteschlangenprobleme werden vermieden, Lieferanten müssen sich z. B. einen Tag vor Anlieferung eintakten.
- Einführen ALDI-Prinzip: Der Lieferant lädt selbst ab, bringt die Ware in eine nach Stellflächen geordnete Anlieferfläche → stellt dort nach Vorgabe ab → zeigt die Vollständigkeit per Rufsignal an[1)], so dass im ersten Schritt nur auf Vollständigkeit und äußere Beschaffenheit geprüft, gegebenenfalls ein Packstück geöffnet werden muss. (Vereinbarung Kunde – Lieferant durch Ergänzung in den Lieferbedingungen: Übernahme der Ware nach der ersten verschlossenen Tür)[2)]

  Wodurch auch die Problematik *„Verantwortung für Transportschäden"* vereinfacht wird.

U N D

- Handhabungsaufwand durch Einsatz neuester Sensordaten / RFID-Technik im Wareneingang vereinfachen

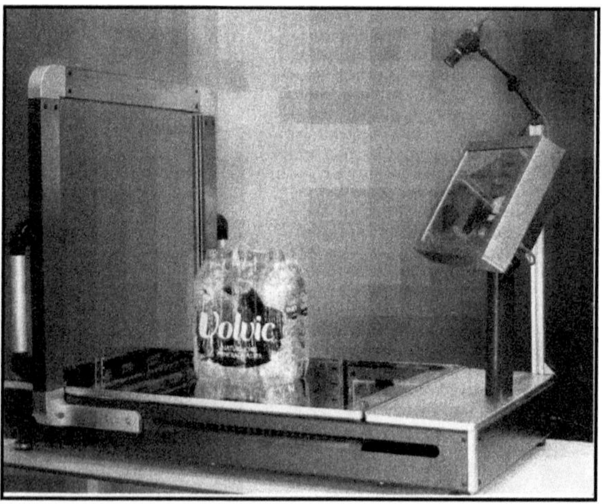

Der Static Dimensioner ermöglicht eine exakte dreidimensionale Dimensions- und Gewichtsmessung zur automatischen Stammdatenerfassung

*(**Bild:** Framos)*

1) Ausnahme Container-Anlieferung ist gegeben, aber die ist im Regelfalle den Vorgesetzten bekannt

2) Sofern im WE eine Rampe vorhanden ist, müssten so entsprechend die Einkaufsbedingungen angepasst werden.
Ohne Rampe reduziert sich diese Vorgehensweise nur auf alles, was mit einem Stadt-LKW und Hebebühne gebracht werden kann.

Kann sich heute ein Unternehmen für alle Warenanlieferungen diesen kostentreibenden und DLZ-verlängernden Ablauf noch leisten? Welche Maßnahmen sind bezüglich Optimierung der Wareneingangsprozesse möglich? Müssen alle Warenanlieferungen gleich behandelt werden?

Was häufig vergessen wird:

> Stehen die Kosten, die durch die Abläufe in der Logistik, von Dispo und Beschaffen / von Warenanlieferung bis Einlagerung, bzw. Bereitstellen für die Produktion, noch im Verhältnis zum Warenwert?

Varianten der Wareneingangsprüfung müssen im Detail vom Unternehmen, zusammen mit Lieferant, festgelegt werden.

Beispielhafte einer Entscheidungstabelle für Art und Umfang / Genauigkeit einer Wareneingangsprüfung:

Fehlerklassifizierung (ergibt A- / B- / C-Fehler) bezüglich termintreuer Lieferung und Folgekosten Produkt, bzw. Auswirkungen beim Kunden	**Fehlerauswirkung**				
	Auswirkung auf Liefertermin Kritisches Teil, liefert z. B. Monopolist	Wert des Teiles, z. B. Massenware J / N	Kann der Fehler intern durch Folgearbeitsgänge festgestellt werden?	Fehlerauswirkung / Folgekosten	
				Intern Produkt	Extern Kunde
Kritischer Fehler					
Hauptfehler					
Nebenfehler					

A = Fehlerauswirkung hoch
B = Fehlerauswirkung mittel
C = Fehlerauswirkung gering

Oder kaufen wir Qualität ein. Mit dem Lieferanten ist vereinbart wie bei Lieferreklamationen verfahren werden muss, z. B. in welcher Zeit XX Ersatz angeliefert wird, damit kein Produktionsausfall / Terminverzug entsteht. Siehe entsprechend Lieferantenvereinbarung, Abschnitt „Einkauf“.

Die Unlogik der alten Denkansätze „Wareneingangsprüfung“ nach z. B. AQL-Prüfschärf-Methoden (Stichprobenprüfung) wird beim Beschaffen von Elektronikbausteinen sichtbar. Diese können zum Großteil im Unternehmen erst bei Einbau in das Fertigprodukt auf Funktionsfähigkeit geprüft werden.

Abbau von Geschäftsvorgängen, Verkürzung der Durchlaufzeit im Wareneingang

Wir kaufen „Qualität" in Verpackungs- / Liefereinheiten ein. Um also die Problematik bei immer kleiner werdenden Losen in den Griff zu bekommen, also den Kontrollaufwand, die lange Durchlaufzeit zu minimieren, muss es das Ziel sein: **Ein Großteil dieser Geschäftsvorgänge abzubauen**. Denn letztlich ist die Wareneingangsprüfung nur eine Verlagerung der Ausgangsprüfung des Lieferanten an den Kunden.

Je nach Teile- und Risiko-Klassifizierung / Lieferqualität des Lieferanten und Anliefervereinbarung „Lieferant ➔ Kunde", gibt es nun mehrere Möglichkeiten, den Wareneingang effizienter zu gestalten, den Waren- und Informationsfluss zu optimieren.

I Zusammenarbeit mit auditierten Lieferanten – Es wird ein Freipass erstellt

a) Eine größere Zahl von Lieferanten erhalten sogenannte Freipässe, was bedeutet, dass die Ware ungeprüft dem Lager zugebucht wird

b) Die Lieferanten liefern mit der Ware bereits ausgefüllte und abgezeichnete Kontrollbelege an, die ansonsten im Wareneingangsdurchlauf des Unternehmens erstellt und ausgefüllt werden müssen. Der Lieferant quittiert also selbst.

c) Die Lieferanten werden vom strategischen Einkauf entsprechend auditiert. **Das Audit gilt für einen begrenzten Zeitraum**. Innerhalb dieses Zeitraumes wird die Ware ohne jegliche Prüfung eingelagert und zugebucht.

d) In der Fertigung wird mittels Werker-Selbstkontrolle eventueller Lieferantenausschuss festgestellt, nicht Verwendbares oder Ausschuss landet in einem roten Behälter. Der Inhalt wird einmal pro Woche am *„Sündentisch"* besprochen. Mittels dieser Ursachenforschung wird der Lieferant wieder in das QS-System einbezogen, fällt gegebenenfalls wieder in das Stichprobensystem zurück und wird entsprechend belastet.

II Vermindern des Prüfaufwandes mittels Feststellen von Serienfehlern, bzw. nach Hersteller-Fehlerquoten

Sofern die Vorgehensweise „Auditierte Lieferanten" nicht gewollt ist, gibt es auch die Möglichkeit, die Wareneingangssoftware für Lieferanten, bzw. deren Teile, die im Regelfalle o.k. sind, so einzustellen, dass der Prüfaufwand minimiert wird, wie z. B.:

e) Serienfehler feststellen
Egal welche Mengen angeliefert werden, es werden immer vier Teile geprüft, gemäß Prüfvorschrift. Wenn o.k., dann wird davon ausgegangen, dass Sendung insgesamt o.k.

f) Nach Hersteller-Fehlerquoten
5 Lieferungen prüfen – Wenn 5 x o.k.,
dann 6 x aussetzen und nach sachlicher Prüfung sofort einlagern

---

Nächste (7.) Lieferung wieder prüfen – wenn o.k.,
dann wieder 7 x aussetzen, usw.

Die schulmäßige AQL-Prüfung wird nur dann wieder scharf geschaltet, wenn die Fertigung Ausschuss meldet, oder wenn z. B. die 7. WE-Prüfung Fragen aufwirft

Dies reduziert den Prüfzeitaufwand im Wareneingang ebenfalls wesentlich, wobei die aufgeführten Möglichkeiten nicht für alle Artikel und Branchen geeignet sind. Im Einzelfalle wird immer *„konventionell"* weiter geprüft werden müssen.

Die statistische Qualitätsprüfung, nach AQL-Normen, schafft mit den Methoden der mathematischen Statistik eine sichere Grundlage für Prüfung und Überwachung der Fertigungsqualität bzw. Lieferqualität der Lieferanten und damit eine Voraussetzung für eine zuverlässige und wirtschaftliche Fertigung.

Basis für die statistische Qualitätsprüfung sind die mathematische Statistik, sowie die Grundsätze der Normalverteilung. Sie wird genutzt bei vielen technischen Fragestellungen, denn hier liegen Messwerte (d. h. stetig veränderliche Merkmale) zu Grunde, die bei wiederholter Beobachtung – theoretisch bei unendlich vielen Beobachtungen aus Untersuchungen von Grundgesamtheiten – Werte liefern, die

- sich an einem Schwerpunkt ballen,
- von diesem Schwerpunkt nach oben wie nach unten in gleicher Weise abweichen und
- mit zunehmender Entfernung von diesem Schwerpunkt immer seltener auftreten.

Diese Beschreibung wird durch nachfolgende Bilder veranschaulicht.

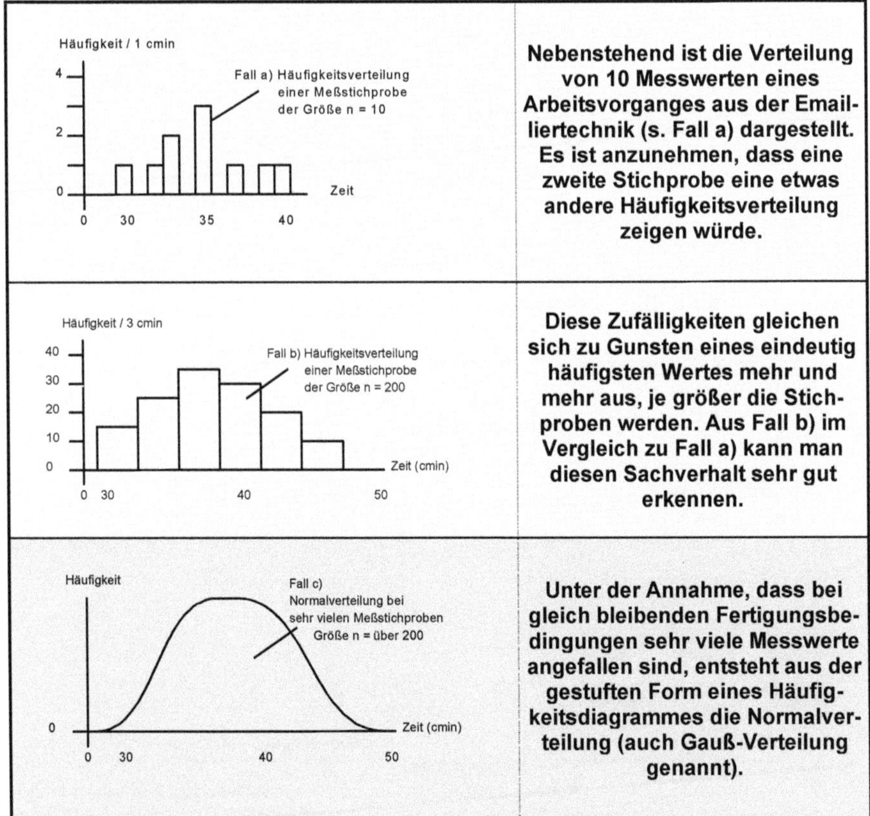

Auszug aus SIE Seminarunterlage Statistische Qualitätskontrolle - Verfasser: Dr. B. John

Das Stichprobensystem gliedert sich in zwei Teile

a)	Angaben für Einzelteile Hierbei erfolgt meistens eine Prüfung je Merkmal	**b)**	Angaben für Geräte und Baugruppen Hierbei wird meistens auf Summen – AQL geprüft

Solange das Stichprobenergebnis in dem Bereich indifferenter Qualität liegt, ist die Prüfung noch nicht abgeschlossen, es muss eine weitere Einheit zufällig entnommen werden. Erst wenn der Stichprobenpunkt in den Annahme- oder Rückweisbereich wandert, ist die Prüfung mit der Annahme oder Ablehnung des Loses beendet.

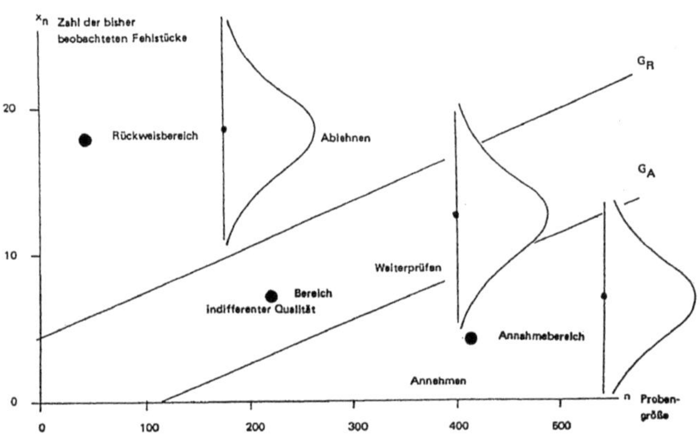

Bild 6.1: *Darstellung der Wirkungsweise einer statistischen QL-Prüfung*

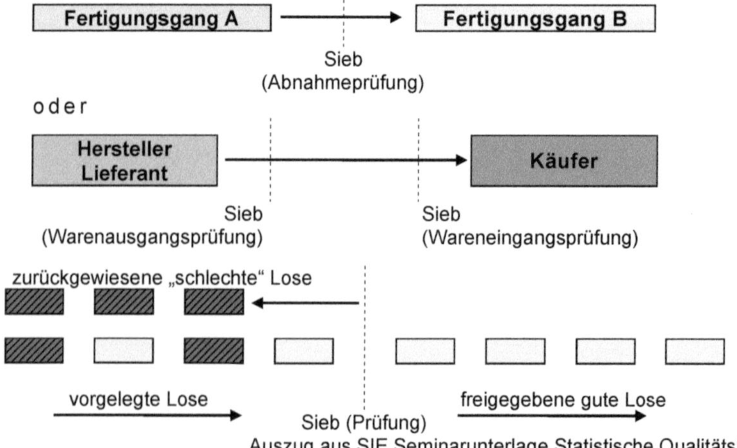

Auszug aus SIE Seminarunterlage Statistische Qualitätskontrolle
Verfasser: Dr. B. John, Darmstadt

Die Prüfschärfe, also die zu prüfende Menge, richtet sich u. a. nach der Schadenshöhe, die durch die Verwendung eines n.i.O.-Teiles entstehen kann. Sie wird von der Technik / der QS festgelegt. Je höher die Prüfschärfe, je höher der Aufwand.

Aber diese Denk- und Arbeitsweise stammt aus einer Zeit, als noch jedes Teil ein „Unikat“ war. Die meisten Teile wurden in reiner Handarbeit hergestellt. Automatisierte Techniken in der Herstellung lassen vereinfachte Verfahren zu.

Tabelle AQL-Stichprobensystem für Einzelteile (Teile-Prüfung)

Liefermenge Stück	Prüfschärfe Test 1				Test 2				Test 5				Test 10				Test 20			
	n_1	c_1	n_1+n_2	c_1+c_2	n_1	c_1	n_1+n_2	c_1+c_2	n_1	c_1	n_1+n_2	c_1+c_2	n_1	c_1	n_1+n_2	c_1+c_2	n_1	c_1	n_1+n_2	c_1+c_2
bis 200	140	0	—	—	70	0	140	1	35	0	70	1	17	0	35	1	9	0	17	1
201 bis 500	160	0	320	1	80	0	160	1	40	0	80	1	20	0	40	1	10	0	20	1
501 bis 1000	200	0	400	1	100	0	200	1	50	0	100	1	25	0	50	1	13	0	25	1
1001 bis 2000	280	0	560	2	140	0	280	2	70	0	140	2	35	0	70	2	17	0	35	2
2001 bis 5000	400	1	800	3	200	1	400	3	100	1	200	3	50	1	100	3	25	1	50	3
5001 bis 10000	520	1	1040	5	260	1	520	5	130	1	260	5	65	1	130	5	33	1	65	5
10001 bis 20000	680	2	1360	7	340	2	680	7	170	2	340	7	85	2	170	7	43	2	85	7
20001 bis 50000	800	2	1600	8	400	2	800	8	200	2	400	8	100	2	200	8	50	2	100	8
über 50000	960	4	1920	9	480	4	960	9	240	4	480	9	120	4	240	9	60	4	120	9
Herstell-grenzqualität AQL	0,25 %				0,5 %				1,0 %				2,0 %				4,0 %			
maximaler Durchschlupf AOQL	0,3 %				0,6 %				1,4 %				2,7 %				5,4 %			

Tabelle AQL-Stichprobensystem für Geräte und Baugruppen (Erzeugnisprüfung)

Liefermenge Stück	Prüfschärfe Test 5				Test 10				Test 20				Test 40				Test 60				Test 80			
	n1	c1	n1 +n2	c1 +c2	n1	c1	n1 +n2	c1 +c2	n1	c1	n1 +n2	c1 +c2	n1	c1	n1 +n2	c1 +c2	n1	c1	n1 +n2	c1 +c2	n1	c1	n1 +n2	c1 +c2
bis 5	---	---	---	---	---	---	---	---	4	0	---	---	3	0	---	---	2	0	4	1	2	1	4	2
6 bis 10	---	---	---	---	---	---	---	---	5	0	--	---	4	0	8	1	2	0	4	1	2	1	4	2
11 bis 20	---	---	---	---	16	0	---	---	8	0	16	1	4	0	8	1	2	0	4	1	2	1	4	2
21 bis 50	32	0	---	---	16	0	32	1	8	0	16	1	4	0	8	1	2	0	4	1	2	1	4	2
51 bis 100	32	0	64	1	16	0	32	1	8	0	16	1	4	0	8	1	2	0	4	1	2	1	4	2
Herstellgrenz-qualität AQL	1,0 %				2,0 %				4,0 %				8,0 %				20 %				45 %			
maximaler Durch-schlupf AOQL	1,4 %				2,7 %				5,4 %				11 %				23 %				48 %			

Auszug aus statistischer Qualitätsprüfung Fa. SIEMENS, Zentralbereich Technik - Technische Verbände und Normung (ZT TVN)

Bild 6.2: *Muster einer Wareneingangserfassung*

Material-wirtschaft	**Wareneingangserfassung**	

Beanstandung

Menge	Erläuterungen

Teil	Datum	Menge	Rest	Teil	Datum	Menge	Rest
1				8			
2				9			
3				10			
4				11			
5				12			
6				13			
7				14			
				15			

Ihre Zeichen: Ihr Angebot vom: Unsere Zeichen: Warenempfänger

Einlagern in: Lieferschein-Nr.: vom: Auftragsdatum:

		Belastung Menge	Gutschrift Menge	Schnellst. nachliefern	Mit nächst. Auftrag liefern	Nicht nachliefern
Menge lt. Lieferschein						
Geliefert lt. Warenannahme						
Fehlmenge / Überlieferung						
Gut						
Ausschuss lt. Wareneingangsprüf.						
Nacharbeit durch Lieferanten						
Nacharbeit durch uns				Wird nicht in Rechnung gestellt	Wird in Rechnung gestellt	
zu verrechnende Menge						

WA-Datum Zchn.: KE-Datum: Zchn.: Magazin bzw.FW Datum: Zchn.: MB bzw. VE Zchn.:

Auftrags-Nr.: Bitte oben stehenden Hinweis beachten	Kostenart-Nr.	Kostenträger-Nr.

Menge	ME	Bezeichnung der Lieferung/Leistung	Unsere Zeichnungs- bzw. Sach-Nr.	Prüfvorschrift Nr.

	Termin für Anlieferung	Anlieferungsstelle	Versandart	Versandberechnung frei	Versandberechnung unfrei	Bemerkungen

AQL - Wert verschärfte Prüfung	AQL - Wert normale Prüfung	Stichprobengröße N	Annahmezahl C (c 2)	Anzahl der fehlerhaften Teile	Entscheidung ankreuzen	
					brauchbar, einlagern, verwenden	
					bedingt brauchbar, einlagern, verwenden	
					bedingt brauchbar, zurückweisen	
					bedingt brauchbar, sortieren	
					bedingt brauchbar, nacharbeiten	
					unbrauchbar, zurückweisen	

7. Einfache und stimmende Inventurverfahren

Die Inventur kann in drei Aufgabenkomplexe gegliedert werden:

1.) Grundsätzliche Erstinventur zur Übernahme der Bestandsdaten in das IT-System

2.) Inventurdurchführung zur Aktualisierung der Bestände (Feststellung von Bestandsdifferenzen)

3.) Inventuraufnahme als Grundlage für die Bewertung nach den Bilanzrichtlinien

Wobei die Inventuraufnahme von Pos. 2.) und Pos. 3.) meist als Einheit abgewickelt wird.

Eine Inventur lässt sich in der Form einer **permanenten** oder einer **„Stichtagsinventur"** am Jahresende abwickeln. Es besteht aber auch die Möglichkeit, den Aufwand mittels einer **Stichprobeninventur** zu minimieren.

Der Gesetzgeber verlangt keine jährliche Stichtagsinventur. Er will nur, dass der Geldbetrag, der im Lager, in Form von Ware liegt, stimmt. Wie man zu der notwendigen Inventurgenauigkeit von z. B. 98 %, oder besser in Richtung 99,5 % kommt, ist uninteressant.

7.1 Die Stichprobeninventur

Der Gesetzgeber gestattet seit dem 01. Januar 1977 den Einsatz von Stichprobenverfahren zur rationelleren Abwicklung von Inventuren. Die Anforderungen sind im aktuellen Handelsgesetzbuch unter § 241 Abs. 1 festgelegt: *„Bei der Aufstellung des Inventars darf der Bestand der Vermögensgegenstände nach Art, Menge und Wert auch mit Hilfe anerkannter mathematisch-statistischer Methoden aufgrund von Stichproben ermittelt werden. Das Verfahren muss den Grundsätzen ordnungsgemäßer Buchführung entsprechen. Der Aussagewert des auf diese Weise aufgestellten Inventars, muss dem Aussagewert eines aufgrund körperlicher Bestandsaufnahme aufgestellten Inventars gleichkommen."* Schweizerische und österreichische Gesetzgeber sehen den Sachverhalt ähnlich und akzeptieren ebenfalls Stichprobeninventuren.

Die Finanzbehörden der Bundesrepublik Deutschland erkennen die Stichprobeninventur nach § 141 Abs. 1 der Abgabenordnung ausdrücklich an, wenn das angewandte Verfahren handelsrechtlich zulässig ist; die Schweiz nach den Grundsätzen zur Abschlussprüfung OR 9581, GZA Nr. 6, sowie das Handwörterbuch der Wirtschaftsprüfung.

Natürlich muss dieses Verfahren mit dem Wirtschaftsprüfer vereinbart werden.

Die Wirtschaftsprüfer präzisieren die gesetzlichen Anforderungen zum Einsatz von Stichprobenverfahren inhaltlich durch die Stellungnahme des Instituts der Wirtschaftsprüfer im Januar 1981. Die sich hieraus ergebenden Ordnungsgrundsätze lassen allerdings nicht jedes beliebige Verfahren zu. So muss das ausführlich dokumentierte Inventursystem gewährleisten, dass die zur Stichprobe heranzuziehenden Artikelpositionen zufällig ausgewählt werden. Die im Anschluss an deren Aufnahme durchzuführende Hochrechnung muss den Inventurwert so exakt bestimmen können, dass er den tatsächlich im Lager vorhandenen Wert mit einer maximal möglichen Abweichung, je nach Festlegung, von 5 % bis 2 % widerspiegelt, was einer Genauigkeit von 95 % bis 98 % entspricht.

Die Einsparung ist enorm. Der Zeitaufwand gegenüber einer Stichtagsinventur reduziert sich um ca. 90 - 95 %.

Voraussetzungen für die Anwendung der Stichprobeninventur[1)]

- Die Verwaltung der Bestände nach Art, Menge und Wert muss über ein IT-System erfolgen[2)]
- Der vorgesehene Lagerbereich sollte mindestens 1.000 verschiedene Artikel umfassen
- 20 % der wertmäßig höchsten Positionen sollten etwa 40 bis 60 Prozent des gesamten Lagerwertes abdecken (was meist so ist)
- Bei höchstens 20 % der Lagerpositionen sollten größere Abweichungen zwischen Buch- und Ist-Bestand auftreten
- Die Abweichungen dürfen, je nach Festlegung Firma → Wirtschaftsprüfer, 1 % bis 2 % max. betragen, was durch eine begleitende Restmengenmeldung / permanente Inventur im Regelfalle erreicht wird
- In der Schweiz darf die jährliche Inventurdifferenz auch eine Obergrenze von 500.000,-- SFR nicht überschreiten

7.2 Permanente Inventur

Die permanente Inventur ist der körperlichen Bestandsaufnahme per Ultimo unbedingt vorzuziehen. Sie hat den Vorteil, dass nicht alles auf einmal gezählt / gewogen werden muss, sondern in Zeiten weniger Arbeit sukzessiv durchgeführt werden kann.

Wobei die Teileauswahl nach Regalen, oder über Teilenummern, nach dem „Niedrigsbestandprinzip" erfolgen sollte. Während der Inventuraufnahme ist der entsprechende Lagerbereich für alle Bewegungen gesperrt.

- Bei genügender Bestandssicherheit kann die körperliche Jahresinventur für A- und B-Teile nach Absprache mit dem Finanzamt durch eine Stichprobeninventur ersetzt werden. Für C-Teile wird sowieso nur ein Pauschalbetrag als Festwert in Anrechnung gebracht, der ca. alle 5 Jahre aktualisiert werden sollte (Absprache mit Wirtschaftsprüfer erforderlich).

1) Aus Zeitschrift Industrial-Engineering 50/2001/5 und 2/2009/8
2) Für C-Teile kann eine Inventurperiode für 5 Jahre mit dem Gesetzgeber vereinbart werden

- Durch die permanente Inventur stellen sich eingeschlichene Fehler in den Beständen kontinuierlich heraus und sie sichert somit im Sinne einer guten Fertigungssteuerung die Materialwirtschaft sehr gut ab.
- Die permanente Inventur gibt neben der Restmengenmeldung, die für den Disponenten notwendige Sicherheit mit glaubhaften Beständen zu arbeiten.

Die Inventur selbst, kann wie folgt durchgeführt werden:

- ➢ Z. B. eine Stunde je Arbeitstag Inventur von den Lagermitarbeitern, die für die ausgewählten Teile „Pate“ sind
- ➢ Fallweise, je nach zeitlicher Möglichkeit; zwingend jedoch Einteilung, so dass alle Teile zum Ende des Geschäftsjahres inventiert wurden
- ➢ In Großbetrieben wird z. B. eine Person für Inventur ganzjährig abgestellt

7.3 Stichtagsinventur

In der Praxis hat sich gezeigt, dass bei der Stichtagsinventur mittels Listen genauso viele Bestandsfehler (oder mehr) neu gemacht werden, wie gefunden / korrigiert werden. Insbesondere, wenn zusätzliches (fremdes) Personal aus Zeitgründen mit zum Einsatz kommt und Stichtagsinventur bedeutet hoher Zeitaufwand.

Durchführung der Stichtagsinventur

Für den Tag der Zählung sollten Listen mit folgenden Feldern vorbereitet (ausgedruckt) und an die Lagermitarbeiter[1)] verteilt werden:

- o Artikelnummer / Artikelbezeichnung
- o Lagerort / Regalnummer / Lagerplatz (soweit erforderlich)
- o Mengeneinheit
- o Inventurbestand lt. Zählung = leeres Feld
- ? und, von der IT vorbereitet, Buchbestand lt. IT und Differenzfeld? (eher Nein)
- o Unterschrift / Datum der Zählung

Dadurch ist die Aufnahme systematisch und für die Zählung bereits sachgerecht aufbereitet. Achtung: Abgrenzungsprobleme beachten, z. B. Ware ist bereits im Lager abgebucht, befindet sich aber noch im Lager (entsprechend kennzeichnen), etc.

Während der Inventuraufnahme sollte das entsprechende Lager für Entnahmen und Zugänge gesperrt sein. Außerdem dürfen während dieser Zeit keine Lagerbewegungen verbucht werden. Der Inventurbearbeiter trägt die festgestellten Mengen in die Inventurliste ein und unterzeichnet jedes Blatt mit Name und Datum der Zahlung.

Danach erfolgt die Übernahme in das ERP-System. Bei größeren Differenzen empfiehlt sich eine zweite Zählung. Die Bestandsgenauigkeit sollte über 98 % liegen.

Sofern mit Scanner im Lager gearbeitet wird, sollte das Ergebnis der Zählung über Scanner gemeldet werden. Gemäß hinterlegtem *PRÜFMODUL* können Zählfehler erkannt und eine Kontrollzählung am Scanner angewiesen werden.

[1)] an den jeweiligen Paten / Zuständigen für die Artikel- / Regalnummer

8. Reduzierung des Arbeitsaufwandes / der Belastung im Lager / effizientes Kommissionieren

Technische Maßnahmen verschiedenster Art können Abläufe erleichtern und den Zeitbedarf für Logistikvorgänge verkürzen.

Eine Erfassung der Wegstrecken, der durchschnittlichen Anzahl Zugriffe / Palettenbewegungen pro Zeiteinheit der mit Transport- und Lagerarbeit beschäftigten Mitarbeiter gibt Auskunft darüber, ob und welche Reserven vorhanden sind.

8.1 Allgemeine Hinweise für eine rationelle, innerbetriebliche Transport- / Bereitstellorganisation:

1. Einlagermenge = Auslagermenge, kein Umlagern / kein Abzählen
2. Durch Produkt- / Warenkenntnis können gleichzeitig mehrere Aufträge gemeinsam gesammelt werden (aber getrennt ablegen)
3. Durch die Einrichtung von KANBAN-Lagern in der Produktion (dezentralisierte Lagerung) wird Ein- und Auslagerung im Hauptlager, sowie Abzählen eingespart, da nur feste Mengen / KANBAN-Mengen weitergegeben werden
4. Schnelldreher sollten extrem günstig zum Hauptfahrweg und zum kürzesten Weg liegen (A- / B- / C-Analyse). Die Lagerbelegung sollte sich nach der aufzuwendenden Lagerarbeit und weniger nach Warengruppen und Artikeln orientieren, also z. B. linkes Teil liegt in Fach neben rechtem Teil o. ä.
5. Durch Ausgabe von festen Mengen kann die Entnahmehäufigkeit und damit der Transportaufwand verringert werden, Lagereinheit = Transporteinheit

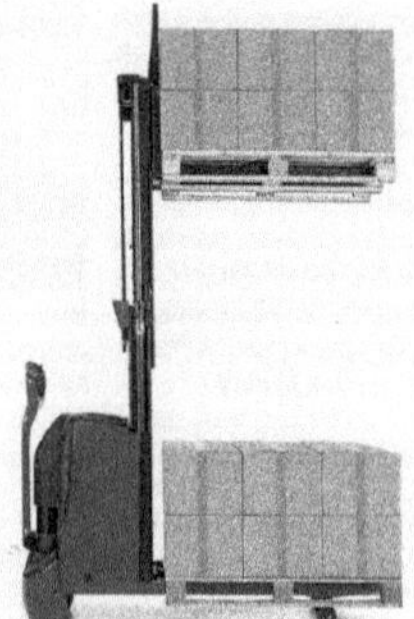

6. Nutzen neuer Techniken, z. B. Einsatz von Doppelstockhubwagen
7. Trennung von Einlager- und Kommissioniervorgängen
8. Reserven so anordnen, dass sie Lagerwege nicht verlängern
9. Einsatz von Shuttle-Systemen reduziert die durchschnittliche Zugriffszeit im Regelfalle auf $\leq$ 1 Minute
10. Einsatz von Barcode vermindert Buchungsfehler und das Verbuchen erfolgt zeitnah und automatisiert
11. Die Sammelart „Bus-System" verkürzt die Laufwege im Lager, insbesondere in Verbindung mit Lagerart Festplatz-System (Oberteil liegt neben Unterteil usw.)
12. Ergonomische Lagerfachbelegung beachten.

Rationelle und ergonomische Lagerfachbelegung

- Schwere Artikel mit hoher Zugriffshäufigkeit sollten so eingelagert werden, dass sie ohne Rumpfbeugung ergonomisch günstig zu entnehmen sind; z. B. erste oder zweite Lagerfachebene – nicht vom Boden

- Artikel mit niederem Gewicht und geringer Zugriffshäufigkeit sollten so eingelagert werden, dass schlechtere ergonomische Bedingungen vorliegen (beugen – bücken o. ä.)

Weitere Hinweise bezüglich ergonomischer Belegungsstrategien im Lager, unter www.fml.mw.tum.de - Prof. Willibald A. Günthner / Dennis Walch, Lehrstuhl für Fördertechnik, Materialfluss, Logistik, Technische Universität Garching

UND WICHTIG IST:

Abbau von nicht wertschöpfenden Tätigkeiten im Wareneingang und Lager, bzw. bis die Ware am Arbeitsplatz ist.

→ Kein Platz, da alles verstellt

→ Umfüllen / Umpacken / Beschriften / Unterlagen zuordnen etc.

→ Lieferant liefert nicht ordnungsgemäß an, unvollständige Bezeichnung, unsinnig verpackt, fehlende Unterlagen, ALDI-Prinzip einführen (Fahrer lädt ab)

→ Hoher Lieferschein-Zuordnungsaufwand zu Ware, alles ungeordnet, z. B. in einer Gitterbox / auf einer Palette

→ Telefonieren, Rückfragen, unsinniges Laufen / Transportieren

→ Nacharbeiten / Änderungen durchführen, alles was nicht dem Arbeitsfortschritt dient, vermeiden

→ Unscharfe, unklare Aufgabenbeschreibung und Weitergabe, Suchen

→ Tätigkeiten die gemacht werden müssen, weil eine Vorabteilung nicht konsequent gearbeitet hat, z. B. Weitergabe nicht vollständig ausgefüllter Unterlagen, nicht ausgepackte Ware, fehlende Angaben, ……

→ Zu viele verschiedene Verpackungsmaterialien, Problem Materialtrennung

→ Gewicht / Sendung zu groß, hoher Handlings- / Transportaufwand

→ Zählen vermeiden, Einlagermenge = Auslagermenge

→ Qualitätsproblem, hohe Anzahl Rücklieferungen etc.

Und dem „verstehen lernen", was versteckte Verschwendung ist:

ALLES WAS FÜR EINE TÄTIGKEIT MEHR ALS EINMAL IN DIE HAND GENOMMEN WIRD, IST VERSCHWENDUNG!

Es empfiehlt sich, zwischen den Vertragspartnern eine verbindliche Regelung über die Festlegung der Anlieferungsmethode, der Verpackungsart und Verpackungsmenge zu treffen. Die Außenverpackung soll in ihren Abmessungen DIN-Normen entsprechen, sollte stapelbar sein und der Lagerfachgröße entsprechen. Dies sollten Bestandteile des Kaufvertrages sein. (Eine Einlagereinheit entspricht einer Auslagereinheit.)

Diese Methode bringt eine Reihe von Vorteilen. Die wesentlichsten sind – kurz gefasst:

„Verschwendung von Zeit und Kapazität vermeiden“,

nach dem Leitsatz:

„Nicht schneller – sondern anders arbeiten“

Wichtig:

Wege minimieren. 1 Schritt = 1 Sekunde

- Umpacken vermeiden
- Zählen / Handling vereinfachen
- Transport / Einlagern vereinfachen
- zu viel verschiedene Verpackungsmaterialien

Z. B. Anlieferung in festen Mengen, mittels Kleinlastträger (KLT) vereinfacht das Handling, die Mengenprüfung und bei Mitlieferung eines QS-Dokumentes (der Lieferant hat die vereinbarten Prüfschritte dokumentiert, Prüflinge liegen bei), kann die QS-Prüfung entfallen. Es wird nur noch eine sachliche und grobe Mengenprüfung vorgenommen.

Chargeneinheit pro Packstück / Lieferung muss sichergestellt sein. Transportverpackung sollte gleichzeitig Lager- / Entnahmeeinheit sein.

Verpackungs- / Liefervorschriften

Um dem Materialflussplaner auf der Grundlage der bisherigen Ausführungen zu Flurfördergeräten die Möglichkeit zu geben, die Verpackungserfordernisse von vornherein richtig erkennen zu können, sollte er die Verpackung hinsichtlich des zu lagernden oder zu versendenden Materials in Gruppen einteilen.

Diese Gruppeneinteilung – grob gefasst – gliedert sich in geringe Mengen, größere Mengen.

Nach Festlegung der Gruppe ist folgenden Hinweisen Beachtung zu schenken:

Geringe Mengen – teilweise manuelle Handhabung

1. Das Bruttogewicht jeder Packung soll bei Männern nicht höher als 16 - 18 kg, bei Frauen nicht höher als 8 - 10 kg sein

2. Der Verschluss soll ohne besondere Vorsichtsmaßnahmen schnell zu öffnen sein.

3. Die Abmessungen der einzelnen Packungen bzw. Packeinheiten sollen auf die Innenmaße der Flurfördergeräte / der Lagerfächer / der Behältergröße etc. abgestimmt sein, in denen die Lagerung durchgeführt wird.

4. Lose bzw. gebündelte Anlieferungen von Teilen nur dann vorsehen, wenn unter Berücksichtigung aller Kostenfaktoren eine Karton- oder Kleinbehälter-(Handkästen-)Verpackung unwirtschaftlich ist und die Teile nicht oberflächen- oder irgendwie sonst empfindlich sind.

5. Kisten oder Verschläge sind normalerweise nicht nur eine relativ teure Verpackungsart, sondern stellen auch gewisse Anforderungen bezüglich Lagerung und evtl. Vernichtung. Sie sollten also nur dann gewählt werden, wenn nicht durch eine andere wirtschaftliche Verpackungsart den gleichen Qualitätsanforderungen Rechnung getragen wird.

6. Transportverpackung sollte gleichzeitig Lager- / Entnahmeverpackung sein.

7. Feste Mengen pro Teil / pro Verpackung erleichtern die Übersicht im Lager, im Handling, im Unternehmen insgesamt. Ein Umpacken der Anliefermengen in feste Mengen / Behältergrößen kann durchaus z. B. bei Werkstätten für Behinderte erfolgen. Auch ein Umpacken durch Freigänger aus einer Haftanstalt im eigenen Unternehmen, ist eine Möglichkeit um die gewünschten Erleichterungen zu einem tragbaren Kostenaufwand zu bekommen.

8. Ist Chargen-Reinheit und ist *„First in - First out“* durch das System sichergestellt?

Woraus sich folgender Praxistipp ergibt:

Für jegliche Ware die eingelagert wird (Fremdbezug und Eigenfertigung), muss eine sogenannte Liefer- und Verpackungsvorschrift erstellt werden, nach der geliefert werden muss.

Die Inhalte (Mengen, Volumen, Gewicht, Verpackungsart etc.), bzw. was die Vorschrift enthalten muss, muss mit der Fertigung und dem Lagerleiter gemeinsam festgelegt und durchgesetzt werden.

und ALDI-Prinzip einführen:

Der Spediteur / LKW-Fahrer lädt selbst ab.

Voraussetzung: Die Liefervorschriften werden erweitert um:

Übernahme der Ware nach der ersten verschlossenen Tür[1)]

1) Sonderfälle, wo weiter wie heute gehandhabt wird / werden muss, wird es immer geben

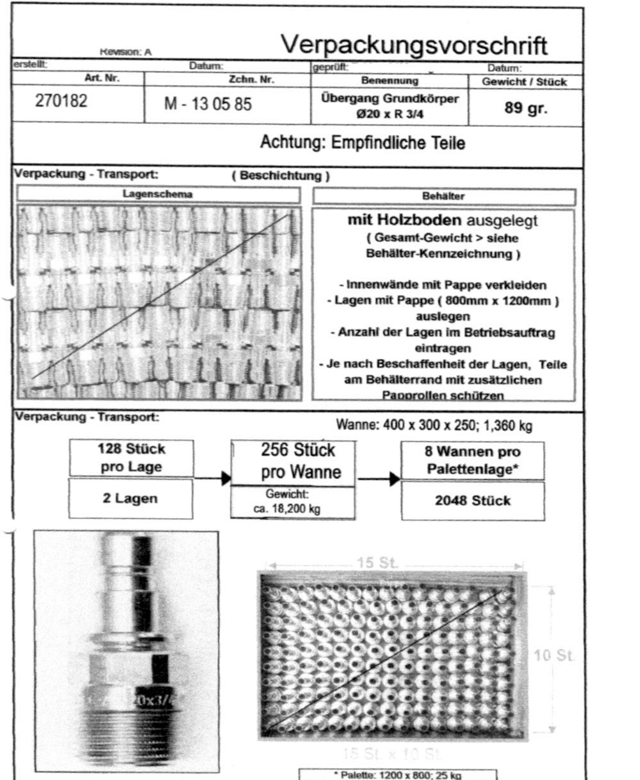

Revision: A

Verpackungsvorschrift

erstellt:	Datum:	geprüft:	Datum:
Art. Nr.	**Zchn. Nr.**	**Benennung**	**Gewicht / Stück**
270182	M - 13 05 85	**Übergang Grundkörper Ø20 x R 3/4**	**89 gr.**

Achtung: Empfindliche Teile

Verpackung - Transport: **(Beschichtung)**

Lagenschema	Behälter
	mit Holzboden ausgelegt **(Gesamt-Gewicht > siehe Behälter-Kennzeichnung)** **- Innenwände mit Pappe verkleiden** **- Lagen mit Pappe (800mm x 1200mm) auslegen** **- Anzahl der Lagen im Betriebsauftrag eintragen** **- Je nach Beschaffenheit der Lagen, Teile am Behälterrand mit zusätzlichen Papprollen schützen**

Verpackung - Transport:

Wanne: 400 x 300 x 250; 1,360 kg

128 Stück pro Lage / **2 Lagen** → 256 Stück pro Wanne / Gewicht: ca. 18,200 kg → **8 Wannen pro Palettenlage*** / **2048 Stück**

* Palette: 1200 x 800; 25 kg

Revision: B

Palettierungsvorschrift

erstellt:	Datum:	geprüft:	Datum:
Art. Nr.	**Zchn. Nr.**	**Benennung**	
217755	**F 300-3-3-1**	**Übergang Grundkörper Ø25 x R ¾**	

Achtung: Empfindliche Teile

Arbeitsgang

in Körbe Typ 3 (Maschenweite 22 x 18) mit Zwischenlagen palettieren

Anzahl der Teile pro Korb (ca.):	
Anzahl der Teile pro Lage (ca.):	
Anzahl der Lagen:	2
Länge der Teile-Aufnahmen (ca.):	50 mm
Aufnahmen pro Lage (ca.):	170
Lage der Teile:	Tülle oben

8.3 Einfluss der Einkaufsarbeit auf das Lager

Natürlich hat der Einkauf wesentlichen Anteil auf die sogenannten *„indirekten Kosten"* im Lager.

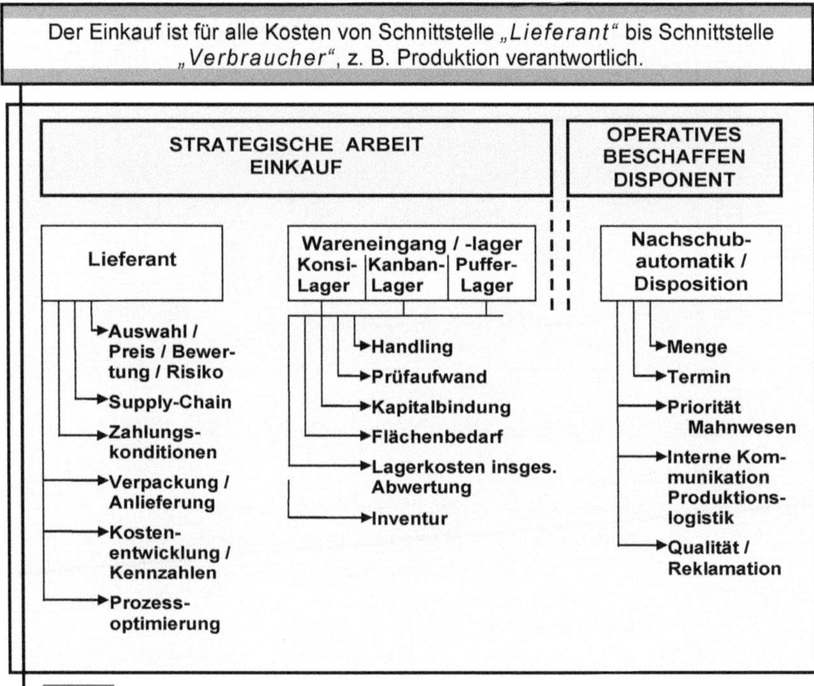

ZIEL:

Abbau von nicht wertschöpfenden Tätigkeiten im Wareneingang und Lager, bzw. bis die Ware am Arbeitsplatz ist.

- Umpacken, damit eingelagert werden kann
- hoher Zuordnungsaufwand im Wareneingang, Teile zu Lieferschein (alles ungeordnet in einer Gitterbox)
- Rückfragen im Einkauf, Lieferung unklar, Lieferschein unvollständig
- kann die komplette Wareneingangsarbeit auf null gebracht werden
- Teile um 180^0 gedreht in Behälter abgelegt, Produktionsmitarbeiter muss 2 x in die Hand nehmen
- zu viel verschiedene Verpackungsmaterialien, Problem Materialtrennung
- Gewicht / Sendung zu groß, hoher Handlings- / Transportaufwand
- Einlagermenge = Auslagermenge = kein Zählen
- Qualitätsproblem, hohe Anzahl Rücklieferungen etc.

Und dem *„Verstehen-Lernen"*, was versteckte Verschwendung ist:

ALLES WAS FÜR EINE TÄTIGKEIT MEHR ALS EINMAL IN DIE HAND GENOMMEN WIRD, IST VERSCHWENDUNG!

→ MACH'S GLEICH RICHTIG (Qualität)
→ MACH'S GLEICH FERTIG (komplett)

Somit besteht die Hauptaufgabe der Beschaffungslogistik in:

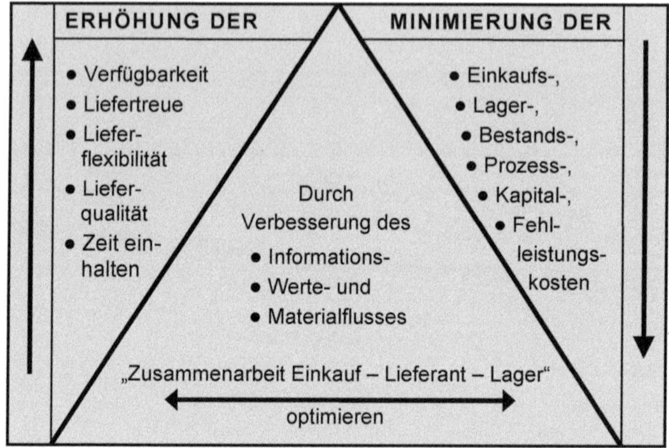

Was sich in folgenden Einkaufszielen / Arbeitsvorgaben niederschlägt:

- Beschaffungsmarktforschung
- Versorgungssicherheit sicherstellen / Risikomanagement
- die Anzahl Lieferanten jährlich zu reduzieren / Liefertreue erhöhen
- die Anzahl Einzelbestellungen zu reduzieren / Anzahl Abrufe erhöhen
- die Anzahl Lieferanten, die für uns Vorräte halten / die selbst abladen, jährlich zu erhöhen
- das KANBAN-System jährlich auszuweiten / Bestandsreduzierung
- Lieferanten, bei denen wir nur C- oder D-Kunde sind, völlig auszuscheiden (optimale QL und Termintreue ist ausschlaggebend)
- einen jährlichen Einkaufserfolg von X € zu erzielen (Einkaufserfolg zu theoretischem Warenkorb)
- Gemeinkosten / Logistikkosten / -prozesse permanent zu reduzieren
- Komponenten / Liefersets = fiktive Baugruppen einzukaufen (Systemlösungen)
- Kosten pro Bestellung / pro Lieferant zu reduzieren
- Kosten pro Wareneingang zu reduzieren
- Senken der durchschnittlichen Lieferzeit / der Anzahl Reklamationen

Hinweis darauf, was häufig nicht bedacht wird:

► Der Einkauf ist nicht nur für den Preis und die entstehenden Lagerkosten verantwortlich, sondern auch für alle weiter entstehenden Kosten, bis die Ware im Lager eingelagert, zugebucht, bezahlt[1)] und bis die Ware am Arbeitsplatz bereitgestellt ist.

1) z. B. Sammelrechnungen nach Kostenrechnungsgesichtspunkten gegliedert

MUSTER-RAHMENVEREINBARUNG – EINZELKONTRAKT

MIT FIRMA

- Lieferantennummer (bei uns) ______________________
- Sachbearbeiter ______________________
- Ansprechpartner ______________________
- Telefon-Nr. / Fax-Nr. __________ / __________
- Mail-Adresse ______________________
- Zugriffscode ______________________

EINZELKONTRAKT ÜBER

- Artikelnummer ______________________
- Bezeichnung ______________________
- Zeichnungsnummer ______________________

GÜLTIGKEITSZEITRAUM

- Laufzeitbeginn ____________ (Datum)
- Laufzeitende ____________ (Datum)

MENGENKONTRAKT INSGESAMT

- ca. Bedarf pro Laufzeit ____________ Stück
- Abrufmenge ____________ Stück
- Liefermengentoleranz / Lieferung ____________ Stück
- Bevorratung bei Lieferant min. ____________ Stück
- Bevorratung bei Lieferant max. ____________ Stück
- Bestandsinfo bei ____________ Stück
- Vormaterialbereitstellung ____________ kg an Lager

PREIS / ZAHLUNGSBEDINGUNGEN

- Preis pro Einheit € __________
- Zahlungsbedingungen innerhalb x Wochen __________ - 2 %
- Zahlungsbedingungen innerhalb y Wochen __________ netto ohne Abzug
- Kosten bei verspäteter Lieferung bis 5 Tage __________ - 5 % Abzug
- Kosten bei verspäteter Lieferung bis 10 Tage __________ - 10% Abzug
- Kosten bei verspäteter Lieferung über 10 Tage __________ - 20% Abzug
- Frachtkosten frei Haus __________

LIEFERTERMINE

- Lieferzeit in Arbeitstagen __________ (Eingang bei uns)
- Lieferabruf (Pull-Signal) in AT __________ (Vor Lieferung)
- Sicherstellung der Lieferfähigkeit __________ in %

LIEFERSPEZIFIKATIONEN

- Kennzeichnung Ware / Verpackung __________
- Verpackungsvorschriften __________ mit Bild
- Reinigungsvorschrift __________ Behälter
- Rostschutzvorschrift __________
- Liefer- / Abladestelle Werk / Tor __________

QUALITÄTSSICHERUNG - LIEFERANT

- Qualitätssicherung (Art) __________
- Toleranzen lt. Zeichnungen / Vorschrift __________
- Dokumentation der Prüfergebnisse __________
- Vormaterialabnahmebedingungen __________
- WE-Eingangskontrolle z. B.: Der Käufer beschränkt sich bei der Eingangsprüfung nur auf Identitäts- und Mengenkontrolle
- Qualitätsbeauftragter / Ansprechpartner __________

PRODUKTHAFTUNG

____

____

____

QUALITÄTSMÄNGEL-REGELUNG

- Nachlieferung bei Qualitätsmängel in AT __________ Eingang bei uns
- Kosten bei Anzeigen von Qualitätsmängel __________ € pro Vorgang
- Nacharbeit-, Bearbeitungsaufwand
  Std.-Satz ______ € x Std. lt. Stundennachweis __________
- Nacharbeit wird vom Lieferanten durchgeführt innerhalb ____ X ____ Stunden
- Mehrkosten / Stillstandskosten der Fertigung
  lt. BDE-Nachweis € / Min. __________

ABGRENZUNG

- Nebenabreden __________
- Gerichtsstand __________

Was kostet ein Pick in Zeit?

Um etwas zu optimieren, muss man erst wissen, wo man steht. Deshalb ist es u. a. wichtig zu wissen, wie viel Zugriffe pro Zeitraum im Lager erbracht werden,

Anzahl Zugriffe / Monat		
	Einlagervorgänge	
	Auslagervorgänge	
	Umlagervorgänge	
	Insgesamt	

um daraus die durchschnittliche Zugriffszeit, eventuell gewichtet nach Gewicht, Lager- / Hilfsmittelart zu ermitteln.

Formel: Durchschnittliche Zugriffszeit pro Lagerzugriff / Palette:

$$\frac{\text{Anzahl Mitarbeiter im Lager in Minuten / Monat}}{\text{Anzahl Zugriffe pro Monat lt. IT}} = \text{=======}$$

Durchschnittliche Zugriffszeiten im Lager / empirisch ermittelte Richtwerte mittels Prozesskostenanalyse (nicht mit der Uhr gemessen):

Branche	Lager- / Hilfsmittelart	Ø Zeit / Vorgang[1] bzw. Zugriff[1] in Min. ca. Werte
Industriebetrieb Teilelager	Handbedienungsregal Mann muss zu Ware – zu Fuß mittelgroße Teile: Zeit / Zugriff dito Kleinteile: Zeit / Zugriff	 3,0 - 4,5 2,0 - 3,0
	Palettenregal Mann zu Ware – per Stapler Zeit / Palette	2,5 - 4,0
	Automatisches Hochregallager mit mannlosem Regalbediengerät Ware zu Mann Zeit / Entnahme	0,8 - 1,4
	Paternoster-[2] / Shuttlesysteme Ware zu Mann je nach Teilegröße und Gewicht	1,0 - 1,6
Industriebetrieb Versandlager	Palettenlager in Reihenstapelung Mann zu Palette per Stapler Zeit / Palette	1,5 - 1,8

1) Zeit / Zugriff pro Vorgang beinhaltet alle Tätigkeiten von Auftragserhalt, Weg zu Ware, entnehmen, ggf. abzählen, zurück an Ausgangspunkt, Entnahmebuchung durchführen als Einzel- oder Sammelvorgang – Wird häufig ein Pick, ein Einzelspiel genannt

2) Nachteil: Nur eine Person kann jeweils am System arbeiten

Entwicklung Zugriffszeit / Pick je Lagerart

Formel:	$\frac{\text{Anwesenheitszeit Lagerpersonal / ZE}}{\text{Anzahl Zugriffe / ZE}}$

Handlager / Festplatz-System			
Zeitraum / Periode	Anwesenheitszeit in Std.	Anzahl Zugriffe	Zeit / Zugriff in Min.
06/2015	1.910	22.920	5,0
12/2015	1.860	23.250	4,8
06/2016	1.895	24.717	4,6
12/2016	1.720	22.435	4,6
06/2017	1.640	24.600	4,0
12/2017	1.590	27.257	3,5
06/2018	1.410	24.882	3,4

Chaotisches Lager flexible Lagerortzuweisung Handlager			
Zeitraum / Periode	Anwesenheitszeit in Std.	Anzahl Zugriffe	Zeit / Zugriff in Min.
06/2015	4.340	30.635	8,5
12/2015	4.180	26.968	9,3
06/2016	4.410	31.880	8,3
12/2016	4.090	31.662	7,8
06/2017	3.480	29.408	7,1
12/2017	3.155	27.435	6,9
06/2018	3.570	30.600	7,0

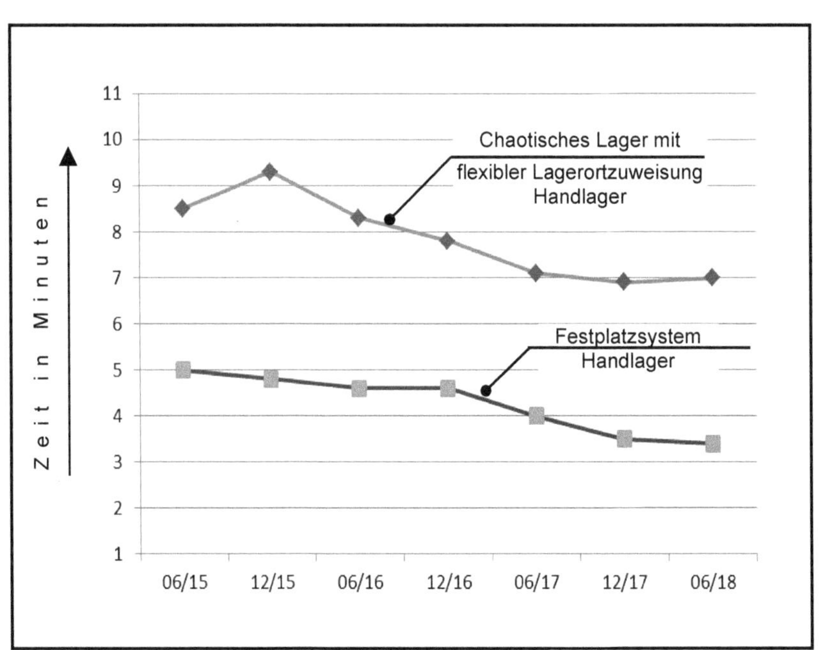

Diese Leistungskennzahlen sind als SOLL-Werte genutzt, die Basis zur Ermittlung von Personalbemessungen je Arbeitstag oder, je nach Auftragslage, in einer Zeitachse von … - bis …, wie dies bei z. B. Handelshäusern üblich ist.

Als Deckblatt je Paket sind sie u. a. auch die Grundlage zur Leistungsbemessung einzelner Mitarbeiter oder Teams in den jeweiligen Funktionsbereichen.

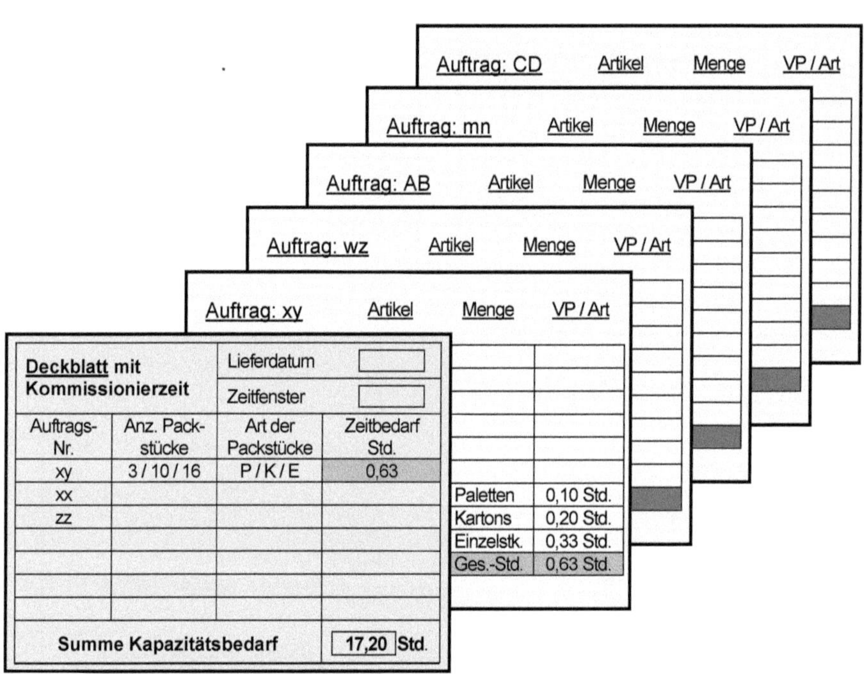

9.1 Verbesserung der Prozesse im Lager

Um die Zugriffszeiten z. B. mittels Wegeoptimierung zu minimieren, ist erforderlich (beispielhafte Aufzählung):

- Statistiken anlegen nach dem 20-80-Prinzip
  (die 20 % der Teile, die 80 % der Lagerbewegungen ausmachen, müssen in schnellem Zugriff sein)
- Bilden von ABC-Lagerzonen, Pflege dieser Lagerstruktur
- Systemfindung zur Lager- und Ausgabetechnik, z. B. in Form von
  - Verpackungseinheiten → Einlagermenge = Auslagermenge
  - Beim Wareneingang portionieren der Waren in Verpackungs- oder Entnahmeeinheiten (oder Umpacken bei geeigneten Institutionen, wie z. B. Heime aller Art)
- Einführung von Sammelentnahme-Stücklisten / sortenrein bereitstellen, bzw. Mehrfachkommissionen mittels mehrstufigen Wägen

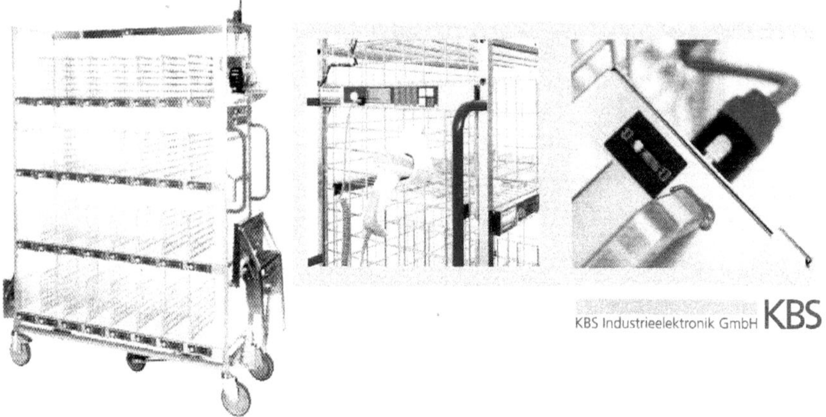

- Einführung eines KANBAN-Bereitstellsystems nach dem 2-Kisten-Prinzip Abschaffen der auftragsbezogenen Bereitstellung von zumindest C- und B- und eventuell A-Teilen
- Bessere Technik, also Ware zur Person, wie z. B. Shuttle- / Paternostersysteme, automatisierte Lager, Barcode-Einführung etc.
- Reservemengen von den Pick-Fächern trennen = kurze Wege
- Kennzahlen aushängen, Gespräche führen wie verbessert werden kann, KVP-Prozess
  - Zugriffszeit / Kosten pro Zugriff
  - Fehlerhäufigkeiten, möglichst nach Fehlerart aufgelistet
- Oberteil liegt neben Unterteil, prozessorientiertes Denken spart Wege
- Rationelles Kommissionieren nach dem Bus-System, Taxi-System erzeugt längere Wege, mehr Laufen
- Entnahmestücklisten / -papiere nach dem optimalen Weg sortiert ausdrucken

- Sprachgesteuerte Entnahmesysteme einführen, Wege optimieren und beide Hände frei
- Werker Selbstkontrolle: *„Die eigene Arbeit positionsweise quittieren“*, bezüglich Menge, Artikelnummer, Zuordnung zum Auftrag, Vollständigkeit, etc.
- Ein- / Auslagermenge ist die gleiche Einheit, Zählen vermeiden
- Barcodeeinsatz im Lager vermeidet Fehler
(keine Zahlendreher, 4-Augensystem, Scanner quittiert)

Noch besser ist, man muss etwas gar nicht machen, also die Zeit für diese Tätigkeit auf null bringen.

Ein Hilfsmittel hierzu, ist die Tätigkeitsanalyse auf

- wertschöpfende Tätigkeit = Haupttätigkeit
- nicht wertschöpfende Tätigkeit = Nebentätigkeit

Es gibt also *„wertschöpfende“* und *„nicht wertschöpfende“* Tätigkeiten im Unternehmen. Die vermeidbaren *„nicht wertschöpfenden“* Tätigkeiten und Blindleistungen müssen gegen null gebracht werden. Die unvermeidbaren *„nicht wertschöpfenden“* Tätigkeiten, wie z. B. umpacken, rückfragen etc., müssen minimiert werden.

Woraus sich ergibt:

„Verschwendung von Zeit und Kapazität vermeiden“,

nach dem Leitsatz:

„Nicht schneller – sondern anders arbeiten“

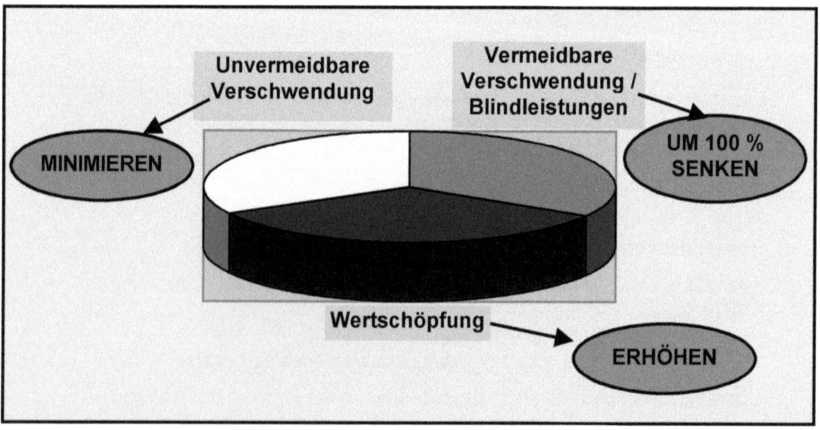

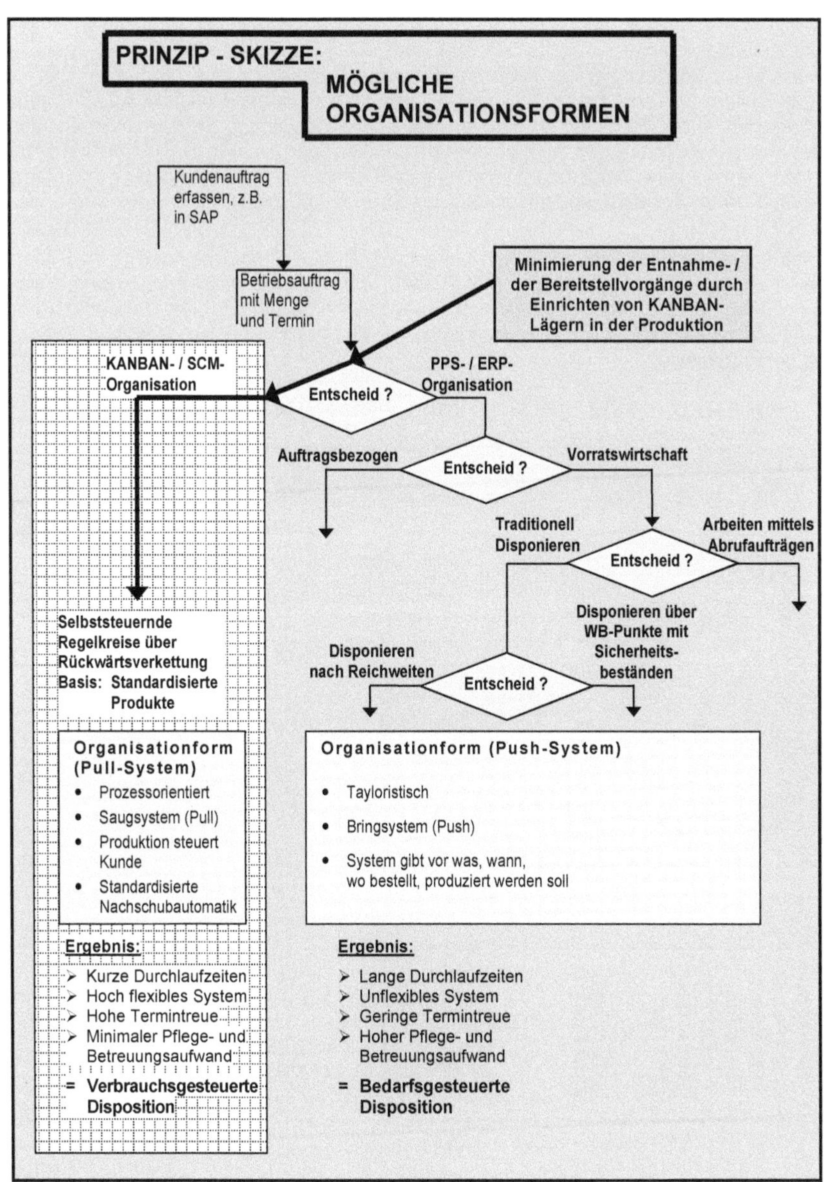
PRINZIP - SKIZZE:
MÖGLICHE ORGANISATIONSFORMEN
Kundenauftrag erfassen, z.B. in SAP
Betriebsauftrag mit Menge und Termin
Minimierung der Entnahme- / der Bereitstellvorgänge durch Einrichten von KANBAN-Lägern in der Produktion
KANBAN- / SCM-Organisation
Entscheid ?
PPS- / ERP-Organisation
Auftragsbezogen
Entscheid ?
Vorratswirtschaft
Traditionell Disponieren
Entscheid ?
Arbeiten mittels Abrufaufträgen
Disponieren über WB-Punkte mit Sicherheits-beständen
Disponieren nach Reichweiten
Entscheid ?
Selbststeuernde Regelkreise über Rückwärtsverkettung
Basis: Standardisierte Produkte
Organisationform (Pull-System)
• Prozessorientiert
• Saugsystem (Pull)
• Produktion steuert Kunde
• Standardisierte Nachschubautomatik
Organisationform (Push-System)
• Tayloristisch
• Bringsystem (Push)
• System gibt vor was, wann, wo bestellt, produziert werden soll
Ergebnis:
➢ Kurze Durchlaufzeiten
➢ Hoch flexibles System
➢ Hohe Termintreue
➢ Minimaler Pflege- und Betreuungsaufwand
= Verbrauchsgesteuerte Disposition
Ergebnis:
➢ Lange Durchlaufzeiten
➢ Unflexibles System
➢ Geringe Termintreue
➢ Hoher Pflege- und Betreuungsaufwand
= Bedarfsgesteuerte Disposition

Logistik verbessern – Vom Push- zum Pull-Prinzip in der Nachschubautomatik

Produktionsbetriebe stehen vor großen Herausforderungen. Bisher erfolgreiche IT-Regelwerke funktionieren nicht mehr zufriedenstellend und müssen in Frage gestellt werden.

Denn wenn Ihre Kunden auch die Bestände senken, bestellen sie bei Ihnen später und unregelmäßiger. Die Bedarfsschwankungen und kurzfristigen Änderungen in Menge und Termin werden größer, bringen die im System geplanten Annahmen und Prozesse völlig durcheinander, machen schnelle, teilweise manuelle Eingriffe notwendig.
In der Folge entsteht bei der bedarfsgesteuerten Disposition eine mehr oder weniger große Diskrepanz zwischen SOLL- und IST-Situation, was tatsächlich beschafft / gefertigt werden muss. Permanente Umplanungen sind notwendig, Termine können nicht, oder nur unter erheblichen Mehrkosten eingehalten werden. Die Bestände und Rückstände steigen. Was morgens geplant / eingeteilt wurde, ist nachmittags bereits hinfällig / überholt. Auch der enorme Zeitaufwand für Stammdatenpflege macht den Anwendern das Leben schwer.

Somit erhebt sich die Frage: Was ist besser, ein PPS- / ERP-gestütztes Push-System, oder das von Toyota entwickelte Pull-System, das wie das ALDI-Prinzip funktioniert? Leere Behältnisse werden von der vorausgehenden Arbeitsstufe (Lieferant genannt) automatisch, selbst regulierend aufgefüllt, also nur das nachproduziert, was auch tatsächlich gebraucht wird.

SCHEMADARSTELLUNG: PULL-PRINZIP KANBAN-BEWEGUNG

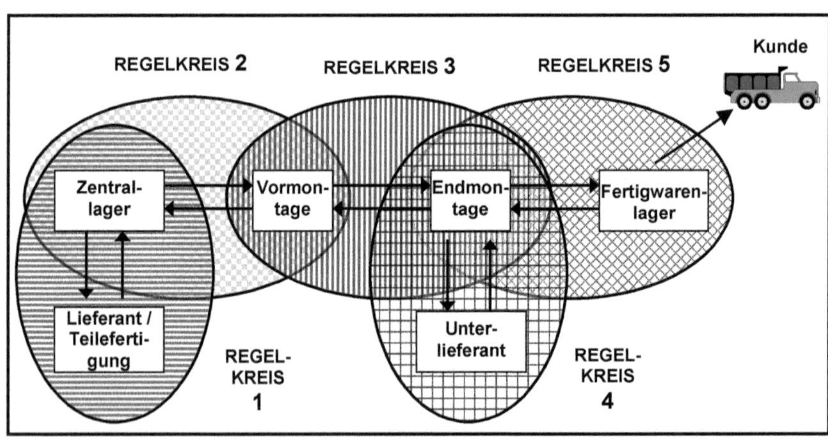

Ein Zahlenbeispiel soll diese Problematik verdeutlichen

Durch die ständig steigende Anzahl Betriebsaufträge, die täglich in die Fertigung eingesteuert werden, verbunden mit der ebenfalls stetig steigenden Anzahl Änderungen in Menge und Termin, ist auch bei einer noch so optimalen ERP-Organisation / Leitstand-gestützten Fertigung nicht mehr sichergestellt, dass das Richtige zum richtigen Zeitpunkt „punktgenau" in der Montage / dem Versand ankommt.

Anzahl täglich einzusteuernde Betriebsaufträge	Anzahl Arbeitsgänge	Durchlaufzeit in Tagen	Anzahl zu steuernde Arbeitsgänge
früher 10	10	10	1.000
heute 100	10	10	10.000

Dies führt bei einer Fertigung nach dem tayloristischen Prinzip und einer Organisation nach dem Push-Prinzip zu einer im Detail terminlich nicht mehr beherrschbaren Produktion.

Unterschied – Traditionelle Arbeits- und Organisationsstrukturen = Bring-System / Schiebeprinzip

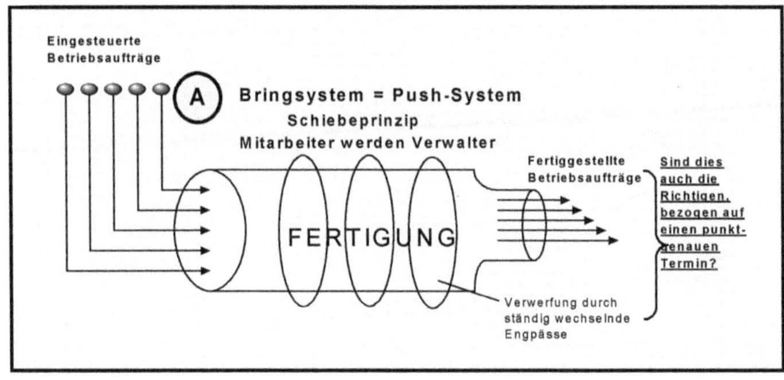

Zu Toyota-System =Produkt- und teamorientiert zum Kunden / Saug-System

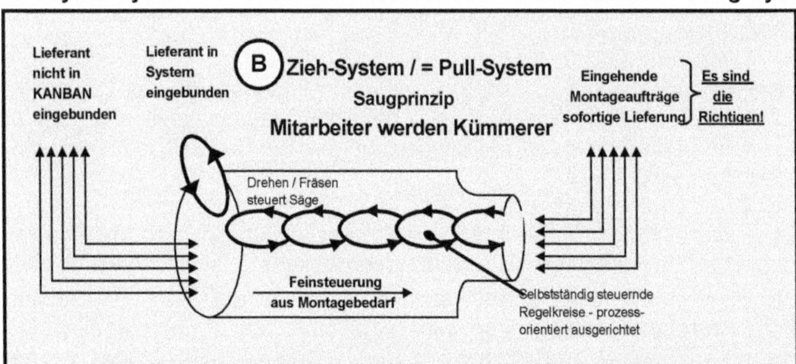

Bei einem Pull-System werden zwar grundsätzlich vorhandene Engpässe nicht beseitigt, aber es wird sichergestellt, dass zumindest das Richtige zum richtigen Zeitpunkt in der Montage / im Versand ankommt und es erfolgt ein schneller Durchlauf mit geringen Umlaufbeständen und hoher Flexibilität.

10.1 Reduzieren der Bestände / der gesamten Logistikprozesse / Erhöhung der Lieferbereitschaft durch Einführung von KANBAN

Das Wort KANBAN

japanisch: Pendelkarte / Anzeigekarte auf der alle teilespezifischen Informationen, wie z. B. Teilenummer / Bezeichnung, Lieferant, Lagerort, Kunde, Bestimmungsort, Lagerplatz, Menge, Lieferzeit in Tagen, Behälterart / -größe etc. vermerkt sind.

Was ist KANBAN?

KANBAN ist ein in Japan, von Toyota entwickeltes dezentrales Produktionssteuerungssystem, das auf dem Pull-Prinzip basiert. Das bedeutet, eine Produktion wird nur durch Verbrauch in der nachgelagerten Stelle ausgelöst. Ausgangspunkt für einen Lieferauftrag ist somit der Kunde – die Produktion erfolgt kundenorientiert. Dies geschieht über Selbststeuerung der produzierenden Bereiche, Kunden-Lieferanten-Prinzip, und visuelle Anzeigen mittels Steuertafeln und sogenannten KANBAN-Karten / Behälter voll → Behälter leer.

Durch elektronische Unterstützung, z. B. Barcode oder RFID-System[1)], kann KANBAN selbst über große Entfernungen realisiert werden. Die Datenübertragung lässt sich durch Nutzung von Wireless-LAN und Internet mit einfachen Mitteln realisieren, mit folgenden Vorteilen für die Kunden-Lieferanten-Beziehung (intern – extern):

- ► Reduzierung der Abwicklungsvarianten und Kosten:
  - ♦ Prozesskosten (über die gesamte Lieferkette)
  - ♦ Kapitalkosten (Bestände und Umlaufvermögen)
  - ♦ Fehlleistungskosten (Qualität, Liefertreue)
- ► Verbesserung der Teile- / Lieferantenbeziehung in der Leistung, bezüglich
  - ♦ Materialverfügbarkeit bei minimalen Beständen
  - ♦ Verbesserte Liefertreue und Flexibilität
  - ♦ Verbesserung des Informationsflusses

KANBAN-Philosophie

KANBAN ist ein ganzheitliches, selbststeuerndes, kundenorientiertes Logistik-Netzwerk für die Produktion und Beschaffung, bei dem durch eine Reduzierung der Materialbestände und vermeiden von Blindleistungen, die Herstellkosten gesenkt und die Lieferbereitschaft erhöht wird.

1. Es existiert ein Informationskreis zwischen einer Fertigungsgruppe und seinem vorgelagerten Pufferlager. Das Informationshilfsmittel ist die KANBAN-Karte

2. Das KANBAN-System arbeitet nach dem Ziehprinzip, d. h. der Anstoß für einen Arbeitsgang oder Auftrag, wird durch einen leeren Behälter ausgelöst

3. Bei der Einführung des KANBAN-Systems befinden sich in allen Lägern für jedes Teil mindestens zwei gefüllte KANBAN-Behälter. Jedes Teil ist einem bestimmten Behälter zugeordnet.

1) RFID = Radio-Frequenz-Identifikationssystem

4. Jeder KANBAN-Behälter ist mit einer KANBAN-Karte versehen. Auf dieser KANBAN-Karte befinden sich alle wichtigen Informationen, wie KANBAN-Menge, Fertig-, Teile-Nr., Behälterart, Lagerort und Empfängerlager.

5. Wird nun ein Behälter z. B. in einem Fertigwarenlager leer, so kommt dieser Behälter in das Montagelager und muss von der Montage 1 - 5 Tage später, mit montierten Artikeln aufgefüllt, an das Fertigwarenlager zurückgeliefert werden.

6. Durch diesen Montagevorgang werden ein oder mehrere Einzelteilbehälter in der Montage leer, die vom Zentrallager aufgefüllt und an die Montage geliefert werden. Werden im Zentrallager Behälter leer, müssen diese Teile vom Lager in der Teilevorfertigung, oder beim Lieferant in der vorgegebenen Menge nachbestellt werden. Die Lieferungen müssen spätestens 1 - 5 Tage nach Bestellung pünktlich eintreffen.

7. Da von jedem Teil mindestens zwei gefüllte KANBAN-Behälter vorhanden sind, und sofort, wenn einer dieser Behälter geleert wurde, der Anstoß zum Füllen des Behälters, mittels KANBAN, gegeben wird, ist der Warenkreislauf und damit die Lieferbereitschaft gesichert.

8. Die Steuerung mittels KANBAN erfolgt jeweils nur für einen KANBAN-Kreislauf. Existieren mehrere Kreisläufe, so sind diese in ihrer Steuerungs- und Produktionsfunktion unabhängig voneinander. Auch die Behälterzahl / Teilemengen können verschieden sein.

9. Auch die Bereitstellarbeit im Lager wird wesentlich reduziert, da nur nach festen Mengen, sortenrein bereitgestellt wird. Auch die Produktivität[1)] in der Fertigung steigt, da immer das richtige Teil im sofortigen Zugriff ist.

Somit kreist zwischen vor- und nachgeschalteten Fertigungsgruppen eine Reihe von KANBAN-Karten mit den entsprechenden Behältnissen und es entsteht eine reibungslose Nachschubautomatik die sich selbst steuert. Die Anzahl der KANBAN-Kreise hängt davon ab, inwieweit die Produktion eines Artikels aufgesplittet werden muss. Größe und Anzahl der Teile, lt. KANBAN-Menge, ist ausschlaggebend.

Versand / Fertigteilelager bestellt bei Endmontage, Endmontage bestellt bei Vormontage, Vormontage bestellt bei Zentrallager bzw. Lieferant, usw.

- Außer einer höheren Produktivität und Flexibilität, die durch Wegfall von sogenannten *„nicht wertschöpfenden Tätigkeiten"* entsteht, verkürzt sich die Durchlaufzeit wesentlich. Auch das Auftreten von Fehlteilen / fehlende Baugruppen läuft gegen null, bei gleichzeitiger Senkung der Bestände.
- KANBAN glättet und nivelliert die Produktion, minimiert Wege
- KANBAN setzt den Willen zur absoluten Liefer- und Qualitätsdisziplin voraus
- KANBAN stellt den Produktionsprozess in den Vordergrund und ist für folgende Anwendungsbereiche geeignet:

  Serien- und Variantenfertiger, insbesondere auch Kleinserien- / Variantenfertiger, sowie für Zulieferer die fertigungssynchron anliefern müssen, in allen Branchen.

[1)] Grund: Für die dort herzustellenden Artikel wird ein Teilelager eingerichtet. Der Weg für den Entnahme-Pick sollte nicht weiter sein als ca. 5 Meter, besser weniger

Einbinden der Lieferanten in das KANBAN-System

Sofern Lieferanten in das KANBAN-System eingebunden sind, existiert eine Langfristplanung als Trendinfo zum Lieferanten. Die Abrufe werden vom Zentrallager oder von den Montagemitarbeitern mittels KANBAN-Karte, Telefax oder E-Mail getätigt, wenn ein Behälter / Fach leer ist. Die Karte wird bis zur Lieferung in einer Tafel *„Bestellt"* abgestellt, nach Eingang des Behältnisses wieder zugeordnet und Eingang gebucht.

Einsatz von Barcode-Systemen / Strichcode-Systemen bei KANBAN

Ideal ist der Einsatz von Barcode- / Strichcode-Systemen bei KANBAN. Beim Abbuchen mittels Scanner, Behälter leer vom Kunden, wird automatisch bei Lieferant ein KANBAN-Auftrag erzeugt, was auch eine KANBAN-Organisation über große Entfernungen zulässt (Internet-Anbindung). Sofern der Lieferant eine eigene Fertigungsstelle ist, wird intern ein Fertigungsauftrag erzeugt, der Kapazitätsverzehr berücksichtigt. Bei Zugang Kunde (Fertigungsstelle) mittels BDE-Meldung (Scanner) erfolgt die Entlastung.

RFID-Lösungen / -Labels machen das System noch einfacher und sicherer

Die Vorgänge laufen dann über diese Chips automatisch ab.

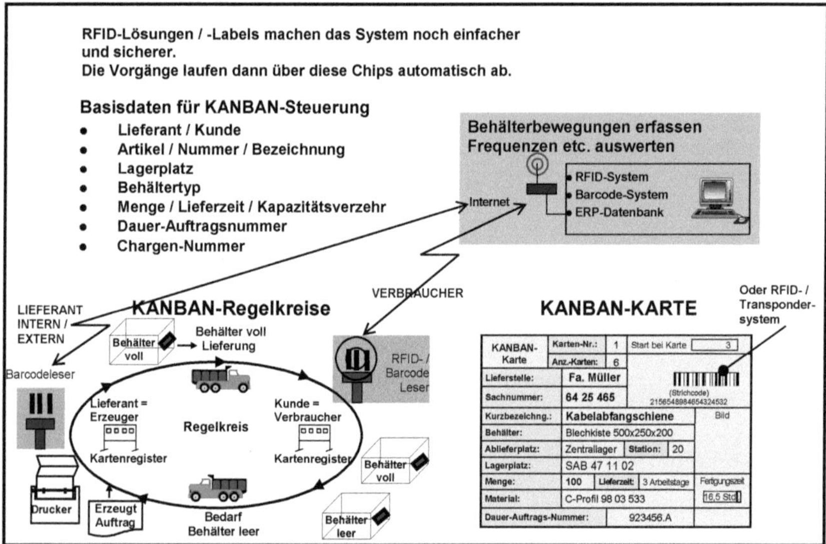

Weitere positive Auswirkung auf Lager und Produktion:

> Da bei einem KANBAN-System nicht mehr *AUFTRAGSBEZOGEN*, sondern *SORTENREIN*, nach festgelegten *BEHÄLTERMENGEN* bereitgestellt wird, reduzieren sich die Bereitstellvorgänge im Lager um ca. 50 %, die Produktivität in der Montage steigt um bis zu 10 %.

KANBAN kann in verschiedenen Ausprägungen eingerichtet / geführt werden:

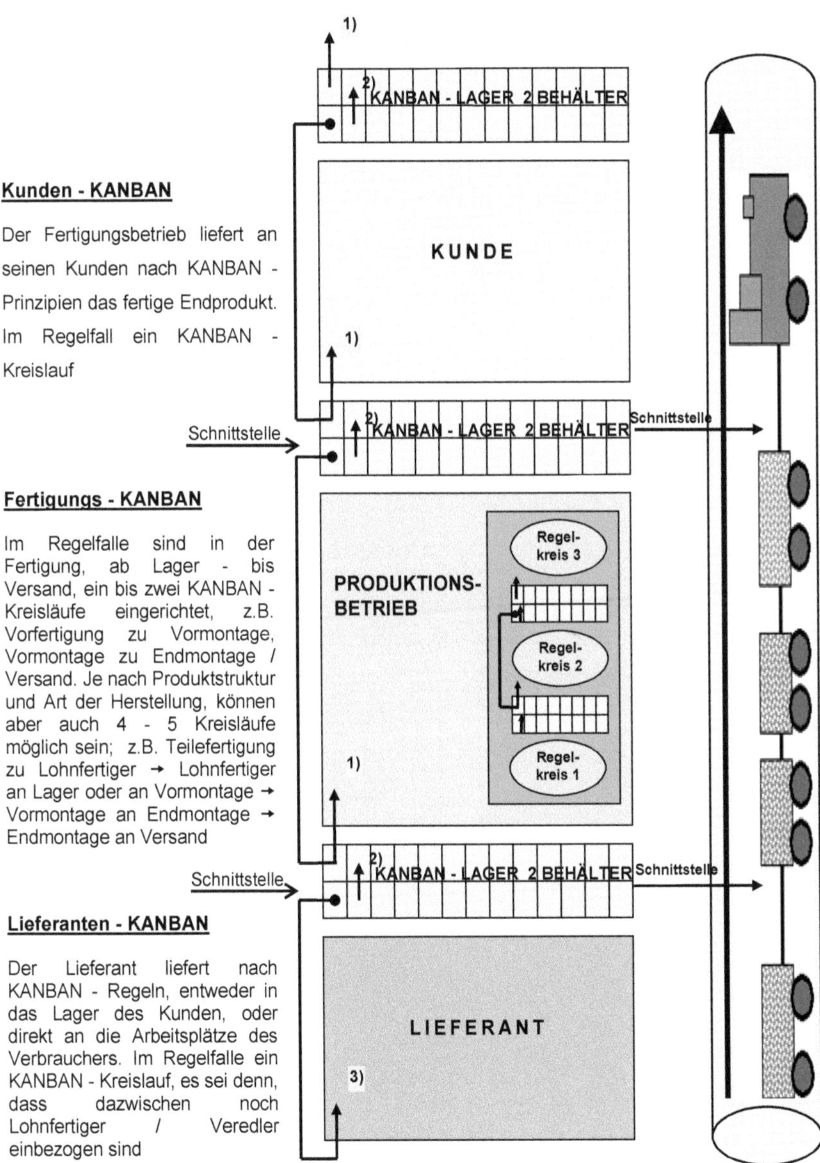

Kunden - KANBAN

Der Fertigungsbetrieb liefert an seinen Kunden nach KANBAN - Prinzipien das fertige Endprodukt. Im Regelfall ein KANBAN - Kreislauf

Fertigungs - KANBAN

Im Regelfalle sind in der Fertigung, ab Lager - bis Versand, ein bis zwei KANBAN - Kreisläufe eingerichtet, z.B. Vorfertigung zu Vormontage, Vormontage zu Endmontage / Versand. Je nach Produktstruktur und Art der Herstellung, können aber auch 4 - 5 Kreisläufe möglich sein; z.B. Teilefertigung zu Lohnfertiger → Lohnfertiger an Lager oder an Vormontage → Vormontage an Endmontage → Endmontage an Versand

Lieferanten - KANBAN

Der Lieferant liefert nach KANBAN - Regeln, entweder in das Lager des Kunden, oder direkt an die Arbeitsplätze des Verbrauchers. Im Regelfalle ein KANBAN - Kreislauf, es sei denn, dass dazwischen noch Lohnfertiger / Veredler einbezogen sind

1) Behälter leer

2) Reservebehälter wird nachgeschoben und gleichzeitig mittels KANBAN die Nachschubautomatik ausgelöst

3) KANBAN-Lager oder normales Dispo-Lager

Somit kreist zwischen vor- und nachgeschalteten Fertigungsgruppen eine Reihe von KANBAN-Karten mit den entsprechenden Behältnissen und es entsteht eine reibungslose Nachschubautomatik die sich selbst steuert. Die Anzahl der KANBAN-Kreise hängt davon ab, inwieweit die Produktion eines Artikels aufgesplittet werden kann. Im nachfolgenden Bild wird ein KANBAN-Modell mit Fertigwarenlager zu Endmontage dargestellt, ausgehend von einem Zentrallager für Einzelteile und Komponenten mit drei KANBAN-Kreisläufen.

Versand / Fertigteilelager bestellt bei Endmontage, Endmontage bestellt bei Vormontage, Vormontage bestellt bei Zentrallager bzw. Lieferant.

Achtung: Aufträge die größer einer KANBAN-Menge sind, müssen wie normale Betriebsaufträge mit Liefertermin / Auftragsbestätigung erfasst und an Kunden bestätigt werden.

Grund: Riesenaufträge saugen das System leer, das KANBAN-System bricht zusammen.

Mögliche Ergebnisse: **Mittels KANBAN können Bestände, je nach Ausgangssituation des Unternehmens, über 50 % gesenkt werden!**

DARSTELLUNG: KANBAN-BEWEGUNG

Erzeuger – Extern **Verbraucher, z. B. Montage**

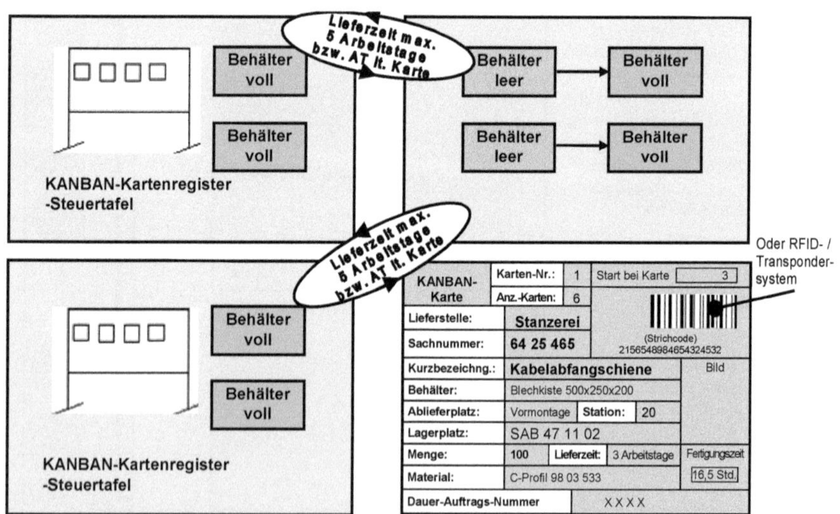

Erzeuger – Intern **KANBAN-Steuerung**

Welche Teile / Artikel können über KANBAN gesteuert werden?

Damit ein einzelnes Teil, eine Baugruppe oder ein Endprodukt nach KANBAN gesteuert / beschafft oder produziert werden kann, sollte:

1. pro Jahr mindestens **6- bis 8-mal** Bedarf vorhanden sein

2. der Bedarf nicht extrem schwanken, wobei die Schwankungsbreite über die Höhe der KANBAN-Mengenberechnung abgefangen werden kann

Formel: $\overline{X}$ + 1S oder $\overline{X}$ + 2S, = Menge für 1 Behälter
+ gleiche Menge Reservebehälter

Beispielhafte Darstellung:

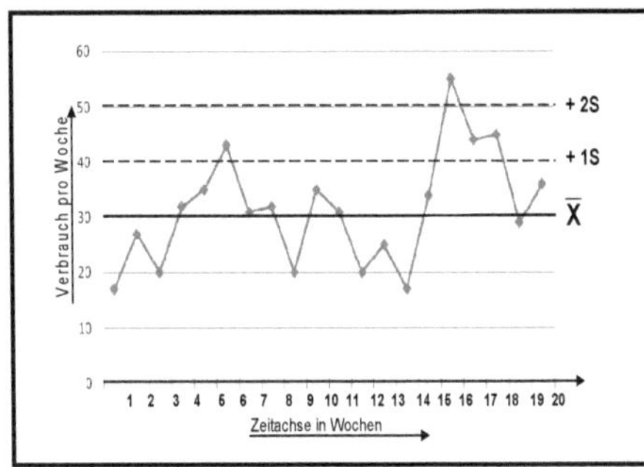

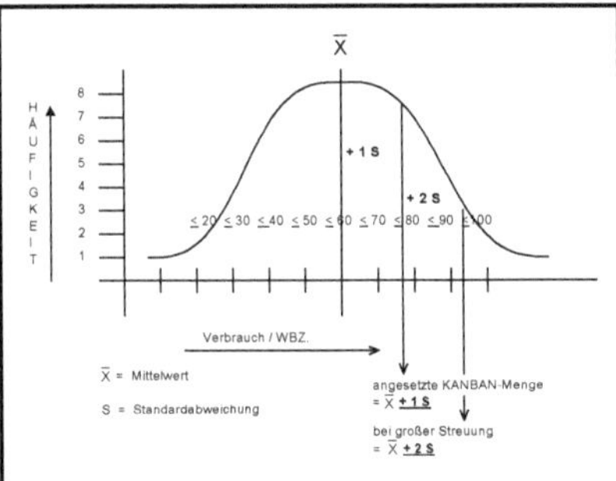

3. die Wiederbeschaffungszeit intern / extern nicht länger als **5 AT** betragen (besser weniger). Bei Eigenfertigungsteilen die länger als 5 AT Durchlaufzeit haben, muss z. B. über Schichtbetrieb, mehr Personaleinsatz oder Einrichten weiterer KANBAN-Regelkreise die DLZ auf max. 5 AT ausgerichtet werden.

4. Indexänderungen nicht mehr als **1 x / Jahr** anfallen. Nicht ausgereifte Artikel / Teile können nicht über KANBAN gesteuert werden. Die Verschrottungsgefahr ist zu groß.

5. Riesenaufträge können nicht über KANBAN gesteuert werden, saugen alle Regelkreise leer, es muss daraus ein PPS-Auftrag gemacht werden und die Nachschubautomatik für diesen Auftrag separat / zusätzlich eingeleitet werden. In den Artikelstammdaten ist KANBAN-Menge zur Abfrage „Riesenauftrag J / N" hinterlegt.

Hinweis:

Je kleiner / preiswerter die Teile / je mehr Platz an den Fertigungsstätten vorhanden ist, desto größer können die Mengen gewählt werden. Die 5 AT sind ein Erfahrungswert der sich daraus ergibt, dass 5 Tage vor Auslieferung die Kunden weder Menge noch Termin ändern (Zulieferindustrie hat kürzeres Timing).

Buchungsvorgänge bei KANBAN

Da im System insgesamt die wert- und bestandsmäßige Betrachtung nicht verloren gehen darf, muss das IT-System für diese Organisationsform von einer Abgangsbuchung auf Aufträge umgestellt werden, auf Umbuchen von Lagerort auf Lagerort, was am einfachsten anhand eines Schemabildes dargestellt werden soll (für alle Teile):

Bei allen KANBAN-Teilen wird nur der körperliche Bestand geführt (Zugang ←→ Abgang), reservieren entfällt.

Bild 10.1: *Darstellung der KANBAN-Bewegungen und der Buchungen von Fertigwarenlager ←→ Montage ←→ Zentrallager ←→ Lieferant eingebunden J / N*

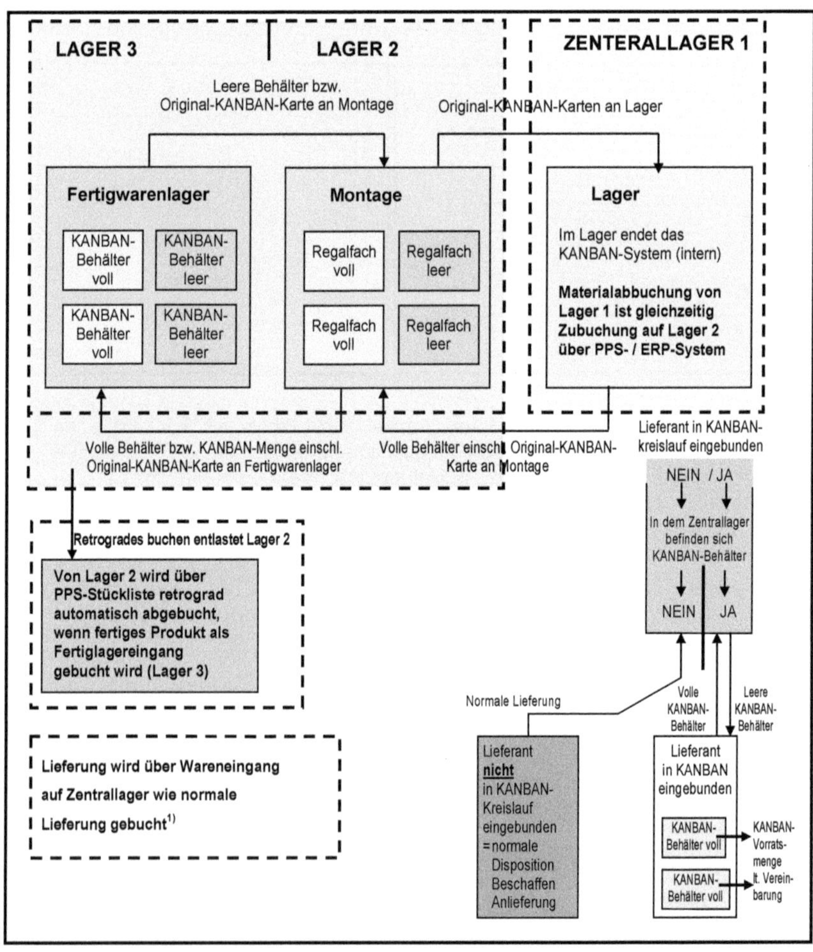

[1)] Wenn Artikel, wie bei einem Bauhaus-System, noch Lieferant gehört, also erst nach Verbrauch bezahlt wird, wird kein Zugang gebucht

Stücklistenaufbau bei einer KANBAN-Organisation

Damit die KANBAN-Steuerung / das Verbuchen der Zu- und Abgänge innerhalb der beschriebenen Regelkreise über die gesamte Logistikkette ohne Betriebsaufträge auf Teileeben funktioniert, müssen für die Buchungs- und Dispo-Vorgänge in allen Stücklisten die Baugruppen aufgelöst, die Stücklisten also flach gemacht und die Arbeitspläne entsprechend angepasst werden, siehe nachfolgende Schemadarstellung.

Die Baugruppenstruktur selbst bleibt für z. B. Konstruktionszwecke enthalten, es wird also im System nur der Haken ☑ „lagerfähig" entfernt.

Bild 10.2: *Schemadarstellung Stücklistenaufbau konventionell*

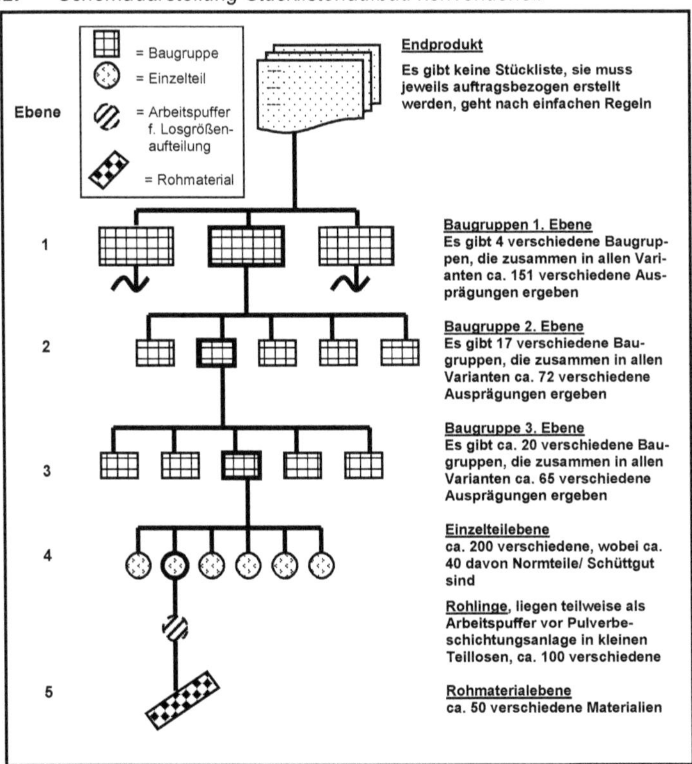

Bild 10.3: *Schemadarstellung Stücklistenaufbau KANBAN-Organisation*

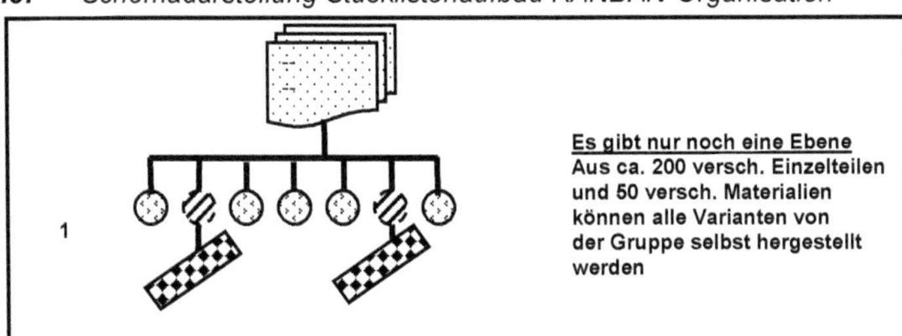

Prozesskettenvergleich: KANBAN zu PPS- / ERP-Abläufe

Alle IT-gestützten Steuerungssysteme erfordern einen hohen Aufwand in Führung und Pflege der Systeme, der durch häufiges Ändern der Aufträge, seitens der Kunden, in Menge und Termin permanent steigt. Bei niederen Beständen kommt noch das Risiko von Fehlmengen / Fehlbeständen hinzu, was für die geforderte Liefertreue ein verhängnisvoller Zielkonflikt ist.

KANBAN- / SCM-Systeme senken Kosten durch Abbau von Geschäftsvorgängen, wie z. B. Buchungs-, Bestellvorgänge, Erstellen von Betriebsaufträgen bei gleichzeitiger Erhöhung der Flexibilität.

Schemadarstellung: PPS- / ERP-Abläufe für Produktionsaufträge konventionell zu KANBAN

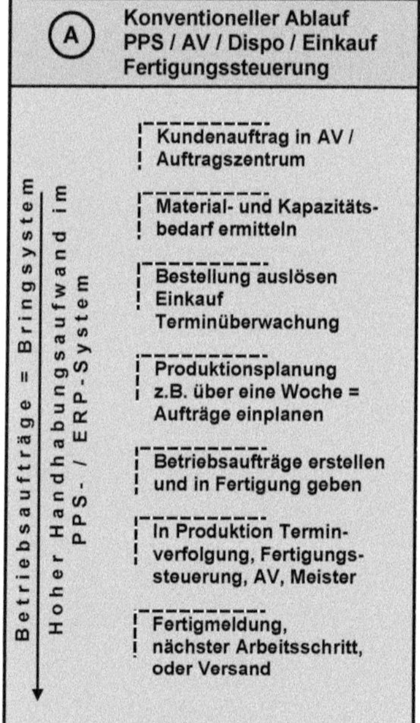

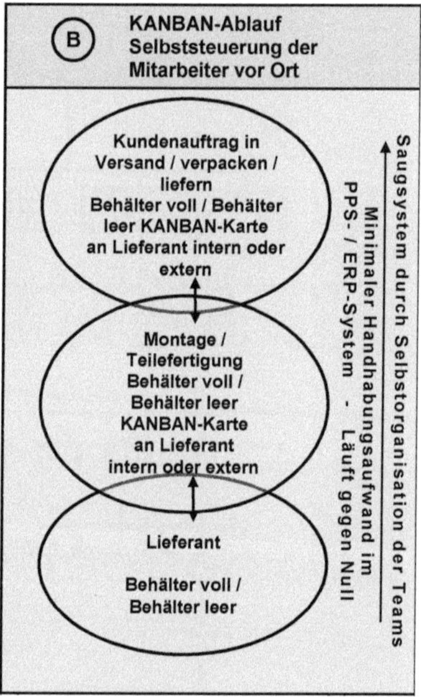

STAMMDATEN	STAMMDATEN
- Stücklisten mehrstufig nach Baugruppen - Arbeitspläne detailliert - Kapazitätsparameter detailliert - Wiederbestellpunkte	- Stücklisten flach - 1 Ebene (keine Reservierungen) (automatisiertes buchen) - Arbeitspläne grob - Kapazitätsparameter grob
WERKZEUGE	**WERKZEUGE**
- Bestellvorschlagsübersicht - Betriebsaufträge - Arbeitspapiere - Fertigmeldebeleg - QS - Belege - Leitstände	- KANBAN - Lager in der Produktion - KANBAN - Vereinbarung mit Lieferant - KANBAN - Karten + Frequenzen - Auslastungsübersicht / -Steuertafeln vor Ort

Schnell und flexibel reagieren durch Linienfertigung und KANBAN-Abläufe

Bild 10.4: *Schemadarstellung einer Montagelinie und deren KANBAN-Regelkreise (mehrstufige Fertigung)*

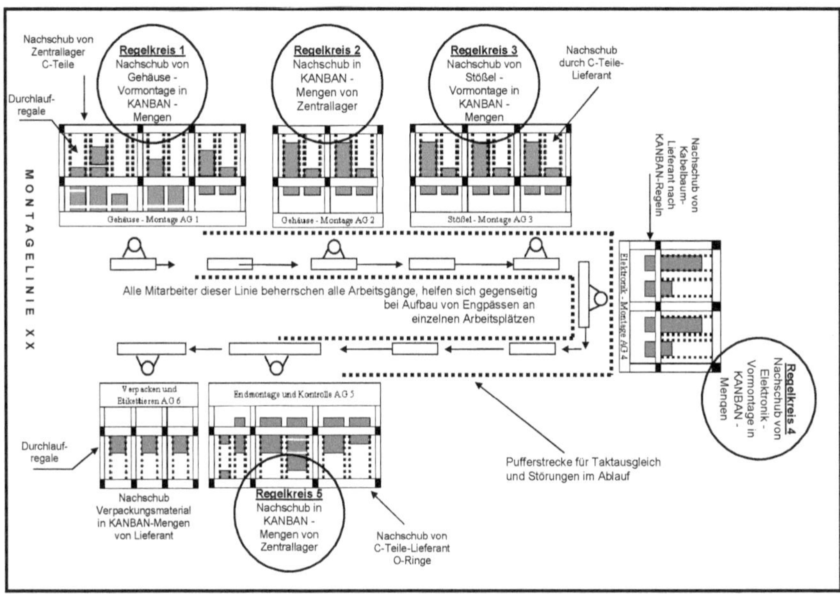

Die Reihenfolge der Entnahmen wird mittels *„Pick by Light"* über verschiedenfarbige Lampen an den Regalen angezeigt.

Die Anzahl Zugriffe / Bereitstellvorgänge im Lager werden über 50 % reduziert, da bei KANBAN *„feste Mengen"* bereitgestellt werden und die Montage-Produktivität wird bis zu 10 % gesteigert, da alle Teile *„sortenrein"* mit kurzen Wegen schnell erreichbar sind.

KANBAN-Steuertafel für Zwei- und Mehrkarten-KANBAN-System

Da bei einer KANBAN-Organisation die Einhaltung der Lieferzeit, die im Regelfall in Tagen auf dem KANBAN angegeben ist, unbedingt zu 100 % eingehalten werden muss, ist es erforderlich, dass entweder mittels

- Bildschirmübersicht

oder

- KANBAN-Steuertafel in verschiedenen Ausprägungen

die Lieferungen / eventuelle Lieferrückstände visualisiert werden.

Bild 10.5: ***KANBAN-Steuertafel, Staffelsicht V-Prisma***

Oder Auslastungs-übersicht in Anzahl Karten und Stunden „Kapazitätsverzehr“ über Bildschirm

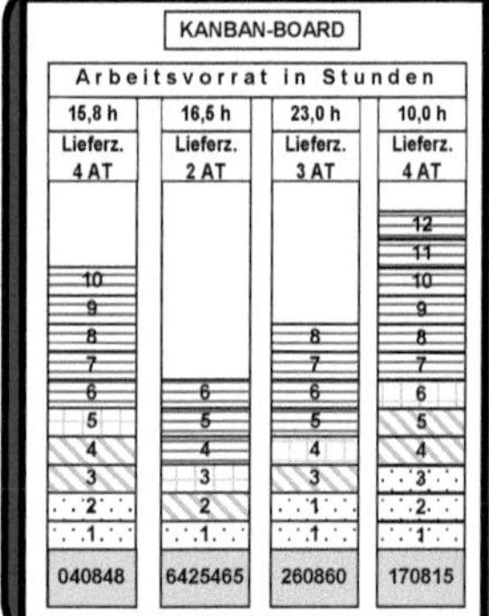

Muster: ***e-KANBAN-Karte mit RFID-Transponder***

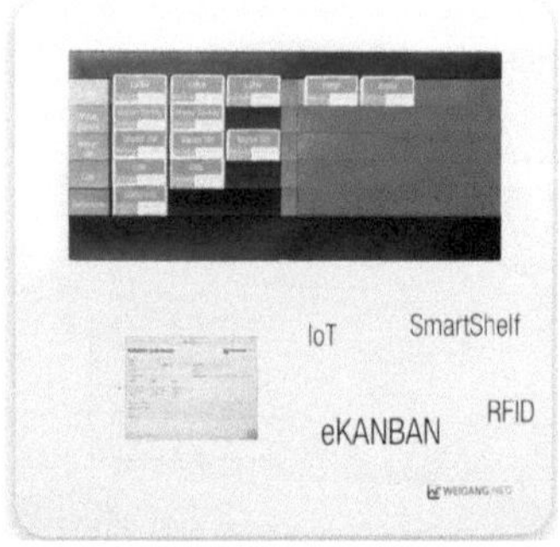

Beispiel: ***KANBAN-Steuertafel, Griffsichten***

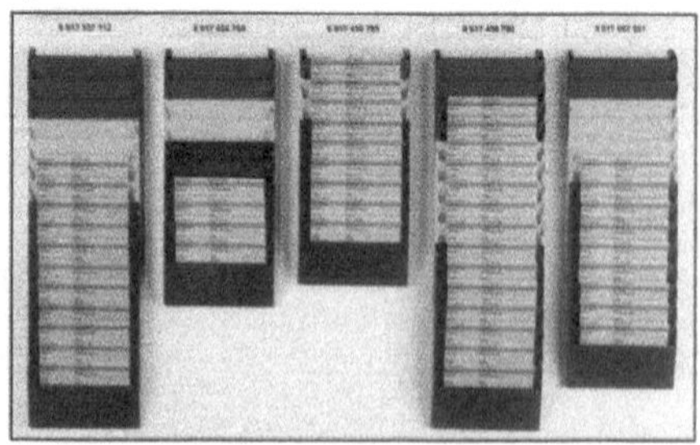

Bildmaterial: *Fa. Weigang*

10.2 Bestimmung von KANBAN-Mengen und Festlegen der Anzahl Behälter / KANBAN-Karten

Bestimmung von KANBAN-Menge

Für die Festlegung von KANBAN-Mengen (eine KANBAN-Menge entspricht dem Inhalt einer Kiste), haben sich in der Praxis folgende zwei Formeln bewährt:

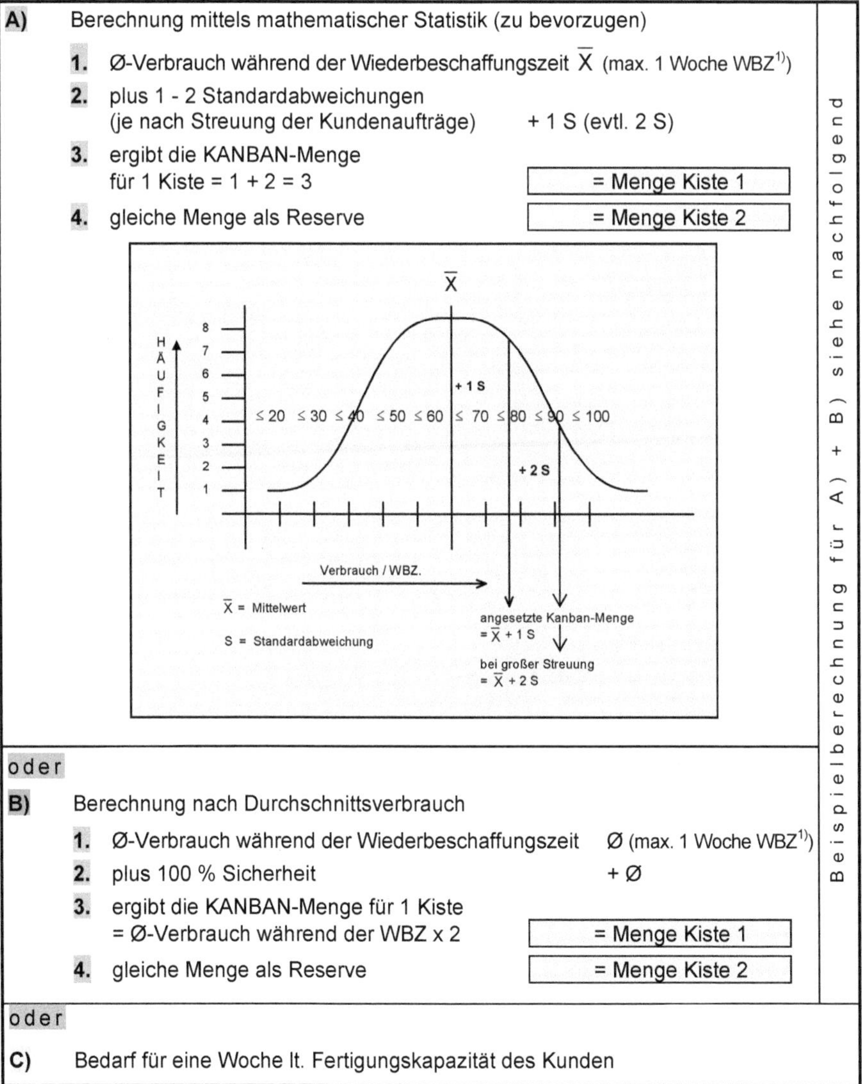

A) Berechnung mittels mathematischer Statistik (zu bevorzugen)

1. Ø-Verbrauch während der Wiederbeschaffungszeit $\overline{X}$ (max. 1 Woche WBZ[1])

2. plus 1 - 2 Standardabweichungen (je nach Streuung der Kundenaufträge) + 1 S (evtl. 2 S)

3. ergibt die KANBAN-Menge für 1 Kiste = 1 + 2 = 3 — = Menge Kiste 1

4. gleiche Menge als Reserve — = Menge Kiste 2

oder

B) Berechnung nach Durchschnittsverbrauch

1. Ø-Verbrauch während der Wiederbeschaffungszeit — Ø (max. 1 Woche WBZ[1])

2. plus 100 % Sicherheit — + Ø

3. ergibt die KANBAN-Menge für 1 Kiste = Ø-Verbrauch während der WBZ x 2 — = Menge Kiste 1

4. gleiche Menge als Reserve — = Menge Kiste 2

Beispielberechnung für A) + B) siehe nachfolgend

oder

C) Bedarf für eine Woche lt. Fertigungskapazität des Kunden

[1] Oder besser: Weniger Tage, dann KANBAN-Menge kleiner, dafür steigende Nachschubfrequenz

Datenblatt für die Berechnung von KANBAN-Mengen, mit Darstellung der Ergebnisunterschiede der einzelnen Formeln

Beispiel: Federarm Vormontage, Ident - Nr

Ausgangsdaten

historische Daten aus IT

Monat	10/xx	11/xx	12/xx	1/xy	2/xy	3/xy	4/xy	5/xy	6/xy	7/xy	8/xy	9/xy
Verbrauch	117	105	66	119	155	157	130	146	102	74	102	56
= Verbr. / Wo.	29	26	17	30	39	39	33	37	26	19	26	14
					max	max						min.

Rechenwerte Ergebnisse aus obigen 12 Werten	Verbrauch in den letzten 12 Monaten	Durchschnittlicher Verbrauch pro Monat	1 Standartabweichung	$\overline{X}$ Mittelwert
	1329	111	34	111

Durchschnittlicher Verbrauch pro Woche	1 Standartabweichung	$\overline{X}$ Mittelwert
28	8	28

Fertigungsart

1 Montagelinie für Variantenfertigung eingerichtet

von Losgröße 1 bis Losgröße 50

Besetzbar: 1 bis 4 Mitarbeiter, je nach Auftragsmenge

Arbeitsfolge

Montageinhalt je Abschnitt in Min / Stück	Unterkasten und Federarm montieren	Federeinsatz u. Druckbehälter montieren	Verrohrung, Dämpfer, Kabel etc. montieren	Federarm kompl. mit Einsatz u. Verrohrung montieren, Typenschild anbringen, Test
Fertigungszeit **30,10 min**	8,00 min	6,20 min	7,40 min	8,50 min

Wiederbeschaffungszeit bei max. Losgröße 50 Stück

a) 30,1 Min. x 50 = 1505 Min. : 60 = ca. 25 Std.

b) 25 Std. Fertigungszeit : 8 Std. / Arbeitstag = 3,14 Tage ergibt 4 Arbeitstage WBZ

KANBAN-Mengen-Berechnung

A) Berechnung mittels mathematischer Statistik aus X und S (Wochenwerte)

$\overline{X}$	1 Standartabweichung	Bei großer Streuung Faktor 2	Ergibt Sicherheitsmenge	KANBAN-Menge Behälter 1	dito Reservebehälter	Möglicher festgelegter Inhalt für 1 Behälter	Ergibt Anzahl Behälter
1	2	3	2*3 = 4	1 + 4 = 5	6	7	(5 + 6) / 7 = 8
28	8	2	16	44	44	22 [1)]	4

B) Berechnung nach Durchschnittsverbrauch pro Woche x 2

Durchschnittsverbrauch pro Woche	100 % Sicherheit	KANBAN-Menge Behälter 1	dito Reservebehälter	Möglicher festgelegter Inhalt für 1 Behälter	Ergibt Anzahl Behälter
1	2	1 + 2 = 3	4	5	(3 + 4) / 5 = 6
28	28	56	56	28 [1)]	4

Hinweis: Je kürzer die Wiederbeschaffungszeit - je weniger Lagerplatz je weniger Working Capital im Betrieb

C) Die KANBAN-Mengen können natürlich auch gemäß gewollter Anzahl Bus-Zyklen / Lagerplatz an den Arbeitsplätzen / Fertigungszeit / Möglichkeiten der Vorlieferanten / des Kunden festgelegt werden.

Bestimmung Anzahl Behältnisse / KANBAN-Karten

Damit die Funktionsweise eines KANBAN-Systems grundsätzlich erhalten bleibt, sollten in der Praxis

a)	maximal	4 Behältergrößen (Schäferkisten)	**Wird mittels einer sogenannten „Behälterinventur" festgelegt. Danach erfolgt die exakte Bezeichnung / Nummerngebung des Behältnisse**
b)	maximal	2 Palettenarten	
c)	maximal	2 Gitterbox-Größen	
d)	wenige	Sondergrößen	

eingesetzt werden.

Für die Bestimmung der notwendigen Anzahl Behältnisse für einen KANBAN-Artikel und somit auch Anzahl KANBAN-Karten, ergibt sich somit folgende Schrittfolge:

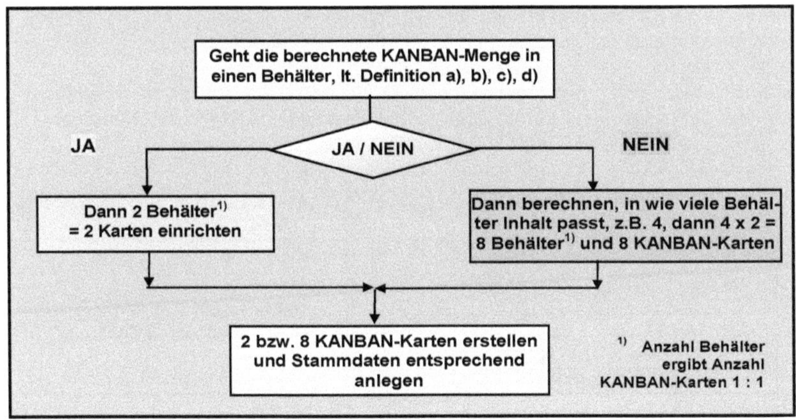

Hinweis für Mehrkartensystem:

KANBAN geht grundsätzlich von einem 2-Behälter-System aus, folglich sind auch zwei KANBAN-Karten notwendig.

Ergibt sich aus der Behälterberechnung wegen Teiledimension, Menge oder Gewicht, dass eine größere Anzahl Behälter, z. B. 6, notwendig sind, dann werden auch 6 KANBAN-Karten notwendig (für jeden Behälter[1)] eine Karte) = Mehrbehälter-System.

Damit die KANBAN-Steuerung korrekt funktioniert, müssen die Infos bei einem Mehrbehälter-System auf den Karten entsprechend erweitert werden, z. B. es gibt 6 Behälter = 6 Karten, dann erhält jede Karte folgende Zusatzinformation:

Anzahl Karten	6	Start bei Karte	3

Grund:

Die Fertigung, der Lieferant muss erst liefern, wenn die dritte Karte eintrifft, der dritte Behälter leer ist, da nach der 2-Behälter-Basisregel, wenn der dritte Behälter leer ist, eigentlich erst der erste Behälter leer ist, Rest ist Reservemenge.

[1)] Ein Behälter kann auch ein Gebinde o. ä. sein

Pflege der KANBAN-Einstellungen

Um die Frequenzen, die gefertigten Mengen, sowie die Anzahl erstellter / in Umlauf befindlicher KANBANS kontrollieren zu können, wird von jedem Teil, das über KANBAN geführt wird, eine sogenannte KANBAN-Stammdatenkarte eingerichtet. Auf ihr (im IT-System) werden alle wichtigen Daten erfasst, die erkennen lassen, ob:

⇨ **KANBAN-Mengen erhöht / vermindert** oder ⇨ **die Anzahl KANBANS erhöht / vermindert** werden müssen, oder ⇨ **ob KANBAN-Karten verloren gegangen sind**	Überprüfung (Empfehlung) alle 6 Monate

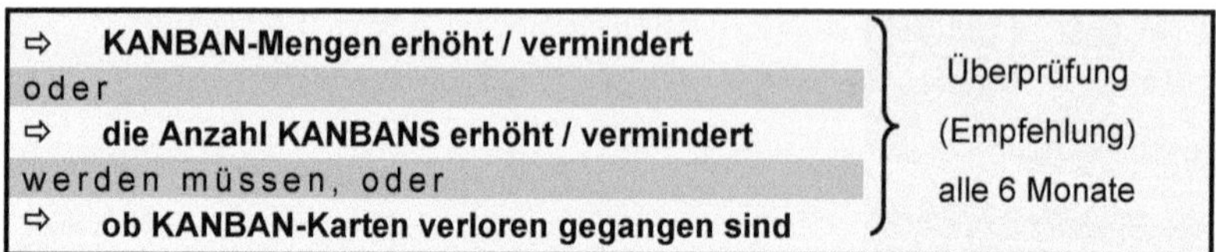

Außerdem wird hier festgelegt, wer für die Erzeugung von KANBANS bzw. Pflege der Stammdaten verantwortlich zeichnet (im Regelfalle der Lagerleiter).

Bild 10.6: *Darstellung von Verbrauchsmodellen deren Trend über die Anzahl Frequenzen / Verbräuche auf der Rückseite der KANBAN-Karten bzw. auf der jeweiligen Stamm-KANBAN-Karte sichtbar wird*

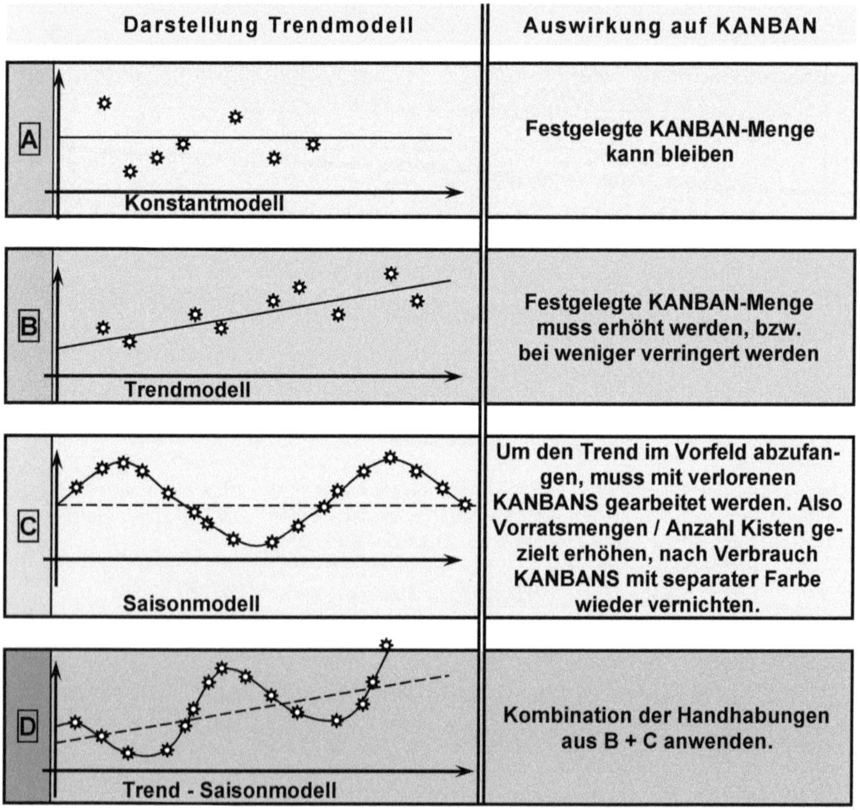

Darstellung Trendmodell
Auswirkung auf KANBAN
A
Konstantmodell
Festgelegte KANBAN-Menge kann bleiben
B
Trendmodell
Festgelegte KANBAN-Menge muss erhöht werden, bzw. bei weniger verringert werden
C
Saisonmodell
Um den Trend im Vorfeld abzufangen, muss mit verlorenen KANBANS gearbeitet werden. Also Vorratsmengen / Anzahl Kisten gezielt erhöhen, nach Verbrauch KANBANS mit separater Farbe wieder vernichten.
D
Trend - Saisonmodell
Kombination der Handhabungen aus B + C anwenden.

Vertragliche Regelungen Lieferanten-KANBAN

Muster einer KANBAN-Rahmenvereinbarung (Mindestinhalt)[1)]
mit Firma [ ]
für KANBAN-Teile [ ]

über	Artikel-Nr.: [ ] Bezeichnung: [ ]	
Zeitraum:	Diese Rahmenvereinbarung gilt für die Zeit vom 02.01.xx bis 31.12.xx	Diese drei Abschnitte gelten zur Preisverhandlung Vertrag läuft immer weiter, muss separat gekündigt werden
Jahresbedarf:	120.000 Stück	
Abrufmengen:	4.000 Stück = 1 KANBAN-Menge	
Anlieferung:	In den lt. KANBAN-Karte vorgegebenen Behältnissen (Transportbehältnis – Einlagerbehältnis)	
Abruftermine:	Wir rufen unseren jeweiligen Bedarf mit KANBAN-Karte per Fax ab. Wir erwarten von Ihnen den Wareneingang innerhalb von 3 Arbeitstagen, bzw. lt. KANBAN-Karten-Angabe	
Bevorratung im Unternehmen:	Mindestbestand 12.000 Stück, ab Woche/Jahr 12/xx Gesicherte Abnahmemenge: 24.000 Stück Im Falle von Zeichnungsänderungen oder Kundenstornierungen verpflichten wir uns, die gesicherte Menge abzunehmen.	
Wochenleistung:	3.000 Stück im Ø	
Durchlaufzeit	Um Abrufspitzen abzudecken, sind Sie in der Lage innerhalb von einer Woche den Mindestbestand auf den Höchstbestand = KANBAN-Menge x Anzahl KANBANS = 24.000 Stück aufzufüllen.	
Bestandsinfo:	Sie informieren uns regelmäßig alle 2 Wochen über die Bestandssituation, ☐ bzw. wir können mittels ERP-Programm in diesen Teilebestand einsehen, ☐ oder mittels Video-Kamera und Internetanschluss ☐	
Qualität:	Die einwandfreie / Null-Fehler-Anlieferung weisen Sie uns durch den entsprechenden QS-Kontrollbeleg für dieses Teil, sowie den ausgefüllten Wareneingangs- / Quittierbeleg für unsere Warenwirtschaftsbuchungen nach. Belege pro KANBAN-Anlieferung.	
Ansprechpartner:	Fr. Werner	

Ort / Datum

Lieferfirma **Abnehmerfirma**

1) plus die üblichen Spezifikationen, wie Preis, Zahlungskonditionen, etc.

Hinweise für eine erfolgreiche KANBAN-Organisation

Welche Artikel sollten über KANBAN gesteuert werden	**WENN FOLGENDE KRITERIEN FÜR DAS UNTERNEHMEN WICHTIG SIND**
	Sicherstellen eines hohen Lieferservicegrad
	Sicherstellen einer hohen Termintreue / Flexibilität
	Sicherstellen einer kurzen Lieferzeit
	Sicherstellen einer kurzen Durchlaufzeit
	Sicherstellen eines niederen Lagerbestandes
	Sicherstellen eines geringen Working Capitals
	Sicherstellen geringer Abwertungs- / Verschrottungskosten
	Sicherstellen einer hohen Liquidität
KANBAN hat Vorfahrt:	Die Wiederbeschaffungszeiten und Mengenvorgaben lt. KANBAN-Karte müssen 100 % eingehalten werden, sonst kann Abriss entstehen. KANBAN-Aufträge haben in der Fertigung immer höchste Priorität / Intercity-System
Behandlung von Riesenaufträgen:	Einzelne Kundenaufträge, die größer sind als die festgelegten KANBAN-Mengen, sogenannte *Riesenaufträge*, müssen immer über Fertigungsaufträge mit Lieferzeiten, separat / zusätzlich produziert werden. Sie saugen ansonsten das System leer und es entsteht ein Abriss in der Nachschubversorgung, was nicht sein darf – Unternehmen wird für andere Kunden lieferunfähig.
IT-Merkmal bei der Auftragserfassung	Zur Visualisierung, ob ein Kundenauftrag größer / kleiner als die festgelegte KANBAN-Menge ist, wird bei der Auftragserfassung die festgelegte KANBAN-Menge eingeblendet.
KANBAN bei schwankendem Bedarf	Bei sehr schwankenden Bedarfen und Saisonbedingungen wird mit verlorenen KANBANS gearbeitet, die zur Aufstockung des Bestandes mit einer anderen Farbe ausgegeben und nach Verbrauch vernichtet werden.
Verantwortung für KANBAN erzeugen	Bewährt hat sich für einen stabilen KANBAN-Ablauf die Einführung des sogenannten Patendenkens. Es sollte z. B. jeweils ein KANBAN-Pate gefunden werden für: • die KANBAN-Kartenverwaltung / -erzeugung • die Ordnung an den einzelnen KANBAN- Stell- / Lagerplätzen • Führen und Pflege der Auslastungs- / Steuertafeln • Führen und Pflege der Produktivitäts-, Qualitäts- oder sonstiger KVP-Kennzahlen
KANBAN und Kapazitätswirtschaft	Sofern bei Auslösung des Nachschubs mittels KANBAN-Karte die dadurch entstehende Kapazitätsbelegung IT-technisch mit abgebildet werden soll, ist es sinnvoll, je nach KANBAN-Artikel / (-Karte), eine Dauerauftragsnummer im System anzulegen, auf die BDE-gestützt, entsprechend gebucht wird

Zusammenfassung der verschiedenen Dispositions- und Beschaffungsmodelle, bezüglich:

Verbesserung des Informations-, und Materialflusses
Standardisierung der Dispositions-, Beschaffungs- und Anliefermodelle

- Kosten minimieren (intern / extern)
  – Prozesskosten – Kapitalkosten

- Leistung maximieren (intern / extern)
  – Materialverfügbarkeit – Lieferflexibilität / Liefertreue

Dispo- und Beschaffungsmodelle		Informations- und Arbeitsaufwand in den Teilprozessen der Nachschubautomatik			Auswirkung auf Prozesse / Arbeitsaufwand / Flexibilität und Lieferfähigkeit
		Disponieren und Beschaffen	Wareneingang	Lager / Material-bereitstellung	
Bedarfsgesteuerte Disposition / hohe Bestände ↑	Vorrat, Einzelbestellung	- Bestandsführung - Disposition / Mengenbestimmung - Bestellung auslösen - Auftrags-bestätigung - Terminüber-wachung	- Übernahme - Prüfen WE-Papiere - Mengen- / Sicht / sachliche Prüfung - WE-Buchung - Auspacken - QS-System, evtl. - Rücklieferung	- Umpacken - Einlagerung - Auslagerung - Transport zum Verbrauchsort / Bereitstellen - Vorhalt Lagerfläche	↑ Hoher Arbeitsaufwand / Prozesse ↑ Geringer Lieferflexibilität / Termintreue
	Abrufaufträge	- Abrufaufträge erstellen - Bestandsführung - Abruf punktgenau - Abrufpflege, rollierend	- Übernahme - Prüfen WE-Papiere - Mengen- / Sicht / sachliche Prüfung - WE-Buchung - Auspacken - QS-System, evtl. - Rücklieferung	- Umpacken? - Einlagern - Auslagern - Transport zum Verbrauchsort / Bereitstellen - Vorhalt Lagerfläche	
	Auftragsbezogen	- Bedarfsermittlung / Disposition - Terminierung - Bestellung - Auftrags-bestätigung - Terminüber-wachung - Bestandsführung?	- Übernahme - Prüfen WE-Papiere - Mengen- / Sicht / sachliche Prüfung - WE-Buchung - Auspacken - QS-System, evtl. - Rücklieferung	- Einlagern - Auslagern - Transport zum Verbrauchsort / Bereitstellen	
Verbrauchsgesteuerte Disposition / niedere Bestände ↓	KANBAN-System	- Rahmenverein-barung - Abruf per KANBAN-Karte, bzw. Strichcode-impuls	- Entfällt, oder fallweise Stichprobe, je nach Teil	- Vorhalten Lagerfläche / Umpacken? - Entnahme- / KANBAN- / Verpackungseinheit - Transport zum Produktions- / KANBAN-Lager	↓ Geringer Arbeitsaufwand / Prozesse ↓ Hohe Lieferflexibilität / Termintreue
	Bauhaus-system f. Katalog-ware	- Rahmenverein-barung - Voll automatisierte Anlieferung durch Lieferant	- Entfällt komplett, Lieferant auditiert	- Vorhalt Lagerfläche in der Produktion	
	SCM-System für Zeichnungsteile	- Rahmenverein-barung - Internetplattform - Lieferant disponiert für uns	- Entfällt komplett, Lieferant auditiert / liefert selbständig nach	- Minimale Lagerfläche in der Produktion	

Sofern die logistischen und produktionstechnischen Möglichkeiten für den KANBAN-Einsatz geschaffen werden können, ist es möglich:

- **die Umlaufbestände um über 50 %**
- **die Lagerbestände bis zu 50 %**
- **die Durchlaufzeiten um über 70 %**

je nach Ausgangssituation, zu senken und was besonders wichtig ist:

ES IST IMMER DAS RICHTIGE VORHANDEN

Die Termintreue / die Verfügbarkeit schnellt auf 98 % bis 99 % hoch.

Sie liefern alles in kürzester Lieferzeit, Ausnahme Riesenaufträge[1)]. Hier muss die PPS- / ERP- / bedarfsorientierte Nachschubautomatik einspringen.

> Praxis-Tipp
>
> **Es wird nie ein reines KANBAN- / Pull-System geben. Reine Sonderartikel, bzw. Artikel die nur 3 - 4 x im Jahr, oder weniger, benötigt werden, oder Riesenaufträge[1)], müssen immer über das PPS- / ERP-Push-System dispositiv bearbeitet werden.**

und was besonders wichtig ist:

Der unsägliche Trend *„MEHR UMSATZ – MEHR LAGERBESTAND"* wird durch die Umkehrung vom Push- zum Pull-Prinzip dauerhaft durchbrochen

UND

Durch die Anzahl Behälter ist eine Bestandsobergrenze festgelegt. Bestände laufen nicht durch Überproduktion davon

UND

Kosten werden gesenkt durch Abbau von Geschäftsvorgängen, wie z. B. Buchungs- und Bestellvorgänge, Erstellen von Betriebsaufträgen, keine Fertigungssteuerung notwendig.
Zentrallager: Anzahl Zugriffe / Picks werden wesentlich reduziert, da Behälter mit festen Mengen bereitgestellt werden.

1) größer als eine KANBAN-Menge

Entwicklung der Bestände und der Termintreue / des Servicegrades seit Einführung von KANBAN

Durch ein ganzheitliches Logistikkonzept, vom Lieferanten bis zum Kunden, gelingt es den in der Vergangenheit anhaltenden Trend: **MEHR UMSATZ = MEHR LAGERBESTAND** gravierend zu durchbrechen, die Liefertreue zum Kunden von **ZUVOR CA. 70 % AUF ÜBER 98 %** zu steigern, die Bestände und Lieferzeiten um über 50 % zu reduzieren.

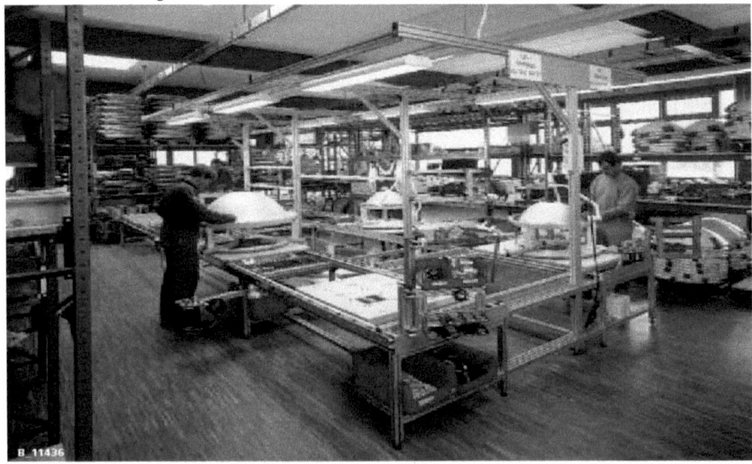

Darstellung der Entwicklung der Lagerbestände in Abhängigkeit vom Umsatz, sowie der Liefertreue, seit Einführung von KANBAN

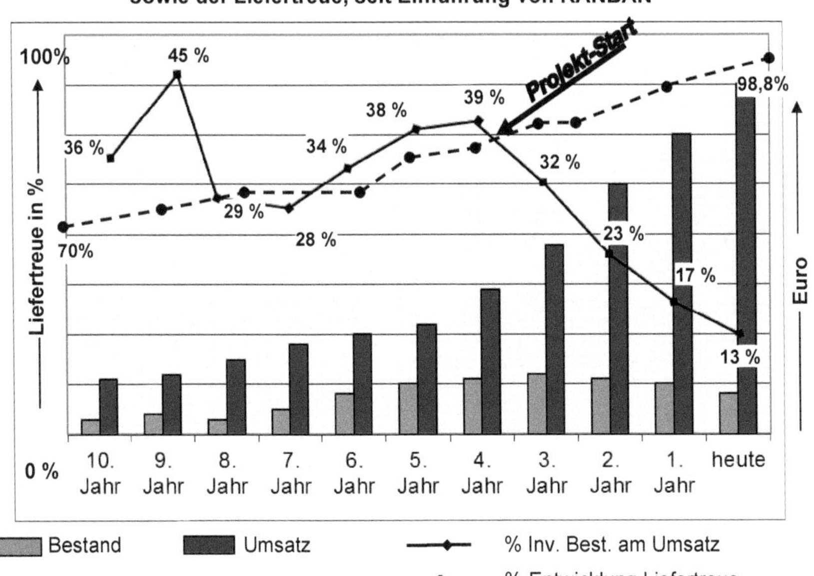

10.3 Ausbau des KANBAN-Systems zu einem selbst auffüllenden SCM-Lagersystem nach dem Min.- / Max.-Prinzip über eine Internet-Plattform (Supply-Chain-Management in der Logistik)

Es wird im Lager ein Festplatz-System eingerichtet. Der Lieferant bekommt eine Vorgabe, was jeweils in unserem Lager zu liegen hat = Min.- / Max.- Bestand. Was entnommen wird, wird Online abgebucht. Lieferant hat Online Zugriff auf die Bestände, disponiert und liefert in eigener Verantwortung, gemäß Min.- / Max.- Bestand, nach.

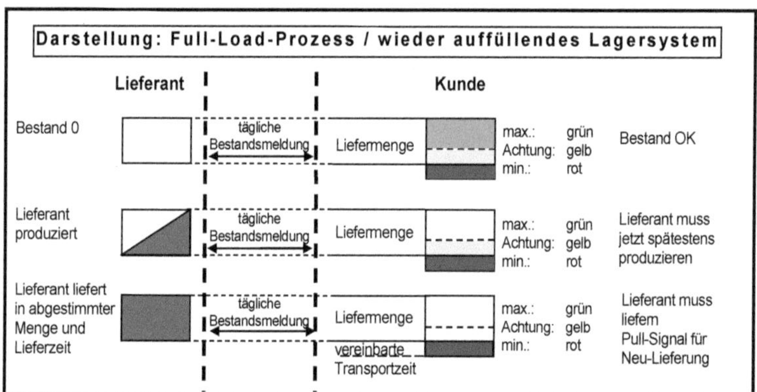

Internet-Infomaske

Artikel-Nr.	Bezeichnung	Änderungs-Index	Bestand in Stück		Aktueller Lagerbestand in Stück		Standard-Liefermenge	Lieferzeit in Tagen	Dauer-Auftrags-Nr. Lief.-Kenng.	Aktueller Zustand Bestand
			Min.	Max.	Datum	Menge				
X Y	A A	19.08.xx	2.500	10.000	06.06.xx	2.900	2.000	2	XXXX/08	gelb

Vorteile für den Lieferanten
1. Weniger Bestände / Working Capital / weniger Kosten
2. Weniger Lagerfläche / Fläche kann als Produktion genutzt werden
3. Optimaler produzieren und das produzieren was wirklich gebraucht wird
4. Weniger Handling / Prozesskosten, weniger dispositive Arbeit im Büro
5. Weniger Transportkosten bei höherer Flexibilität

Vorteile für den Kunden
1. Weniger Bestände / Working Capital / weniger Kosten
2. Es kann flexibelst das gefertigt werden, was die Endverbraucher benötigen, hohe Verfügbarkeit
3. Alle Teile / Materialien sind immer in ausreichender Menge da. Keine Sonderfahrten, keine Eilschüsse
4. Keine Abrufe / kein Disponieren notwendig / minimale Prozesskosten
5. Weniger Fehlleistungskosten bei maximaler Liefertreue

Die Forderung nach vereinfachter Lagerbedienung, Übersichtlichkeit, Raumersparnis löste die Suche nach immer neuen Lagertechniken aus. Dieses Ziel ist aber nur dann erreichbar, wenn gleichzeitig die Lagerorganisation überprüft und den Bedingungen einer optimalen Nutzung und hohen Lagerwirtschaftlichkeit angepasst wird.

Die Circa-Nutzungsgrade der einzelnen Varianten seien kurz skizziert.

Kennzahlen der Lagernutzung

$$\textbf{Flächennutzungsgrad} = \frac{\text{Summe der Regalflächen}}{\text{Bruttofläche des Lagers}}$$

$$\textbf{Raumausnutzungsgrad} = \frac{\text{Summe der Regalvolumina}}{\text{Bruttovolumen des Lagers}}$$

$$\textbf{Lagernutzungsgrad} = \frac{\text{Nettolagervolumen}}{\text{Bruttolagervolumen}}$$

Lagerart	**Raumausnutzungsgrad % (relative Werte)**
Flächenlager für z. B. Tafelmaterialien	15 %
Flächen- / Blocklager für Paletten / Gitterboxen	85 %
Umlaufregale / Paternoster- / Shuttlesysteme	85 %
Blocklagerung mit Compactus für Kleinteile	70 %
Konventionelles Regal (mit Bühnenkonstruktion) für Handbedienung	40 % (ca. 60 %)
Palettenregal Staplerbedienung	60 %
Hochregale mit Bediengeräten	75 %
Durchlaufregale / -lager (haben schlechtes Lagervolumen / Nutzungsgrad)	80 %
Plattenregal als Hochregalsystem, beidseitige Bediengerätentnahme	85 %
Tragarmregallager	40 %
Fließlager	keine Angabe, da meist nur als Pufferlager verw.

11.1 Lagerarten / Automatisierte Lager

Übersicht: Lagerbauarten je nach Einsatz / Verwendungszweck und Zugriffserfordernissen

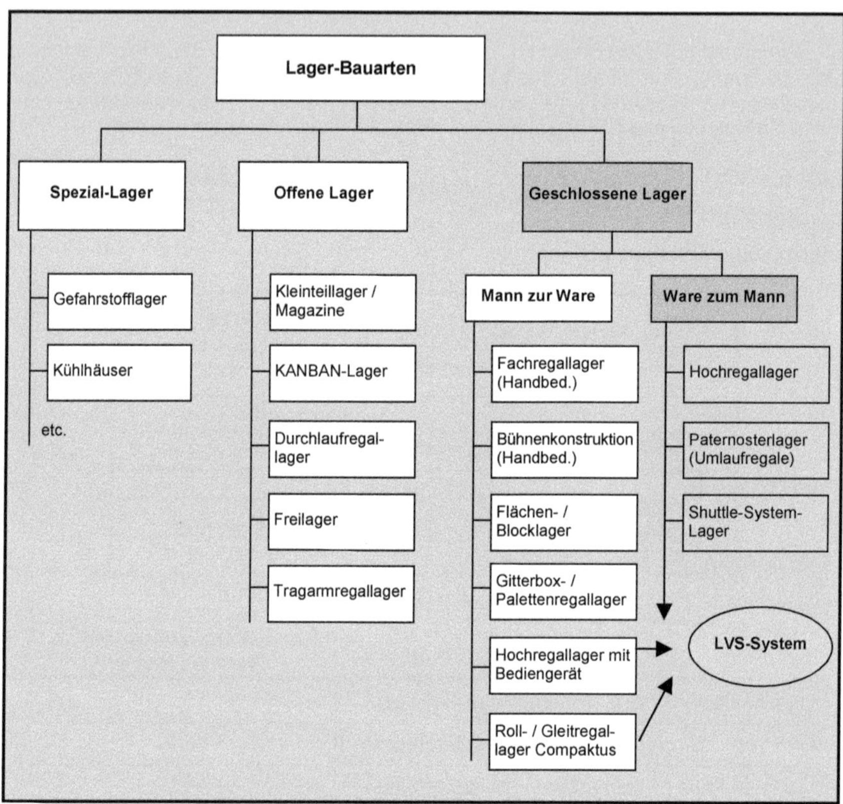

Bei Einsatz von LVS-Systemen müssen vom Lager die notwendigen LVS-Stammdaten eingerichtet und gepflegt werden. Beispielhafte Aufzählung:

- Teileart ☐ - Gewicht ☐
- Länge / Breite / Höhe ☐ ☐ ☐
- Zugeordnetes Lagerbehältnis ☐
- Anzahl Teile / Behältnis ☐
- Lagerfach Länge / Breite / Höhe ☐ ☐ ☐
- Lagerfach max. Aufnahmegewicht ☐
- Lagerfach-Bereich ☐ - Nr. ☐
- etc.

Automatisierte Lager / LVS-Systeme

Der Trend geht heute zweifellos zum automatisierten Lager, was aber nicht bedeutet, dass z. B. Präsentlager, bei denen Ein- und Auslagerungsvorgänge ausschließlich von Hand vorgenommen werden, bestehen bleiben. Bestimmend sind hierbei vorwiegend die Wirtschaftlichkeit und die gewollte Flexibilität. (Abschätzen des Risikos, wie kann ein zeitlich begrenzter Ausfall des automatisierten Lagers verkraftet werden[?])

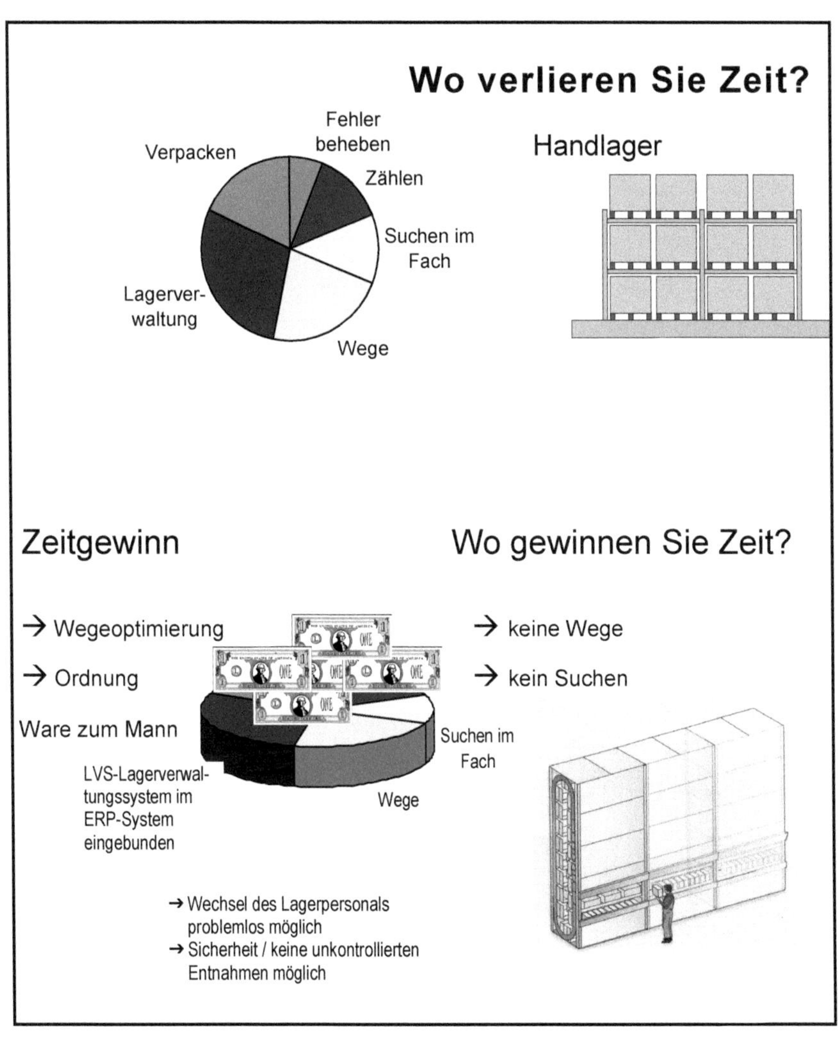

Neue Techniken verbessern die Datenqualität

Ihr Schlüssel zur zukunftsorientierten Lager- und Materialflussbewirtschaftung mit 100 % stimmenden Beständen durch Einsatz von Waagen im Lager, mit Transpondersystem ausgestattet (RFID)

Jeder Lagerort wird mit einer langzeitstabilen Waage ausgerüstet. Durch Tastendruck kann jederzeit der aktuelle Lagerbestand auf dem Bildschirm eingesehen werden, da mittels RFID eine ON-Linien-Kopplung an die Betriebssoftware erfolgt.

- Automatisches, wiegetechnisches Erfassen der Bestände
- Keine Fehlteile, immer stimmende Bestände
- Inventur per Mausklick

Bildmaterial:
DIGI SENS AG - Digitale Messtechnik Freiburgstrasse 65, CH-3280 Murten

Oder das Lagerverwaltungssystem ist mittels Barcode ON-Linien an das Warenwirtschaftssystem (ERP) gekoppelt

Die Warenbereitstellung erfolgt mittels Wagen, immer sortenrein abgelegt.
Also eine Artikelnummer = ein separates Fach bzw. ein separates Behältnis

Bildmaterial:
Intralogisitik

Flächen- / Blocklager

Die einfachste Form des Lagers ist das Flächenlager bzw. Blocklager für Paletten. Dazu braucht man lediglich Platz und für das Blocklager stapelfähige bzw. stapelfähig gemachte Waren. Das können beispielsweise Aufsteckrahmen für Paletten sein, Stapelgestelle, Stapelbehälter, Flüssigkeitsbehälter in Stapelgestellen u. a. Eine getrennte Lagerung nach Artikeln muss möglich sein, weil sich bei dieser Lagerart nur die oberste Lagereinheit im direkten Zugriff befindet. Sonst sind immer erhebliche Umsetzarten erforderlich. Das Blocklager ist dann geeignet, wenn das Lagersortiment auf wenige Artikel begrenzt ist und ein schneller, aber nicht unbedingt kontinuierlicher Warenumschlag stattfindet. Es eignet sich für Zwischenläger im Produktionsbereich, für die Lagerhaltung im Getränkegroßhandel, als Pufferlager für Saisonartikel und ähnliche Bedarfsfälle.

Blocklager werden in der Regel durch Gabelstapler bedient. Dafür sind relativ breite Gänge erforderlich und die Stapelhöhe ist durch die Hubhöhe der Gabelstapler begrenzt (max. ca. 8 - 10 m). Anstelle von Gabelstaplern kann auch ein Stapelkran zum Ein- und Auslagern eingesetzt werden, wenn man größere Stapelhöhen erzielen will, was aber eigentlich dem Prinzip des Blocklagers widerspricht. Die Umschlagsleistung beim Blocklager hängt von der Anzahl der eingesetzten Gabelstapler bzw. von der Leistungsfähigkeit des Stapelkrans ab.

Schematische Darstellung der Flächenanordnung bei Flächenlagern und die Anordnung bei Blocklagern, mit Bodentransponder zum schnellen auffinden, versehen. Wo steht was?

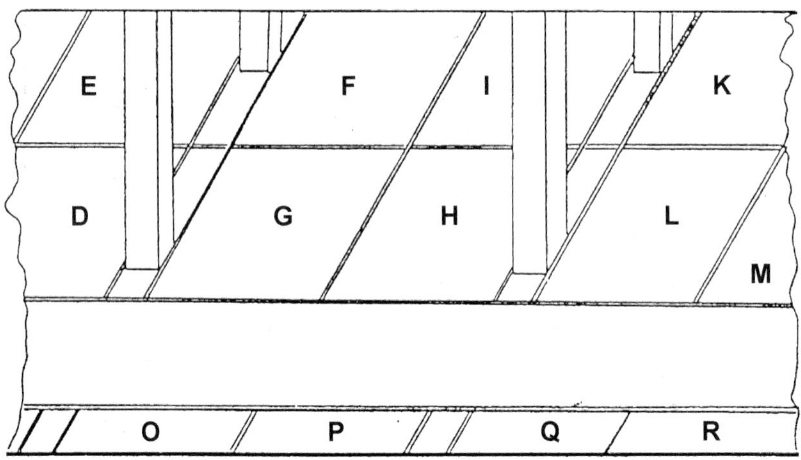

Für großvolumige Teile, die auch in großen Mengen benötigt / produziert / bereitgestellt werden müssen, eignet sich auch ein sogenanntes Reihenflächenlager, das im Ziehharmonikaeffekt beschickt / entsorgt wird:

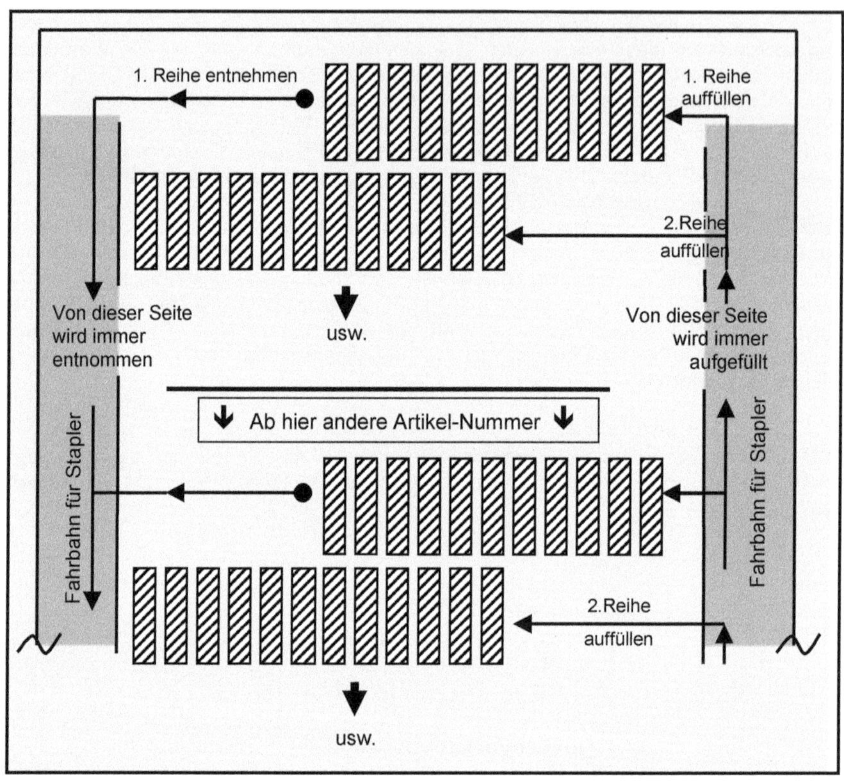

Dieses einfache System hat, durch Wegfall von Zwischengängen, einen hohen Flächen-Nutzungsgrad und sichert automatisch *„First in - First out“* ab.

Ermittlung optimaler Flächenbedarf bei Block- / Reihenstapelung, gemäß vorhandener Lagerfläche

Für die Beispiele wurden Paletten der Größe 1.000 x 1.200 mm gewählt

Bild 11.1: *Reihenstapelung (Schmalseite der Paletten entlang Fahrweg)*

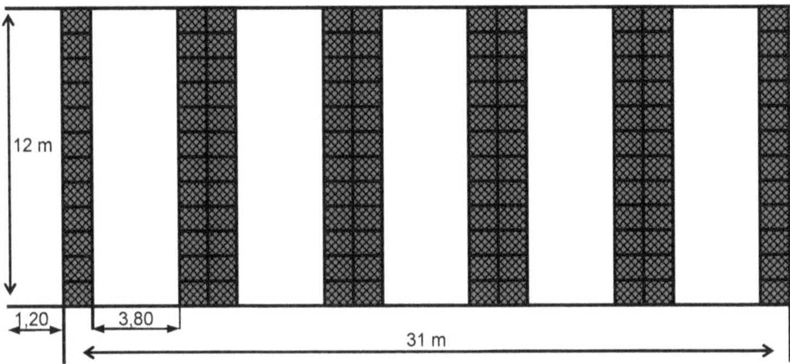

Die Breite der Stapelwege ist abhängig vom eingesetzten Gabelstapler. Im vorliegenden Fall wurde ein 2-t-Gerät angenommen, das eine durchschnittliche Wegbreite von 3,80 m erfordert.

Bild 11.2: *Reihenstapelung (Breitseite der Paletten entlang Fahrweg)*

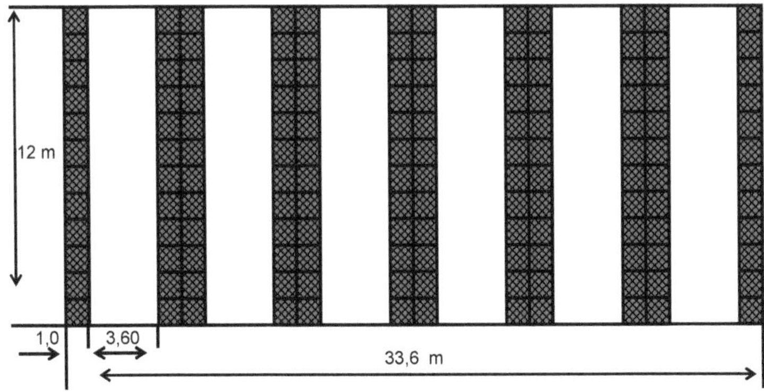

Hier wurde ebenfalls der Einsatz eines 2-t-Gabelstaplers angenommen. Durch die Stapelung der Paletten mit der Breitseite entlang dem Fahrweg kann der Stapler durch die größere Einfahrbreite bereits im Anfahren besser einschwenken, so dass nur eine Wegbreite von 3,60 m erforderlich ist. Trotzdem ist ein Flächenmehrbedarf von 11 % erforderlich.

Eine Schrägstapelung erlaubt zwar, eine Wegebreite von 2,40 m für einen 2-t-Gabelstapler, erfordert jedoch gegenüber Bild 1 eine Mehrfläche von nochmals ca. 20,7 %.

Bild 11.3: *Schrägstapelung*

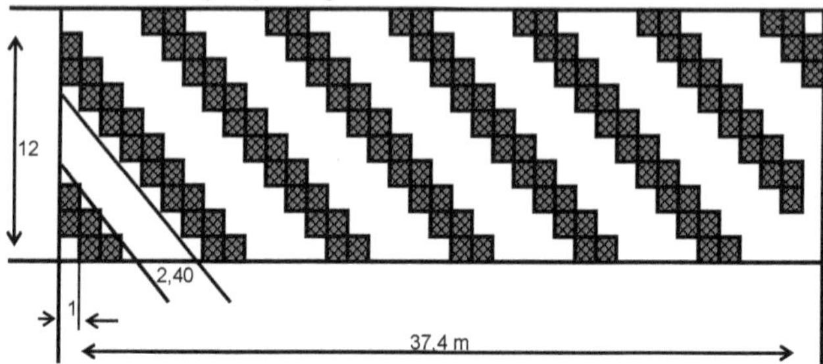

Dem Flächenmehrbedarf steht jedoch neben der engeren Wegebreite der Vorteil einer größeren Arbeitsgeschwindigkeit gegenüber, da zum Einfahren in die Ladeeinheit nur 45^0 benötigt werden und nicht 70 - 90^0, wie bei der Reihenstapelung. Hat das Lager sehr großen und schnellen Umschlag, kann dies von entscheidender Bedeutung sein.

Der Einsatz neuester Technik bedeutet ebenfalls Platzgewinn und Zugriffsgeschwindigkeit z. B. durch Roboter im Lager

Mit Viarobot können Betreiber manuelle Lager ohne zusätzliche Infrastruktur schnell, einfach und flexibel automatisieren

Die Roboter arbeiten mit einer Geschwindigkeit von zwei Metern in der Sekunde und können eine Lagerhöhe von vier Metern bedienen

*(**Bilder:** Viastore)*

Abbildung verschiedener Lagerarten

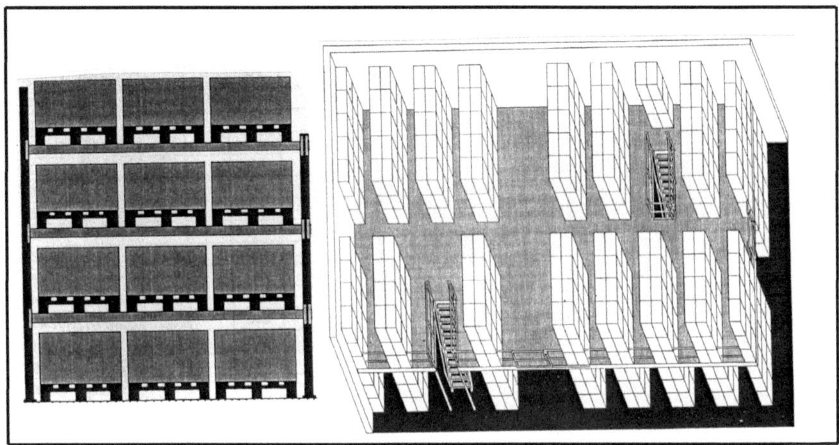

Shuttle-Hochregal-Lagersystem mit z. B. 5 Gängen und 36 Ebenen, ***Fa. BITO***

AKL- / LVS-Systeme sind nicht so aufwendig im Aufbau wie Shuttle-Anlagen.

Wobei vor allem bei Kleinteilelägern sogenannte ***„Shuttle-Systeme“*** eine wichtige Rolle spielen; Ware zu Mann (m/w)

Shuttle-Systeme optimieren sich *„vertikal und horizontal“* und es können mehrere Personen gleichzeitig auslagern. Überwinden somit Nachteile von Paternoster-Systemen.

Weitere Informationen für eine rationelle Lagerplanung können Sie in umfangreicher Form von den verschiedenen Lager- / Regalsystemherstellern, wie z. B.:

Bito-Lagertechnik	www.bito.de	Fritz Schäfer	www.ssi-schaefer.de
Hänel GmbH	www.haenel.de	Kartex GmbH	www.Kardex.de
Jungheinrich AG	www.jungheinrich.com	TGW GmbH	www.tgw.at
Bluhm Systeme	www.bluhmsysteme.com		

sowie weitere (siehe Internetadressen)

beziehen.

Praxistipp für Lagerplanung / Lagerkonzeption:

Aus Sicherheitsgründen, bezüglich

- Unfallgefahr
- Sicherheitsvorschriften
- Gewerbeaufsichtsamtsverordnungen usw.,

sowie Berücksichtigung eines optimalen Aufbaus des Lagers bezüglich Platz, Kosten, Wege optimieren, Zugriffszeiten etc., empfiehlt der Autor die Einrichtung eines Lagers nicht selbst vorzunehmen, sondern dies sogenannten Lagersystem-Einrichtern zu übergeben, die dies im Rahmen ihrer Angebotsausarbeitung im Regelfalle kostenlos erstellen.

Investitionen bzw. Investitionsentscheidungen sind stets mit einem hohen Risiko behaftet. Sie zählen somit zu den folgenschwersten unternehmerischen Entscheidungen. Sie belasten die Liquidität und beeinflussen den Erfolg und die zukünftige Liquidität eines Unternehmens oft über mehrere Jahre.

Eine zweckentsprechende Investitionsrechnung mindert durch ihre Aussagekraft das Investitionsrisiko. (Meist verwendet: Cashflow-Rechnung)

Der Cashflow

Eine Amortisationsrechnung, die zur Beurteilung der Wirtschaftlichkeit einer Anlage angewandt wird, bringt die Amortisationsdauer oder auch die Rückflusszeit zum Ausdruck. Unter der Amortisationsdauer oder der Amortisationszeit versteht man die Zeitspanne (meist in Jahren oder in Monaten angegeben), die benötigt wird, bis sich das eingesetzte Kapital durch die Ersparnisse amortisiert hat, oder wieder in die Firma zurückgeflossen ist.

In der amerikanischen Literatur wird diese Zeit mit *„payout period“* bezeichnet.

Die vereinfachte Formel für die Amortisationsdauer lautet wie folgt:

$$\textbf{Amortisationsdauer}^{1)} = \frac{\textbf{Kapitaleinsatz}}{\textbf{jährlicher Gewinn (Ersparnis)}}$$

$$\textbf{Für die Cashflow-Formel}^{1)} = \frac{\textbf{Kapitaleinsatz}}{\textbf{jährlichen Gewinn + Abschreibung}}$$

Wird diese Formel für die Berechnung von Rationalisierungs- oder Ersatzinvestitionen verwendet, dann treten **die Kostenersparnisse an die Stelle des Gewinnes**.

Der jährliche Gewinn + den Abschreibungen bedeutet praktisch den erhaltenen finanziellen Überschuss, oder den engl. Ausdruck *Cashflow*.

Die Kapitalrückflusszeit in Jahren aus dieser Rechnung selbst, vermag als absolute Zahl nur wenig auszusagen. Erst der Vergleich mit einer Richtzahl, die man als SOLL-Amortisationszeit bezeichnet, gibt uns genaue Hinweise. Man kann auch die Amortisationszeit von zwei oder mehreren Verfahren vergleichen. Man erhält dann Hinweise, welcher Anlage der Vorzug zu geben ist.

In jedem Fall kann aber gesagt werden:

Je kürzer die Amortisationszeit in Jahren, desto geringer ist das Investitionsrisiko.

Hinweis:

Aufgrund des relativ niedrigen Zeitersparnispotenzials bei der Umstellung von Handlägern auf z. B. Paternoster- oder Shuttlesysteme, oder sonstigen automatisierten (Hoch-) Lägern, errechnet sich im Regelfall ein relativ schlechter Kapazitätsrückfluss im Mittel von ca. 8 - 11 Jahren.

Aber es gibt auch nicht rechenbare Kriterien die hinzugezogen werden müssen. Siehe Abschnitt „Sonstige, nicht rechenbare Vorteile beim Einsatz von Paternoster / Shuttle- oder sonstigen Hochregalsystemen“.

1) ohne Restwert- und Zinskostenberücksichtigung

Wirtschaftlichkeitsrechnung für z. B. ein Paternosterlager

I Darstellung Mengengerüst / Zeitbedarf heute bzw. in 5 Jahren konventionelles Lager

Pos.	Ca. Mengengerüst	heute / bzw. in 5 Jahren	Zeit / Zugriff in Min. Ø	3 x 4 ergibt Zeitbedarf in Min. / Jahr
1	2	3	4	
A	Anzahl Zugriffe / Jahr Handregallager		4,0	
B	Anzahl Zugriffe / Jahr Großteile über 15 kg Entnahme mit Flurfördergerät z. B. Hubwagen bei Palettenregal		6,0	
C	Summe Zeitbedarf alt =			

II Ersparnisrechnung in Minuten bei Paternoster- bzw. Shuttlesystem

D	Anzahl Zugriffe / Jahr Kleinteilelager (Paternoster)		1,0	
E	Anzahl Zugriffe / Jahr Großteile (Shuttlesystem)		1,5	
F	Summe Zeitbedarf geplant neu =			

III Ersparnisrechnung Personal

G	Differenz Zeile **C** zu Zeile **F** in Minuten	
H	Zeile **G** x Minutenfaktor von z. B. 0,50 € / Min. = Einsparung in Euro / Jahr	

IV Berechnung der eingesparten Lagerfläche

I	Anzahl m^2 heute Kleinteile- / Großteilelager	
K	Mietkosten / Lagerflächenkosten pro m^2 in € / Jahr	
L	Zeile **I** x Zeile **K** = Lagerflächenkosten / Jahr	
M	Mögliche Flächeneinsparung durch optimalere Raumausnutzung ca. + 50 % von Zeile **L** = Summe eingesparte Lagerfläche in €	

V Berechnung Mehrkosten

N	Mehrkosten Wartungsvertrag Anlage € / Mo. ______ x 12	
O	Mehrkosten Softwareservice € / Mo. ______ x 12	
P	Gesamt Mehrkosten (ohne Stromverbrauch) **N + O**	

VI Berechnung Gesamteinsparung in Euro pro Jahr

Q	€ Zeile **H** + € Zeile **M** - € Zeile **P** = Einsparung / Jahr in €	

VII Amortisationsrechnung

R	Kosten der Investition in €	
S	Wert Zeile **R** : Wert Zeile **Q** = Amortisation in Jahren (ohne AFA)	

Sonstige, nicht rechenbare Vorteile beim Einsatz von Paternoster- / Shuttle- / automatischen Hochregal-Systemen

- Genauigkeit – keine Kommissionsfehler (wenig Fehler)
- Weniger Schwund
- Permanente Inventur wird erleichtert
- Keine unkontrollierten Entnahmen möglich
- Sauberkeit / Ordnung im Lager
- Durch einfaches Auffinden der Teile wird der Einsatz von Hilfskräften möglich – weniger Anlernzeit
- Attraktivere Arbeitsplätze
- Wechsel des Lagerpersonals problemlos möglich
- Einfaches Handling
- Übersichtliche Organisation, höhere Sicherheit für die Lagerverantwortlichen
- Geringere Bestände, da Bestände in Fach zu dem Bestand im PPS- / ERP-System stimmen, Sicherheitsdenken heruntergefahren werden kann
- Kein Suchen da Ware zum Mann
- Sie werden Ihr Lager mit Stolz herzeigen

Nachteile von herkömmlichen Paternoster-Systemen:

- Am System kann nur jeweils eine Person arbeiten (keine parallele Arbeit durch mehrere Personen möglich)
  Einlager- und Auslagervorgänge müssen zeitlich getrennt getätigt werden

Weitere Infos für eine rationelle Lagerplanung können Sie in umfangreicher Form als logistische Datensammlung beziehen bei:

LOGMA
Logistics & Industrieplanung GmbH
Baroper Straße 239 b
44227 Dortmund

Telefon:	0231 / 97 50 78-0	Fax:	0231 / 75 90 49
E-Mail:	logma@logma.de	Internet:	www.logma.de

Permanent steigende Variantenanzahl, bei gleichzeitig sinkender Stückzahl pro Einzelauftrag der Kunden, ergibt *„steigender Aufwand im Lager“* den die Kunden nicht bereit sind zu bezahlen.

Daher ist es wichtig, mittels

⇨ **Ablaufuntersuchungen (*wer macht wann, wie, was, zu welchem Zweck*), wo entsteht Doppelarbeit / Verschwendung etc.**

⇨ **wie kann die Anzahl Geschäftsvorgänge / Zugriffe etc. minimiert werden, die Effizienz gesteigert werden**

und

⇨ **Prozesskostenrechnung (wie teuer ist z. B. eine Auftragsabwicklung / ein Wareneingang etc.)**

zu ermitteln, ob die Abläufe, die Tätigkeiten bezüglich des Warenwertes / der Durchlaufzeit noch in einer vertretbaren Relation stehen (siehe auch Abschnitt „Prozesskostenrechnung“).

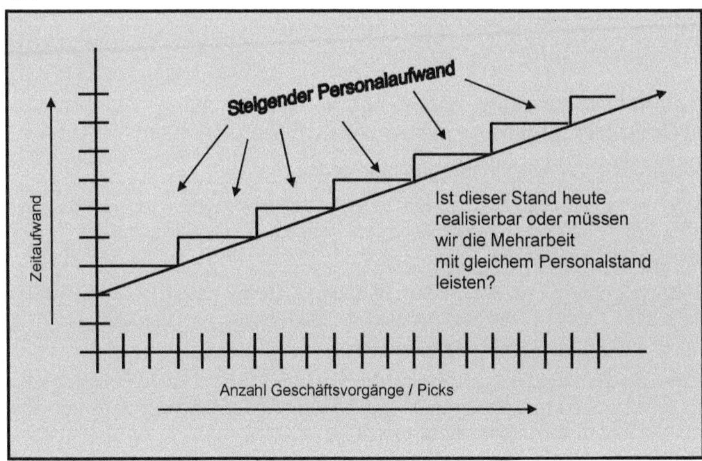

Es muss also die Frage gestellt werden:

> **Machen wir heute, bei einer ständig steigenden Auftragseingangszahl, mit immer kleiner werdenden Losen (treibt die Bestände und die Anzahl Geschäftsvorgänge in allen fertigungsnahen Dienstleistungskostenstellen permanent nach oben), unsere Arbeit noch richtig, oder müssen wir uns einfachere und effektivere Abläufe einfallen lassen, bei gleichzeitig optimaler Nutzung der IT- und E-Business-Möglichkeiten?**

Warum gewinnt die Prozesskostenrechnung / Kennzahlensysteme in der Logistik immer mehr an Bedeutung?

Die Prozesskostenrechnung, auch Vorgangskostenrechnung genannt, kann als neuer Ansatz verstanden werden, die Kostentransparenz in den indirekten Leistungsbereichen zu erhöhen, einen effizienten Ressourcenverbrauch sicherzustellen, mittels Kennzahlen die Kapazitätsauslastung aufzuzeigen, die Produktkalkulation zu verbessern und damit strategische Fehlentscheidungen zu vermeiden, bzw. die Personalauslastung / Personalplanung zu verbessern, oder anders ausgedrückt, überhaupt entsprechende Kennzahlen für qualifizierte Entscheidungen zu besitzen.

Daher ist es wichtig,

- ⇨ Ablaufuntersuchungen durchzuführen (wer macht wann, wie, was, zu welchem Zweck), wo entsteht Doppelarbeit etc.

und mittels

- ⇨ Prozesskostenrechnung (was kostet ein bestimmter Arbeitsprozess, eine Tätigkeit, eine Auftragsabwicklung / ein Wareneingang etc.) zu ermitteln

ob dies alles bezüglich des Warenwertes / der Durchlaufzeit noch in einer vertretbaren Relation steht oder es Wege mit einfacheren Mitteln gibt, eine noch bessere Kundenorientierung zu erreichen.

Die Gründe dafür sind:

- Immer kürzer werdende Lieferzeiten, gepaart mit höherer Flexibilität bezüglich immer schneller zu realisierenden Kundenwünschen
- Steigende Komplexität und Variantenvielfalt
- Steigende Qualitäts- und Zuverlässigkeitserwartungen, gepaart mit verschärften rechtlichen Bestimmungen, wie z. B. Umweltschutz / Sicherheitsbestimmungen etc.
- Steigende Gemeinkosten in den planenden, steuernden und verwaltenden Bereichen. Das Verhältnis produktive Mitarbeiter zu Dienstleistern wird immer ungünstiger, gerät ins Wanken
- Schaffen von Kostentransparenz durch eindeutigen Zusammenhang zwischen Kostenverursachung und Kostenzuordnung, also Umbau von Gemeinkosten in kalkulierbare Einzelkosten

Also muss die Devise lauten:

→ Prozesskosten ermitteln / Kostentransparenz herstellen

→ Prozesskosten senken und begrenzen

→ Prozesskosten verursachungsgerecht zuordnen

Kennzahlen / Prozesskostenrechnung als Basis für den kontinuierlichen Verbesserungsprozess

Dienstleistungstätigkeiten / -Prozesse, deren Entwicklung im Griff behalten – Ein Wettbewerbsvorteil

Kalkulation von Dienstleistungen

Auftragsart [ ]
Artikel-Art [ ]
Kalkulations-typ [ ]

Was sind Logistikkosten?

Pos.	Kalkulationsposition / Dienstleistungsart	Bezugsgröße	Menge	Prozess-kosten in €	Summe €
	2	3	4	5	4 x 5 = 6
1	Kosten für die kfm. Auftragsbearbeitung	Festwert / Auftragsart	1	78,--	78,--
2	Kosten für Beschaffung / Lagerung / Bereitstellung	Anz. Positionen der Stückliste	32	43,30	1.385,60
3	Vorgangskosten für Konstruktion / QS / Arbeitsplanerstellung	Anzahl Neuteile	4	160,--	640,--
4	Kosten für die betr. Auftragsabwicklung, AV – Planung – Steuerung	Anzahl Stücklistenpositionen	32	16,--	512,--
5	Kosten für Versandtätigkeiten – Fakturierung	Festwert / Auftragsart	1	18,--	18,--
6	Schnellschusssteuerung	Festwert / Auftragsart	--	30,--	-,--
↓	↓	↓	↓	↓	↓

Prozesskosten	*Potentiale erkennen und nutzen*
• ermitteln • direkt zuordnen • optimieren und begrenzen	• Kostentransparenz herstellen • Flexibilität und Handlungsfähigkeit verbessern

Erfolge darstellen

Sowohl in Industrie- als auch in Handels- und Dienstleistungsunternehmen wird somit mehr und mehr in prozessorientierten Abläufen gedacht und kalkuliert.

Dabei ist zu beachten, dass diese Prozesse aus gesamtbetrieblicher Sicht zu optimieren sind. Also nicht nur im Hinblick auf den Logistikbereich, sondern auch hinsichtlich anderer betrieblicher Bereiche, wie z. B. Einkauf, Produktion, Vertrieb / Versand, Finanzbuchhaltung etc.

Beispiele für Logistikkosten und -kennzahlen:

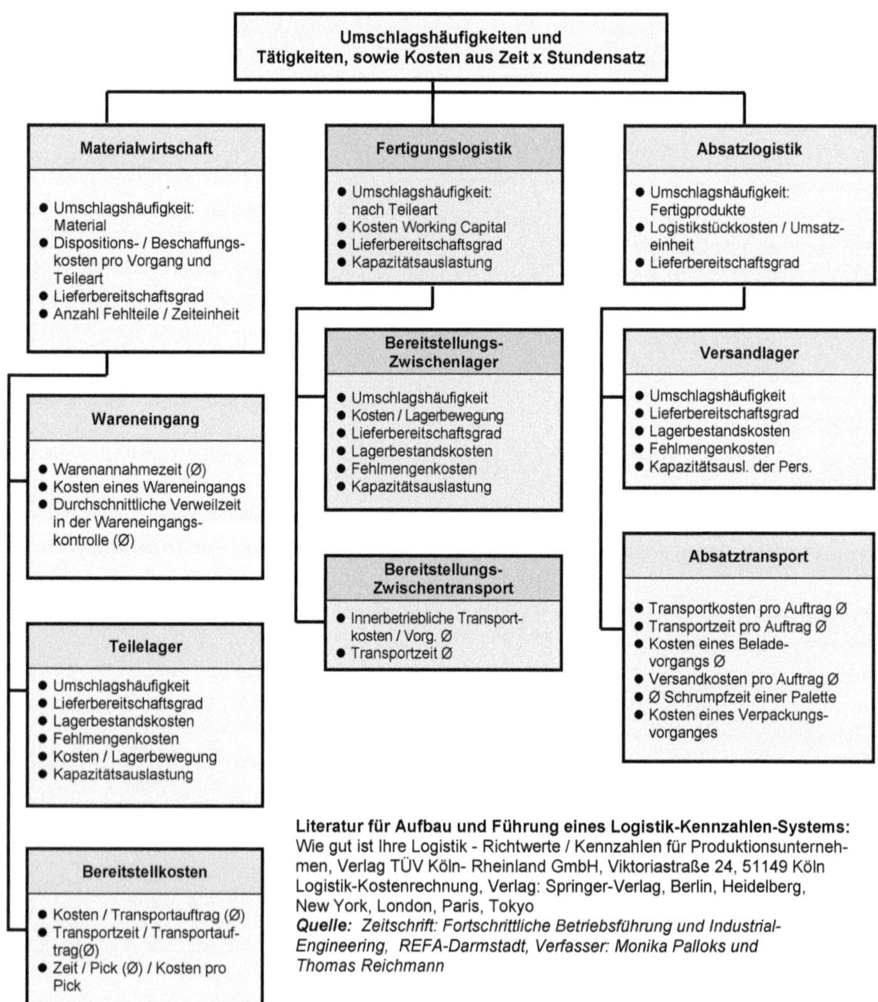

Literatur für Aufbau und Führung eines Logistik-Kennzahlen-Systems:
Wie gut ist Ihre Logistik - Richtwerte / Kennzahlen für Produktionsunternehmen, Verlag TÜV Köln- Rheinland GmbH, Viktoriastraße 24, 51149 Köln
Logistik-Kostenrechnung, Verlag: Springer-Verlag, Berlin, Heidelberg, New York, London, Paris, Tokyo
Quelle: *Zeitschrift: Fortschrittliche Betriebsführung und Industrial-Engineering, REFA-Darmstadt, Verfasser: Monika Palloks und Thomas Reichmann*

Diese Beispiele von Logistikkennzahlen lassen sich je nach Bedarf weiter ausbauen und zu einem Kennzahlensystem zusammenfassen. Es dient als Führungs- und Schwachstellenkennzahlensystem. Mit ihm können ansonsten verborgene Logistikkosten sichtbar gemacht werden und es lassen sich, wie in einem Fertigungsbereich, Gemeinkosten in der Kalkulation zu Einzelkosten machen.

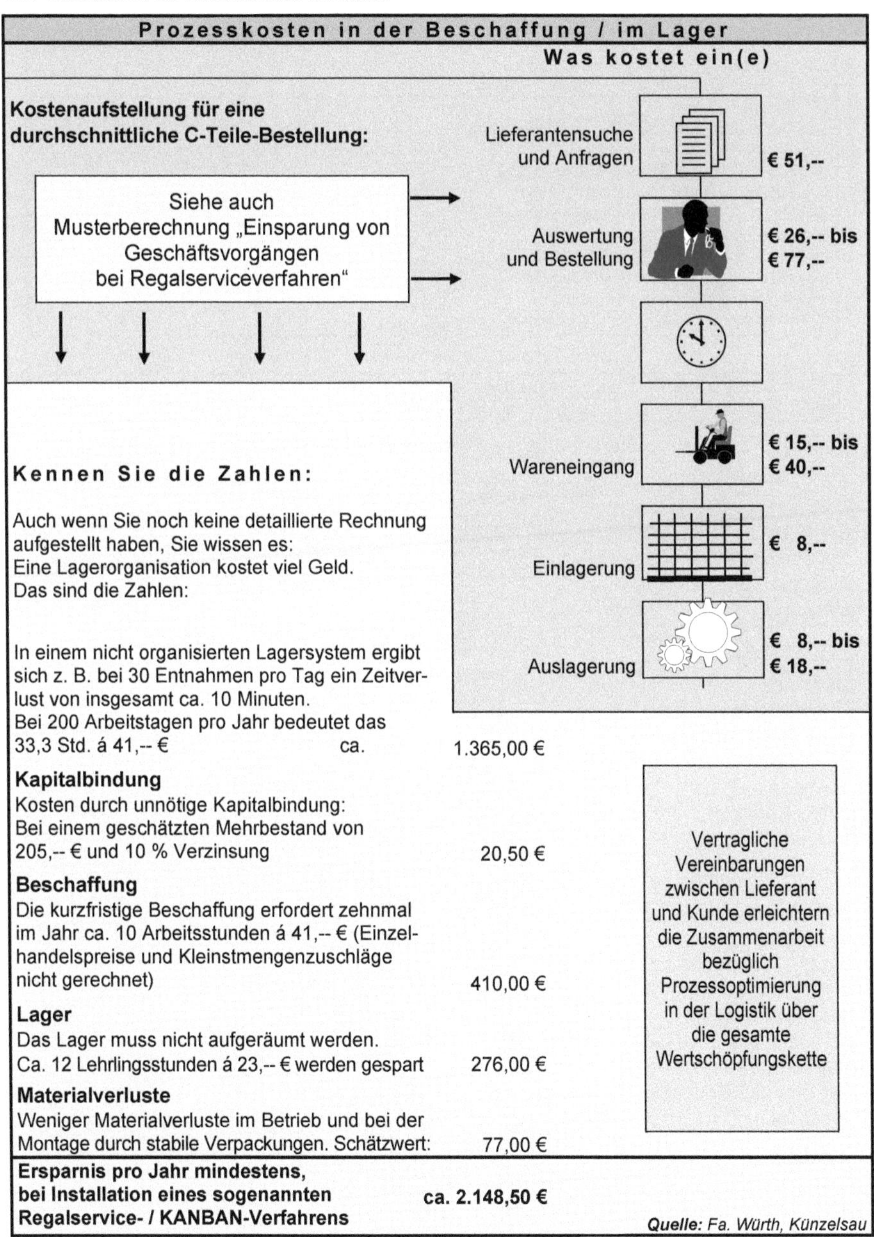

Durchschnittliche Kostenwerte kann man durch die Division von Kosten, z. B. der Summe aller Logistikkostenstellen in Euro durch die entsprechende Bezugsgröße, z. B. Anzahl Zugriffe (Entnahmen), ermitteln.

Kennzahl	Ermittlung	Formel	letztes Jahr	Ziel dieses Jahr	Benchmark/ Zielgröße
Beschaffungs- / Lagerungs- / WE und Bereitstellungskosten im Verhältnis zu Gesamtkosten Materialeinsatz p. a. oder jede Kostenstelle einzeln, bzw. pro Entnahme p. a.	1.1 ∑ aller Logistikkostenstellen Kostenstelle 21005 Warenannahme 21010 WE-Kontrolle 21020 Lager Rohmaterial 21040 Lager Teile 21035 Lager Fertigware 21060 Einkauf / Disposition Summe Kosten in €	∑ Logistikkosten p. a. / ∑ Anzahl Entnahmen p. a.	53,30 €	50,00 €	38,50 €
		∑ Logistikkosten p. a. / ∑ Materialeinsatzkosten p. a. x100	6,3 %	5,8 %	3,0 - 4,0 %

Oder Versandkosten pro Vorgang:

Versandkosten insgesamt und je Vorgang	Versandkosten absolut / Anzahl Rechnungspositionen =	24,20 €	16,00 €	12,10 €

Oder in Form einer Ablaufanalyse, evtl. ergänzt um eine Wertstromdessin-Abbildung

Diese Vorgehensweise hat den Vorteil einer einfachen und schnellen Ermittlung.

Der Nachteil ist: Durchschnitt ist eine gefährliche Sache, bezüglich seiner Aussagekraft auf einen einzelnen Vorgang.

Der korrektere Weg ist, Prozesskosten über Tätigkeitsanalysen mit einer sachlich korrekten Zeitzuordnung zu ermitteln, wie es in der Produktion zum Zwecke der Produktkalkulation üblich ist.

Ablauf- / Tätigkeitsschritte eines Kommissioniervorganges, incl. Ware verpacken, verladen als Wertstromdessin dargestellt, für Teile bis max. 10 kg

Pos.	Abteilung	Lager - Kommissionieren - Verpacken									
	Person / Name	HS	RM	OP	ZE	Laufmeter		Zeit in Minuten		Durchlaufzeit in Tagen	
	Tätigkeit / Arbeitsschritt					Min	Max	Min	Max	Min	Max
1	Abrufen / National	•									
2	Picklisten ausdrucken	•						0,5	1,0	0,3	1,0
3	Picklisten in Ablagekorb	•									
4	Picklisten aus Korb und lesen		•					0,5	1,0		
5	Kommissionieren 10 Positionen		•					30,0	40,0	0,2	0,5
6	Entnahme buchen	•						2,0	3,0		
7	An Versandplatz		•					1,0	2,0		
8	Ware kontrollieren und abzeichnen			•				5,0	10,0		
9	Verpacken (Verp.-Art XY)			•							
10	Packliste und Beipackzettel dazu			•				0,5	1,5	0,5	1,0
11	In Gitterbox ablegen			•				0,5	1,0		
12	Ladeliste ausdrucken		•					1,5	3,0		
13	An Bahnhof XY bringen			•							
14	Verladen				•			3,5	5,0	hängt von LKW / Versandart ab	
15	Summe / Auftrag							45'	67,5'	1,0	2,5
Zeit pro Position		geteilt durch 10 Positionen						4,5'	6,75'		

Woraus sich folgende Kalkulation ergibt:

Tätigkeitsart	Zeitaufwand Min.	Max.	Ø	Stundensatz	Kosten / Vorgang Min.	Max.	Ø
Kommissionieren / verpacken / verladen eines Teiles bis max. 10 kg	4,50	6,75	5,63	60,-- € / h	4,50 €	6,75 €	5,63 €

Oder in Form einer Ablaufanalyse

Was kostet ein Wareneingang, eine Entnahme, ein Kommissioniervorgang, ins Verhältnis gesetzt zum Warenwert? Z. B. 180,-- €

Wobei diese Betrachtung mehrmals, nach einfach, aufwendig, Anliefer- / Versandart etc., durchgeführt werden muss.

Was kostet ein Wareneingang?

Vorgang / Prozesse	Zeitaufwand in Min.		%-Anteil je Tätigkeit
	minimal	maximal	
1. LKW abladen und Transport an WE-Platz	3	5	10% [1]
2. Ware auf Beschaffenheit prüfen, Empfang quittieren	2	3	6%
3. Erfassen am Bildschirm, Ausdruck WE-Beleg, WE-Platz eintragen	1	2	4%
4. Prüfen sachlich und Menge 1 und Bildschirmeingabe	5	10	18% [1]
5. Transport zu Prüfplatz Qualität	1	2	4%
6. Prüfen Qualität und Vermerk in QS-Programm	10	20	37% [1]
7. Transport an Einlagerplatz, Nr. eintragen	1	2	4%
8. Einlagern in Stellplatz	3	4	9% [1]
9. Verbuchen Lagerzugang Menge 2	1	2	4%
10. Ablage WE-Papiere und Lieferschein	1	2	4%
11.			
Gesamtzeit in Minuten	**28**	**52**	**40**
x Ø-Stundensatz, z. B. 60,-- € /h	**28,00 €**	**52,00 €**	**100%**
Ergibt Kosten für diesen Arbeitsprozess / diese Tätigkeit =	**Ø 40,00 €**		

[1] Zeitfresser

Der korrekte, aber sehr zeitaufwendige Weg ist, Prozesskosten über Tätigkeitsanalysen mit der Uhr, also einer sachlich korrekten Zeitzuordnung zu ermitteln, wie es in der Produktion zum Zwecke der Produktkalkulation üblich ist.

Wobei die Zusammensetzung des Zeitaufwandes für eine WE-Position (ohne QS-Prüfung) auch wichtige Erkenntnisse aufzeigt:

	Tätigkeitsart	Zeitanteil
–	Basis- / Rüstzeit, z. B. Lieferschein lesen, Hubwagen holen etc.	ca. 4 %
–	Wegezeit / Transportzeiten	ca. 35 %
–	Auspacken, zählen, Sichtkontrolle	ca. 45 %
–	Nebenzeit, wie z. B. Buchen, Labels ausdrucken	ca. 6 %
–	Verteilzeit, sachlich, persönlich	ca. 8 - 10 %
Gesamtzeit		**100 %**

Oder mittels Zeitstudien (mit der Uhr) Prozesskosten ermitteln und analysieren *„Was kann optimiert werden?“*

Auswertung einer Zeitstudie / Tätigkeitsanalyse mit ihren Teilprozessen für den Gesamtprozess / für die Tätigkeit „Wareneingang“ mit Zeitfresser-Analyse

Pos.	Teilprozess und gegebenenfalls Messpunkte	gemessene Zeit in Min.	Leistungsgrad in %	Zeit/ Vorgang in Min.	Bezugsgröße	Bemerk.
1.	LKW abladen und Transport an WE-Platz	4,0	100%	4,0	pro Lieferung	
2.	Ware auf Beschaffenheit prüfen, Empfang quittieren	5,5	90%	5,0	pro Lieferung	
3.	Erfassen am Bildschirm, Ausdruck WE-Beleg, WE-Platz eintragen	1,0	100%	1,0	pro Artikel / Lieferposition	
4.	Auspacken, prüfen sachlich und Menge 1 und Bildschirmeingabe	2,2	90%	2,0	pro Artikel / Lieferposition	
5.	Transport zu Prüfplatz Qualität	1,5	100%	1,5	pro Lieferung	
6.	Prüfen Qualität und Vermerk in QS-Programm	3,0	100%	3,0	pro Artikel / Lieferposition	je nach QS-Vorgabe
7.	Transport an Einlagerplatz, Nr. eintragen	1,5	100%	1,5	pro Lieferung	
8.	Einlagern in Stellplatz	1,1	110%	1,2	pro Artikel Lieferposition	Gewicht / Position
9.	Verbuchen Lagerzugang Menge 2	0,2	100%	0,2	pro Artikel	
10.	Ablage WE-Papiere und Lieferschein	0,5	100%	0,5	pro Lieferung	
11.						
12.						
	Gesamt			**19,8**		

Relation Aufwand zu Nutzen beachten!

Zeitermittlung mittels:

- Befragen / Schätzen
- Selbstaufschreibung
- Wertstromdessin
- Kennzahlen aus dem IT-System
- Zeitstudien – REFA-Methodenlehre
- PC-gestützte Expertensysteme

Auf weitere Details, wie z. B. Berücksichtigung von Mitbestimmungsregeln (Festhalten von Name / Uhrzeiten / Art der Anlieferung / Sonstiges (?)), soll nicht weiter eingegangen werden, denn sinnvollerweise sollten solche mit der Uhr vorgenommenen Zeitstudien / Tätigkeitsanalysen von einem/r ausgebildeten REFA-Mitarbeiter/in[1)] vorgenommen werden.

1) Interner / externer Mitarbeiter

Kalkulationsbeispiel von Dienstleistungstätigkeiten

Wenn Zeitwerte pro Vorgang und Kostensätze pro Kostenplatz, z. B. Stundensatz für Einkauf, Wareneingang, Lager, Versand etc. vorliegen, können die Kosten pro Vorgang detailliert kalkuliert werden. Wie die Arbeitsprozesse in einer Fertigung.

	Vorgang / Prozesse	Bezugs-größe	Zeitaufwand in Minuten	Kosten € / Min.		Prozesskosten in €	
				Vollko.	Grenzko.	Vollko.	Grenzko.
1.	LKW abladen und Transport an WE-Platz	1	4,0	0,67	0,42	2,68	1,68
2.	Ware auf Beschaffenheit prüfen, Empfang quittieren	1	5,0	0,67	0,42	3,35	2,10
3.	Erfassen am Bildschirm, Ausdruck WE-Beleg, WE-Platz eintragen	4	4,0	0,67	0,42	2,68	1,68
4.	Prüfen sachlich und Menge 1 und Bildschirmeingabe	4	8,0	0,67	0,42	5,36	3,36
5.	Transport zu Prüfplatz Qualität	1	1,5	0,67	0,42	1,01	0,63
6.	Prüfen Qualität und Vermerk in QS-Programm	4	12,0	1,10	0,50	13,20	6,00
7.	Transport an Einlagerplatz, Nr. eintragen	1	1,5	1,10	0,50	1,65	0,75
8.	Einlagern in Stellplatz	4	4,8	0,60	0,42	2,88	2,02
9.	Verbuchen Lagerzungang Menge 2	4	0,8	0,60	0,42	0,48	0,34
10.	Ablage WE-Papiere und Lieferschein	1	0,5	0,60	0,42	0,30	0,21
	Gesamt		**42,1**			**33,59**	**18,76**

Nach diesem einfachen Kalkulationssystem lassen sich somit beliebige Prozesskosten für alle denkbaren Dienstleistungen berechnen, um daraus u. a. Managemententscheidungen abzuleiten.

Wobei aus dieser Darstellung sichtbar wird, dass eine Gliederung nach Auftrags- / Anlieferarten sinnvoll ist, wie z. B.:

- Container-Anlieferung / Wie ist verpackt?
- Anlieferung durch Frächter / Spedition
- Anlieferung durch Lieferant mit eigenem LKW
- Anlieferung durch schnelle Post, z. B. UPS
- Wie muss die Qualitätsprüfung vorgenommen werden?

usw.

Aus dieser Systematik ergeben sich die Hauptaufgaben:

1. Schaffen der betriebswirtschaftlichen Voraussetzungen für die Prozesskostenrechnung
2. Schaffen der zeitwirtschaftlichen Voraussetzungen für die Prozesskostenrechnung mit Ziel, Fortschreibung solcher Werte als Kennzahlen
3. Einflussgrößenbestimmung – Was sind abgrenzbare Tätigkeitsschritte, bezogen auf die Mengengerüste und deren Einflussgrößen für eine eindeutige Kalkulation
4. Durchführungsart festlegen – Kalkulationsschema festlegen
5. Aus den Erkenntnissen Maßnahmen treffen, **Veränderungen herbeiführen**

Auswirkung auf Kalkulation und Preisgestaltung

Wobei die Ermittlung von Vorgängen sowie deren Darstellungen in Häufigkeiten (Mengen) und Zeiten nur der erste Schritt ist. Es müssen auch Managemententscheidungen getroffen werden, bei denen es am qualifiziertesten ist, wenn die Mitarbeiter selbst durch ihre Meinungsbildung mithelfen, dass richtige Entscheidungen getroffen werden, die auch von allen getragen werden.

Sowie Einbindung der Logistikkosten in die Kalkulation und Preisfestlegung von Produkten. Siehe nachfolgendes Beispiel eines entsprechend eingerichteten Kalkulationsschemas mit der **Kalkulationsposition B** Prozesskosten für Materialbeschaffung / -lagerung und Bereitstellung, oder als Verrechnungsgrundlage für eigenständige Logistikzentren, die die komplette Logistik für Unternehmen übernehmen, Lagern, Bereitstellen etc.

Kalkulation und Preisfestlegung mit Einbau Prozesskosten			
Pos.	**Kalkulationsposition**	**Vollkosten**	**Grenzkosten**
A	Materialkostenkalkulation (Menge x Preis)		
B	**Kalkulation der Kosten für Beschaffung, Lagerung und Bereitstellung von Material (Stüli-Positionen x Vorgangskosten)**		
C	Materialkosten ges. = A + B = C		
D	**Kalkulation der Kosten für betriebliche Auftragsabwicklung (Festwert / Auftrag)**		
E	**Kalkulation der Rüstkosten (Zeit x Std.-Satz) oder Zeit x Lohn plus Zuschlag in % für Fertigungsgemeinkosten**		
F	Kalkulation der Fertigungskosten (Zeit x Std-Satz) oder Zeit x Lohn plus Zuschlag in % für Fertigungsgemeinkosten		
G	**Kalkulation der Vorgangskosten für Konstruktion / QL-Wesen für Änderungen, Varianten Festwert x Anzahl Varianten / Neuteile**		
H	Fertigungskosten ges. = D + E + F + G = H		
I	Kalkulation der Herstellkosten = H + C = I		
K	Kalkulation der Sondereinzelkosten der Fertigung wie z. B. Modelle, Werkzeuge etc.		
L	Kalkulation der Verwaltungskosten als %-Zuschlag auf Pos. H oder I		
M	**Kalkulation der Vertriebskosten (Festwert / Auftrag)**		
N	Kalkulation der Sondereinzelkosten des Vertriebes z. B. Verpackung etc.		
O	Kalkulation der Selbstkosten = I + K + L + M + N = O		
P	Kalkulation von Gewinn und Risiko in % auf Pos. O		
Q	Kalkulation von Erlösschmälerungen, wie z. B. Skonto, Provision, Rabatte etc.		
R	Kalkulation des kalkulatorischen Preises = O + P + Q = R		
S	Festlegung des Angebotspreises gemäß Pos. R (Vollkosten- / Grenzkostenergebnis), sowie nach Auftragsgröße, Auslastungssituation etc.	Angebotspreis	

Logistikkosten werden in den Unternehmen unterschiedlich definiert. In manchen Berechnungen sind z. B. die kalkulatorischen Zinsen oder die Kosten für Inventur o. ä. nicht enthalten.

Auch werden die logistischen Prozesse unterschiedlich definiert. Welche Tätigkeiten sind in dem Begriff, z. B. *„Beschaffungskosten"*, enthalten?

Deshalb ist es wichtig, die richtigen Messgrößen logistischer Tätigkeiten analytisch und detailliert zu ermitteln und gegebenenfalls einzelne Teilprozesse über Verdichtungsschritte zu Hauptprozessen zusammenzusetzen = Kalkulation.

Je nach Verwendungszweck können diese Teilschritte unterschiedlich zusammengesetzt werden.

Bei einem Dienstleister wird die Inventur vom Kunden bezahlt, also ist diese Arbeit eine verrechenbare Tätigkeit. Sie ist im Kostensatz selbst nicht enthalten. Bei einem Industrieunternehmen, wo der Kostensatz als Kennzahl im KVP-Prozess fortgeschrieben wird, werden die Kosten für die Inventur anteilig im Stundensatz enthalten sein.

Daher müssen die Tätigkeiten in einem Logistikunternehmen getrennt werden, in sogenannte verrechenbare Tätigkeiten, auch Haupt- oder wertschöpfende Prozesse genannt, und in sogenannte nicht verrechenbare Tätigkeiten, auch Neben- oder besser nicht wertschöpfende Prozesse genannt.

Aufteilung der Prozesse / Tätigkeiten in verrechenbar / nicht verrechenbar bei einem Logistiker:

Tätigkeitsschlüssel	**Kontierhinweis**	
	mit Auftrags-Nr. [1]	**mit Ko.-St.-Nr.** [2]
LKW abladen	X	
Wareneingangstätigkeiten	X	
QS-Kontrolle	X	
Einlagern / Auslagern / Buchen	X	
Kommissionieren / Verpacken	X	
LKW beladen	X	
Umlagern	(X) [3]	X
Telefonieren		X
Reinigungsarbeiten		X
Umpacken / Etikettieren	X	
Allgem. Organisation / Besprechungen / Schulungen		X
Inventurarbeit	X	

[1] Wertschöpfend in der Kalkulation als Kalkulationsposten enthalten
[2] Nicht wertschöpfend, der Zeitanteil macht die Kostenstelle / den Verrechnungssatz teurer
[3] Je nach Kalkulationsart, direkt oder anteilig im Stundensatz

Muster-Kalkulationsschema von Dienstleistungstätigkeiten / Logistikunternehmen

Kalkulationsblatt			Datum:	Zeichen:		
Kunde		- Bezeichnung	Auftragsart	Angefragte Menge		Anfrage-Nr.
xy						

I	Materialeinzelkosten				Vollkosten	Grenzkosten	Bemerk.
Pos.	Materialbezeichnung	Preis / Einh.	Bezugsgröße	Menge	Materialkosten		
Materialkosten 1	Folie						
2							
3							
4							
	Summe I						

II	Kostensätze zu Voll- und Grenzkosten je Tätigkeitsart / Gerät / Hilfsmittel						
Tätigkeitsart	Bezeichnung	Bezugsgröße	Zeit in Min.	Kostensatz pro Minute		Vollkosten	Grenzkosten
				Vollko.	Grenzko.		
Teilprozesse 10	Warenannahme						
11	Einlagern						
12	Umlagern						
13	Auslagern						
14	Kommissionieren						
15	Verpacken						
16	Beladen						
17	Etikettieren						
18	Inventur						
19							
	Summe II						

III	Lager- / Blockkosten						
Tätigkeitsart	Bezeichnung	Bezugsgröße	Anzahl [1]	Vollko. / Bezugsgröße	Grenzko. / Bezugsgröße	Vollkosten	Grenzkosten
Lagerart 30	Standard-Palette						
31	Gitterbox						
32	Schäferkiste						
	Summe III						

IV	Verwaltungs- / Vertriebsprozesse / -tätigkeiten						
Tätigkeitsart	Bezeichnung	Bezugsgröße	Anzahl	Vollko. / Bezugsgröße	Grenzko. / Bezugsgröße	Vollkosten	Grenzkosten
Teilprozesse 40	Auftragsabwicklung						
41	Transportkosten						
42	Mautkosten						
42	Abrechng. Administrativ						
	Summe IV						

V		Aufschläge für Gewinn / Risiko / Skonti	______ %	______ %		
VI	50	Summe Pos. I + II + III + IV + V				
VII	51	Angebotspreis - € / Bezugsgröße (mögl. Verkaufspreis)				
VIII	52	Deckungsbeitrag €, + %	$\frac{\text{Pos. VII - Pos. VI}}{\text{Pos. VII}}$ x 100			DB in %

Angebotspreisfestlegung

[1] oder andere Bezugsgröße, z.B. m^2 / m^3 / oder ?

Lukrativitätsfaktor nach Höhe des DB

	Punkte				
Kunde	1	5	8	12	
Auftragsgröße	1	5	8	12	
Aulastungssituation	1	5	8	12	
Kalkulationsrisiko	1	5	8	12	

Angebotspreis

12.3 Das Lager als Profit-Center

Wenn Kostensätze pro Kostenplatz, z. B. Stundensatz für Wareneingang, Lager, Versand etc. vorliegen, können die Logistikkosten pro Vorgang detailliert kalkuliert werden und das Lager wie ein Profit-Center abgerechnet werden.

Beispiel: Profit-Center Versand

	Warentyp (A)	**Warentyp (B)**
Kosten / Wareneingang	15,-- €	36,-- €
Kosten / Pick	2,50 €	3,-- €
Kosten / Umpackvorgang	6,-- €	8,-- €
Kosten / Etikettiervorgang	10,-- €	7,-- €
Kosten / Kommissioniervorgang	5,-- €	9,50 €
Kosten / Schrumpfvorgang	3,40 €	5,-- €
Kosten / Beladevorgang	1,85 €	2,50 €
Kosten m^2 oder m^3 Lagerfläche / Volumen	4,-- €	4,-- €
Lagerkosten / Palette und Monat	7,60 €	8,50 €
Lagerkosten / Gitterbox und Monat	8,-- €	9,-- €
Lagerkosten / Schäferkiste Größe ☐ x ☐	1,90 €	2,10 €
Kosten Inventur / Teil	1,50 €	1,50 €

A	**Verrechenbare Vorgänge / Tätigkeiten pro Monat** ___________			
Vorgangs-art	Anzahl Geschäftsvorgänge	Für Ko-Stelle	€ pro Vorgang	Verrechenbare €
1	2	3	4	2 x 4 = 5
⇩	⇩	⇩	⇩	⇩
SUMME verrechenbare € / Monat				

B	**Kosten der Kostenstelle pro Monat** _____________				
Ko.-Art.-Nr.	Bezeichnung	Bezugs-größe	Kosten in € fix	Kosten in € variabel	Gesamt €
1	2	3	4	5	4 +5 = 6
⇩	⇩	⇩	⇩	⇩	⇩
SUMME Kosten der Kostenstelle / Monat					

C	**Ermittlung Kostenabweichung pro Kostenstelle für Monat** _______________	☐ **A - B = C**

Entsteht Unterdeckung, muss kontrolliert werden warum:

a) wegen Beschäftigungsabweichung
b) wegen Verbrauchsabweichung

um dann auf diesem Kenntnisstand entsprechende marktwirtschaftliche Maßnahmen einzuleiten und politisch abzusichern.

Eine konsequente Weiterentwicklung des Lean-Gedankens / der KVP-Prozesse, bzw. des Denkens in Tätigkeiten und Geschäftsprozessen ist, dass in den jeweiligen Arbeitsbereichen / Abteilungen, bei den einzelnen Mitarbeitern / Führungskräften / Dienstleistern etc. ein beträchtliches Detailwissen vorhanden ist, das mittels Führen nach Zielvorgaben (Organisation von unten, also durch die Mitarbeiter selbst) genutzt werden kann.

Es gibt nichts, was man nicht verbessern kann!

Verbesserung der Transparenz in Kosten – Leistung – Qualität durch Einsatz aussagekräftiger und ergebnisorientierter Leistungskennzahlen

Kennzahl	Ermittlung	Formel	letztes Jahr	Ziel dieses Jahr	Benchmark / Zielgröße
Beschaffungs- / Lagerungs- / WE und Bereitstellungskosten im Verhältnis zu Gesamtkosten Materialeinsatz p. a. oder jede Kostenstelle einzeln, bzw. pro Entnahme p. a.	1.1 ∑ aller Logistikkostenstellen Kostenstelle 21005 Warenannahme 21010 WE-Kontrolle 21020 Lager Rohmaterial 21040 Lager Teile 21035 Lager Fertigware 21060 Einkauf / Disposition Summe Kosten in €	∑ Logistikkosten p. a. / ∑ Anzahl Entnahmen p. a.	53,30 €	50,00 €	38,50 €
		∑ Logistikkosten p. a. / ∑ Materialeinsatzkosten p. a. x100	6,3 %	5,8 %	3,0 - 4,0 %
Bestandskosten im Verhältnis zu den Gesamtkosten (kpl. Warenbestand)	2.1 ∑ Bestandskosten = Verzinsung Warenbestand (lt. Inventurstichtag mit 5 %) - Verzinsung nicht bezahlter Ware, aber an Lager (lt. Inventurstichtag mit 5 %) Stand 31.12.	Zinskosten in € p. a. / Selbstkosten ohne Material x100	2,2 %	2,4 %	1,42 %
Verschrottungs- und Abwertungskosten im Verhältnis zu den Gesamtkosten	3.1 ∑ Verschrottungs- und Abwertungskosten/Jahr (* = ∅ der letzten 3 Jahre) = Verschrottungskosten/Jahr (*) + Abwertungskosten/Jahr (*)	Verschrottungs- / Abwertungskosten p. a. / Selbstkosten ohne Material x100	4,2 %	1,0 %	∅ 0,4-0,8 %
Bestandsreichweite in Arbeitstagen	- ohne Sonderteile - (250 Tage / Jahr = Basis) Stichtag 30.06. jedes Jahr	lt. Kennzahl IT-Auswertung	88 Tage	55 Tage	∅ 40 Tage
Liefertreue, bezogen auf den Kundenwunschtermin	Anzahl Aufträge termintreu auf Kundenwunschtermin geliefert x 100 / Anzahl Aufträge insgesamt geliefert		75 %	85 %	98 %
Versandkosten insgesamt und je Vorgang	Versandkosten absolut (Kosten WE + QS-Prüfung Wareneingang) / Anzahl Rechnungen (Anzahl Lieferungen)	=	24,20 €	16,00 €	2,10 €
(dito WE-Prüfkosten)	(siehe oben)	=	41,50 €	30,00 €	10,00 €

Diese Lagerkennzahlen sollten Sie wissen, pflegen und positiv weiterentwickeln:

Pos.	Bezeichnung		Formel	Fortschreibung / Zeiteinheit z. B. pro Jahr		
				Ziel	2017	2018
1	**Anzahl Stellplätze**		(Statistik)	→		
2	**Anzahl verschiedene Lagerorte**		(Statistik)	→		
3	**Anzahl Teilenummern (Artikel) zu lagern**		(Statistik)	↘		
4	**Anzahl Mitarbeiter**	Lager Wareneingang Versand	(Statistik)	↘		
5	**Anzahl Fehltage je Mitarbeiter**		(Statistik)	↘		
6	**Durchschnittliche Durchlaufzeit / Bereitstellzeit eines Auftrages in Arbeitstagen im Lager**		(Erhebung)	↘		
7	**Genauigkeit des Lagerbestandes in %**		(Inventur)	↗		
8	**Anzahl Fehlteile Ø pro Woche**		(Statistik)	↘		
9	**Anzahl Zugriffe / Wareneingänge, Versandpositionen pro Monat**	Zugänge/Abgänge WE-Positionen Versandpositionen	(Statistik)	↘		
10	**Durchschnittliche Zugriffszeit in Minuten**	Lager Wareneingang Versand	Summe Anwesenheitszeit des Personals / Anzahl Zugriffe / Bewegungen	↘		
11	**Durchschnittliche Kosten eines Zugriffs in Euro, im Lager**		Zeit x € / Std. (Stundensatz)	↘		
12	**Durchschnittliche Verweilzeit eines Wareneinganges im Wareneingang / eines Bereitstellvorgangs im Lager etc.**		(Statistik)	↘		
13	**Durchschnittliche Kosten eines Wareneinganges / eines Bereitstellvorgangs in Euro**		Zeit x € / Std. (Stundensatz)	↘		
14	**Durchschnittliche Zeit eines Versand-/ Verpackungsvorganges in Minuten**		(Erhebung)	↘		
15	**Durchschnittliche Kosten eines Versand- / Verpackungsvorganges in Euro**		Zeit x € / Std. (Stundensatz)	↘		
16	**Umschlagshäufigkeit der Teile in Lager nach Teileart und Wertigkeit (A/B/C-Gliederung)**	Halbzeug Kaufteile Fertigungsteile Handelsware Fertigware	Verbrauch / Jahr / Bestand am Stichtag	↗		
17	**Durchschnittlicher Lagerbestand in Euro pro Stichtag (gegliedert wie Pos. 16)**		(Statistik)	↘		
18	**Anzahl Reklamationen**		(Statistik)	↘		
19	**Durchschnittszeit eines Transportvorganges Teilelager → Fertigung und Fertigung → Versand**		(Erhebung)	↘		
20	**Anzahl Transportvorgänge (Gliederung wie Pos. 19)**		(Statistik)	↘		
21	**Durchschnittliche Kosten eines Transportvorganges Teilelager → Fertigung / Fertigung → Versand**		Zeit x € / Std. (Stundensatz)	↘		
22	**Durchschnittliche Kosten eines Beladungsvorganges**		(Erhebung)	↘		
23	**Anzahl Transportmeter (Ø) pro Transportvorgang**		(Erhebung)	↘		
24	**Ø Lauf- / Transportmeter / Monat**		Pos.20xPos. 23 je Monat	↘		
25	**Anzahl Null-Dreher im Lager (Bodensatz)**		(Statistik)	↘		

Wobei auch andere Leistungskennzahlen u. a. auch für eine jeweilige Personalbesetzung (Auslastungsschwankungen) verwendet werden können. Wichtig ist nur, dass die verwendeten Kennzahlen auch die zeitbestimmenden Leistungskomponenten widerspiegeln.

Beispielhafte Aufzählung:

- Zugriffszeit pro Vorgang
- Gewicht in kg
- Anzahl Frachtstücke / Paletten / Kisten / Behälter etc.
- Anzahl der Zeilen (Aufträge)

Pos.	Bezeichnung der Leistungszahl		Monat / Quartal			
			1	2	3	4
1	Anzahl gelieferte Aufträge / Tag					
2	Anzahl gelieferte Positionen / Tag					
3	Anzahl gelieferte Packstücke / Tag					
4	Anzahl gelieferte Paletten / Tag					
5	Anzahl verpackte Packstücke / Palette					
6	Anzahl verarbeitete Wareneingänge Container / Tag					
7	Anzahl verarbeitete Wareneingänge sonstige Lkw / Tag					
8	Anzahl Paletten / Container die umgesetzt werden müssen					
9	Anzahl Paletten pro Lkw - Eingang					
10	Anzahl Wareneingänge = Paletten					
11	Entladezeit für einen Container	klein ca.				
		mittel ca.				
		groß ca.				
12	Anzahl Paletten pro Lkw - Ausgang					
13	Versandkosten pro Rechnung oder Position					

Möglichst in Verbindung mit Fehler-Analysen-Kriterien / Reklamationsstatistik

Pos.	Fehlergründe (Beispiel)	Summe Vorgänge Mon.	Summe Vorgänge Kum.
1	Falsch / fehlerhafte Artikel	51	589
2	Zu viel / zu wenig geliefert	25	240
3	Falsche Lieferadresse	0	38
4	Falsche Versandart	0	2
	SUMME	**76**	**869**

Beispielhafte Fortschreibung der Umschlagshäufigkeit pro Jahr
Über alle Artikelnummern, entweder in Euro oder Stück zu einem Stichtag

Bestands- / Teileart			∅ Umschlagshäufigkeit am Stichtag bzw. Lagerbestand in € nach Teileart				
Art des Bestandes	Wertigkeit	Teileart	2016	2017	2018	2019	2020
Fertigware	A	Handelsware	5,0				
		Eigenfertigung	6,3				
	B	Handelsware	4,8				
		Eigenfertigung	4,5				
	C	Handelsware	2,6				
		Eigenfertigung	2,8				
	KANBAN/ SCM	Handelsware	16,0				
		Eigenfertigung	19,2				
Baugruppen	A	Kaufteile	3,0				
		Eigenfertigung	6,2				
	B	Kaufteile	3,5				
		Eigenfertigung	4,1				
	C	Kaufteile	2,2				
		Eigenfertigung	1,8				
	KANBAN/ SCM	Handelsware	18,0				
		Eigenfertigung	22,0				
Einzelteile	A	Kaufteile	1,9				
		Eigenfertigung	4,4				
	B	Kaufteile	2,2				
		Eigenfertigung	3,0				
	C	Kaufteile	0,9				
		Eigenfertigung	1,6				
	KANBAN / SCM	Kaufteile	17,6				
		Eigenfertigung	20,3				
Halbzeug / Rohmaterial	A	Kaufteile	2,1				
		Eigenfertigung	--				
	B	Kaufteile	1,5				
		Eigenfertigung	--				
	C	Kaufteile	0,8				
		Eigenfertigung	--				
	KANBAN/ SCM	Kaufteile	--				
		Eigenfertigung	--				
Umlaufkapital	Werkstattbestand	Teilefertigung	0,8 Mio. €				
		Vor- / Endmontage	0,5 Mio. €				
		Versand	0,1 Mio. €				

Formel:

$$\frac{\text{Verbrauch / Jahr in € od. Stck.}}{\text{Bestand am Stichtag in € od. Stck.}} = \boxed{}$$

UND / ODER

Bestand je Stichtag in €
Monatlich, quartalsweise oder jährlich 1 x =

Wobei die Umschlagshäufigkeit die aussagekräftigere Kennzahl ist. Durch Neuteile / neue Produkte können die Bestände in €-absolut steigen, obwohl die Drehzahl eine Verbesserung aufzeigt.

13. Bedeutung der Mitarbeiterführung im sensiblen Lagerbereich

13.1 Mitarbeitermotivation

Der Begriff „*Motivation*" leitet sich aus dem Lateinischen ab:

motivum = der Beweggrund, Antrieb
motivus = Bewegend, antreibend, anreizend

Die Motivation ist also der Beweggrund für Verhalten und Handlungen. Hierbei kann man innere Beweggründe (Bedürfnisse) und äußere Beweggründe (Anreize) unterscheiden.

- Motive erklären
  → warum wir arbeiten
  → mit wem wir uns anfreunden
  → warum wir uns für bestimmte Dinge interessieren usw.
- Motivation kann aber auch eine gute Basis für die Einschätzung von Verhalten der Mitarbeiter in der Zukunft sein
  → Wie werden sich die Mitarbeiter wahrscheinlich verhalten?
- Die Betrachtung der Motivation als fördernde und hemmende Faktoren können wichtige Handlungshinweise geben, z. B.:
  → Was können wir tun, um hemmende Faktoren bei der Einführung von Neuerungen so gering wie möglich zu halten?

Bedürfnisse als Grundlage jeder Motivation

Jede Motivation geht von einem inneren Bedürfnis aus. Ziel des daraus resultierenden Verhaltens ist die Befriedigung des Bedürfnisses. Äußere Reize funktionieren nur, wenn sie auch innere Bedürfnisse ansprechen und befriedigen.

Da die Bedürfnisbefriedigung meist nicht direkt und unmittelbar, sondern auf Umwegen erreicht wird, müssen wir im Unternehmen durch Arbeit eigene Leistung erbringen.

Diese Leistung wird durch Geld vergütet. Dieses Geld stellt im Prinzip nichts anderes dar, als einen Leistungsanspruch gegenüber anderen. Diesen Anspruch können wir dann z. B. gegen die von anderen produzierte Nahrung eintauschen, indem wir uns für unser Geld Nahrung kaufen.

Solche Umwege werden, wenn sie häufig genug ablaufen, zu **sekundären** Bedürfnissen. Sie können an die Stelle der ursprünglichen **primären** Bedürfnisse treten. Sekundäre Bedürfnisse spielen aber eine immer wichtige Rolle, wie z. B. Freizeit, Hobby und Lebensweisen.

Sie können aber auch das Ende einer Entwicklung darstellen, wenn sich eine Person oder Gruppe von Personen nur noch auf die Befriedigung eines einzigen Motivs konzentrieren. Beispiele für solch eine negative Entwicklung sind z. B. Geldgier oder persönlicher Vorteil als einziges Unternehmensziel einerseits. Andererseits: Es zählt nur noch Freizeit und Hobby, Arbeit ist nur eine lästige Pflicht.

Die Bedürfnispyramide nach Maslow

Auf der Basis von empirischen Untersuchungen hat der Arbeitswissenschaftler und Psychologe Abraham Harold Maslow ein Modell über die menschlichen Bedürfnisse entwickelt, in dem angenommen wird, dass sich menschliche Grundbedürfnisse in einer festgelegten Reihenfolge aufeinander aufbauen und weiterentwickeln. Dieser Logik liegen fünf Stufen oder Ebenen zugrunde. Wenn das jeweils vorausgegangene Motiv nicht befriedigt wurde, kann sich das nächst höhere Motiv nicht entwickeln, oder anders ausgedrückt, die nächst höhere Stufe in der Bedürfnispyramide kann erst dann als Ziel verinnerlicht werden, wenn die darunter liegende Stufe abgesichert / erreicht ist.

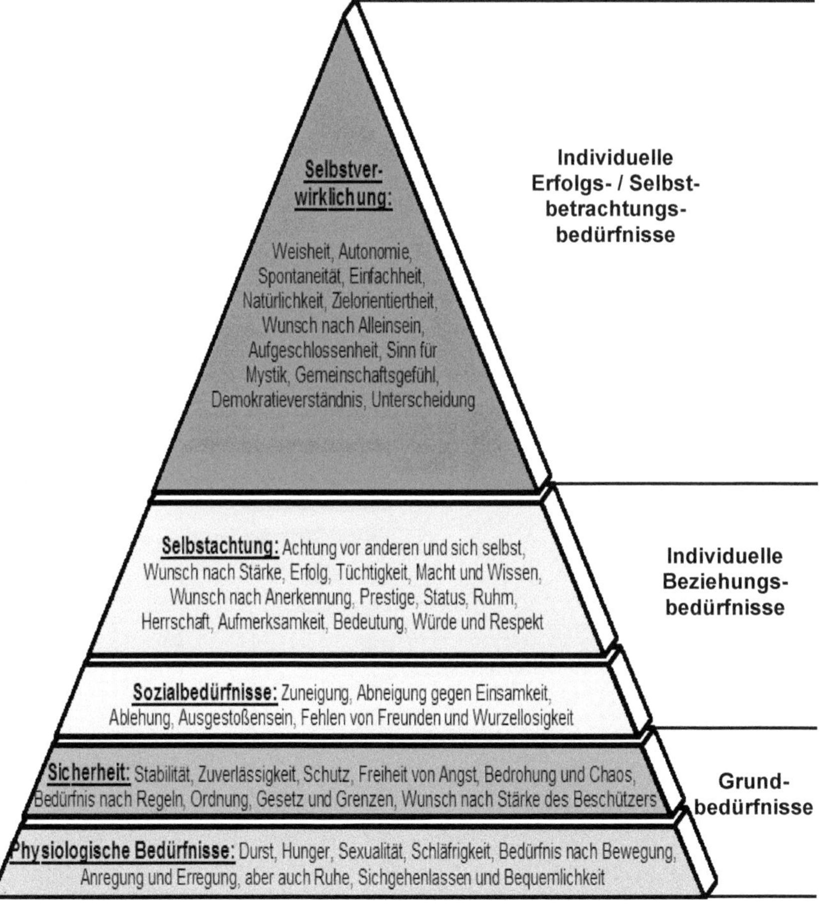

Die Frage ist nur: Richtet sich die Pyramide mehr in Richtung persönlicher Bedürfnisse, wie Freizeit / Hobby aus, oder steht das Firmeninteresse, der Arbeitsplatzerhalt, im Vordergrund?

Herzbergs Motivation – Hygiene – Theorie

Der amerikanische Psychologe Gerhard Herzberg untersuchte die praktische Einstellung arbeitender Menschen wie folgt:

Er fragte die Menschen nach Erlebnissen am Arbeitsplatz, durch die sie besonders glücklich und zufrieden gemacht worden waren; ebenso ließ er sich Zeiten besonderer Unzufriedenheit schildern. Von diesen Ereignissen ließ er sich angeben, wie sich die Menschen verhalten und wie lange diese Gefühle angedauert hatten.

Inzwischen wurden derartige Untersuchungen in vielen Betrieben zwischen Kalifornien und Moskau durchgeführt; Mitarbeiter beiderlei Geschlechts, verschiedener Nationalitäten und Rassen, unterschiedlicher Ausbildung und Stellung (von Krankenhausputzfrauen bis zu Akademikern im Staatsdienst) wurden befragt.

Das Bild unten zeigt die Ergebnisse. Man kann sie wie folgt zusammenfassen:

Bild 13.1: *Herzbergs Untersuchungsergebnisse der Faktoren, die die Einstellung zur Arbeit beeinflussen*

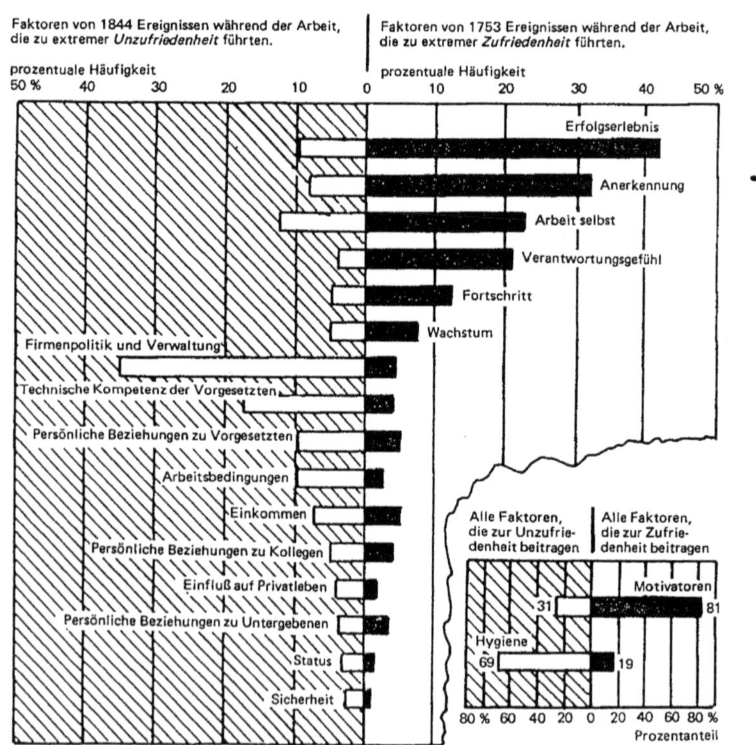

Die „Zufrieden-Macher" entstammen aus dem Arbeitsinhalt (MOTIVATOREN):

- Erfolgserlebnisse nach gelungener Arbeit, insbesondere bei Sonderaufgaben, z. B. Mitarbeit bei KVP-Projekten
- Anerkennung für gute Leistungen
- Reizvolle Tätigkeit selbst (z. B. abwechslungsreiche interessante Erlebnisse usw.)
- Verantwortung (siehe Abschnitt Patendenken)
- Beförderung nach erfolgreichen Leistungen
- Das Bewusstsein, durch die Arbeit gewachsen zu sein, also klüger, reifer und weiser geworden zu sein
- (Einkommen)

Die „Unzufrieden-Macher" dagegen haben weniger mit dem Arbeitsinhalt, als vielmehr mit der Arbeitsumwelt zu tun (Hygienefaktoren)[1]:

- Unbekannte, unklare, widersprüchliche Anweisungen / unfaire Unternehmenspolitik
- Geringe fachliche Fähigkeiten der Vorgesetzten / unzureichende Führungstechnik
- Schlechte persönliche Beziehung zu den Vorgesetzten
- Unzulängliche Arbeitsbedingungen
- (Einkommen)
- Schlechte persönliche Beziehung zu den Arbeitskollegen
- Faktoren die das Privatleben beeinflussen (z. B. Arbeitszeit)
- Beziehungen zu Untergebenen
- Status und Sicherheit

Auf einen ganz einfachen Nenner gebracht:

➢ Die Menschen wollen von sich heraus gern eine erfolgreiche, wertvolle und interessante Arbeit leisten; gelingt ihnen das, dann sind sie zufrieden.

➢ Befriedigung durch gute Arbeit gewinnt der Mensch nur aus dem Arbeitsinhalt selbst: Dieser ist der wahre Motivator. Daher müssen wir ausschauen nach Möglichkeiten, die in der Arbeit selbst stecken, z. B. Umsetzen von KVP-Projektabschnitten

[1] Das Einkommen kann keiner Gruppe zugeordnet werden, da es bei beiden gleichgewichtig vorkommt / genannt wird.

Es müssen also sowohl die Erkenntnisse aus der Maslow Motivationspyramide, als auch die Herzberg Motivations-Hygiene-Theorie im Arbeitsleben zusammengeführt werden, um letztlich erfolgreich zu arbeiten.

Für die Führungskräfte im sensiblen Lagerbereich ergibt sich somit folgendes Anforderungsprofil:

Notwendige Qualifikation einer Führungskraft	**FRÜHER**	**HEUTE und ZUKÜNFTIG**
Fachkompetenz	↗	↗
Durchsetzungsvermögen Überzeugungskraft	↗	↗
Teamfähigkeit	→	↗
Planungskompetenz / Organisationsfähigkeit	→	↗
Eigenverantwortlichkeit	→	↗
Motivations- und Kommunikationsfähigkeit	→	↗

Was sich auch als Führungs- und Sachaufgaben darstellen lässt:

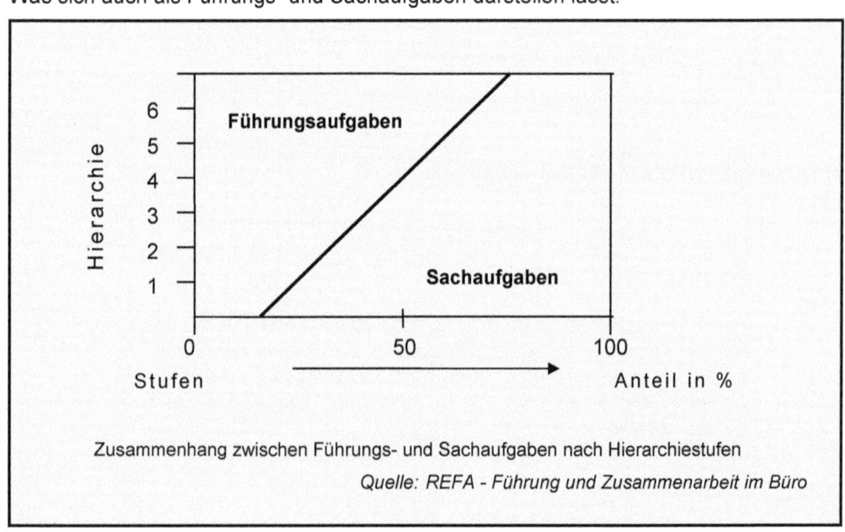

Zusammenhang zwischen Führungs- und Sachaufgaben nach Hierarchiestufen

Quelle: REFA - Führung und Zusammenarbeit im Büro

Was letztlich bedeutet:

Um *„Top im Lager"* zu sein, sollte ein umfassendes Wissen vorhanden sein / erworben werden

- Produkt- / Warenkenntnisse
- Theoretische Kenntnisse gemäß den Tätigkeitsgebieten und Anforderungen die an das Lager / an die Arbeitsaufgabe gestellt wird
- Sicherheitskenntnisse von Arbeitssicherheit, Transport und Lagersicherheit, bis hin zu den heutigen Sicherheitsbestimmungen bei Verladetätigkeiten, die erheblich ausgeweitet wurden (TÜV)

Und nicht zuletzt, im Führungsverhalten.

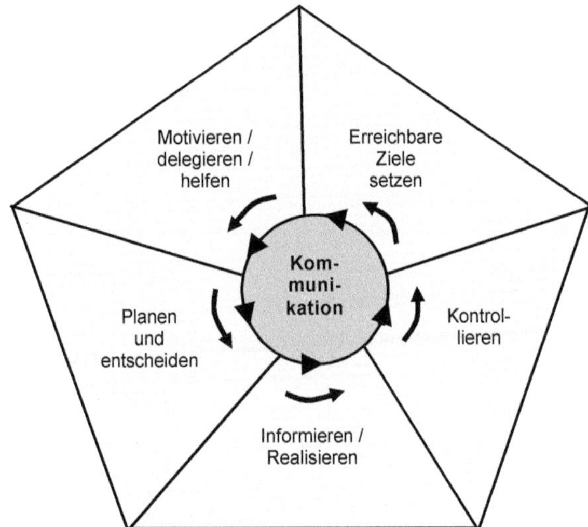

Mit folgendem Verhaltenskodex:

- Ich mache Zusagen und löse diese dann auch ein.
- Ich unterstütze den permanenten Wandel und suche nach Lösungen
- Ich respektiere meine Mitarbeiter und Kollegen
- Ich formuliere klar und eindeutig

Für unsere Aufgabe:

Wir wollen die Erwartungen unserer Kunden erfüllen und übertreffen

- Mit Hingabe, Schnelligkeit und Fachkompetenz
  - Durch Effizienzsteigerung und Kostenkontrolle
- Mit überlegenen Produkten, zu geringen Preisen
  - Die Produkte etablieren uns als technologisch, professionell und vom Wissen her führend
- Mit selbst motivierten und einsatzbereiten Mitarbeitern
  - die Wachstum als Ziel sehen

- **Zeit ist etwas Kostbares**
- **Sie muss sinnvoll genutzt werde**
- **Verlorene Zeit ist nicht mehr einholbar**

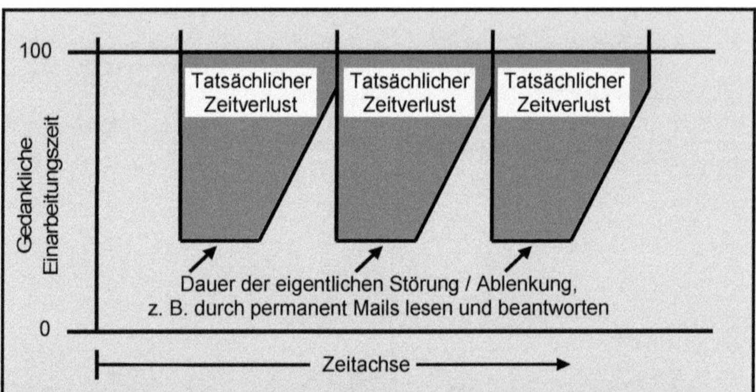

Zeitfresser suchen und eliminieren – Was sind Zeitfresser?

- **Zeit**, in der wir nach Notizen und Unterlagen suchen?
- **Zeit**, die wir brauchen, weil wir Arbeiten anfangen, ohne dass sie richtig geklärt sind?
- **Zeit** für Arbeit, die wir aus Gewohnheit tun, ohne dass sie uns weiter bringt?
- **Zeit**, die wir in unvorbereiteten Besprechungen verbringen, in denen viel besprochen wird, aber wenig dabei herauskommt?
- **Zeit**, die damit vergeht, dass wir durch spontane Unterbrechungen den eigenen Arbeitsrhythmus stören? (Mails)
- **Zeit**, die es kostet, wenn wir Arbeiten anfangen, weglegen und wieder neue beginnen?
- **Zeit**, die wir uns für Arbeit nehmen, die zwar dringend, aber nicht wichtig ist?
- **Zeit** für Arbeit, die wir erledigen, obwohl wir sie delegieren könnten?
- **Zeit**, die damit vergeht, dass wir Arbeiten verbessern, weil wir sie nicht richtig delegiert haben?

Deshalb sollten Sie, insbesondere für wichtige Dinge, einen eigenen Zeit- und Prioritätenplan je Arbeitstag / Woche / Monat erstellen und abarbeiten.

Zielführend ist auch, eine grobe Übersicht u schaffen, *„Wo sind die Zeitfresser?"*.

Beispiel Wareneingang:

Dieses Mengengerüst kann in das Verhältnis zu den geleisteten Arbeitsstunden gesetzt und nach dem 80-20-Prinzip nach Zeitfressern analysiert werden, mit Ziel, eine Aktivitätenliste zu erstellen und mittels des kontinuierlichen Verbesserungsprozesses den Aufwand zu minimieren.

Analysebogen: Aufnahme Mengengerüste mit Ziel: Gewinn eines Überblickes über Umfang und Art der Arbeit im Wareneingang – Beispiel

Mengengerüst	**Anzahl Lieferungen / Monat**			
	Schnelle Post	**Spediteur / Frächter**	**Eigener LKW von Lieferant**	**Container**
Anzahl LKW etc. abladen				
Anzahl Sendungen / Packstücke				
Ø Anzahl Entladevorgänge				
Ø Anzahl Positionen / Sendung, z. B. Paletten				
Anzahl Einzelpositionen Ø / Sendung				
Ø Zeit / Wareneingangsposition				
Anzahl Rücklieferungen von Kunden (geordnet nach Kunden)				
Ø Anzahl Positionen / Rücklieferung, geordnet nach Kunden				
Anzahl Rücklieferungen Montagepersonal (nach Namen geordnet)				
Ø Anzahl Positionen / Rücklieferung (nach Namen geordnet)				
Anzahl Mitarbeiter im Wareneingang				
Ø Anzahl Std. Lagerarbeit				
Ø Anzahl Std. QS-Arbeit				
Ø Anzahl Transportvorgänge ins Lager				
Ø Anzahl Transportvorgänge in Produktion				
Ø Anzahl Laufmeter in Lager / Vorgang				
Ø Anzahl Laufmeter in Produktion / Vorgang				
Ø Anzahl Umpackvorgänge				
Ø Anzahl Lauf- / Fahrmeter in Wareneingang				
Ø Durchlaufzeit (Verweilzeit) von Warenannahme bis Ware eingelagert, in Tagen				
Ø Kosten einer Rücklieferung				
Ø Lagerkosten einer Artikelnummer				
Ø Losgröße einer Anlieferung				
Ø Kosten eines Wareneinganges				

Melderoutinen / Berichtswesen als Erfolgskontrolle für die eigene Arbeit / des Verantwortungsbereiches

Welche Tätigkeiten / Auswertungen / Berichte müssen täglich / wöchentlich / monatlich / quartalsweise gemacht werden (für sich selbst, um über den eigenen Verantwortungsbereich Bescheid zu wissen und ihn qualitativ korrekt führen zu können).

Pos.	Zu erstellende Berichte / Auswertungen Durchzuführende Tätigkeiten (beispielhafte Aufzählung)	Zeitachse / WANN						Zu berichten an
		täglich	wöchentlich	monatlich	quartalsweise	½ jährlich	jährlich	
1	Anwesenheitskontrolle der Mitarbeiter lt. Schichtplan (körperlich vor Ort)	X						
2	Stichproben / Buchungen auf Richtigkeit		X					
3	Personalauslastung / -einplanung (Basis Zeit / Pick zu Anwesenheitszeit aller Mitarbeiter)	(X)	X				X	
4	Höhe und Anzahl der eigenen Lieferrückstände in Stück und Tagen	(X)	X				X	
5	Stand von Reklamationen, bzw. deren Lösungen (KVP-System)		X				X	
6	Führen ausgewählter Lager - Kennzahlen			(X)	X		X	
6.1	Anzahl Zugriffe / Zeiteinheit			X			X	
6.2	Zeit / Zugriff (Pick)			X			X	
7	Qualität der Pflege „Schnelldreher-Plätze in % zu tatsächlicher Nutzung von Schnelldreher"				X			
8	Anzahl und Art der Fehlermeldungen		X				X	
9	Zustandsübersicht des Lagers / der Geräte (Ergebnis des eigenen Audits)			X				
10	Ergebnis Beurteilungsgespräche					X		
11	Krankenstatistik			X			X	
12	Ergebnis Gespräch nach Krankheits-/ Fehltage-Ende			X				
13	Kontrolle Kostenbudget			X	X	X	X	
14	Anteil Gemeinkostenstunden zu Anwesenheitsstunden der Mitarbeiter			X			X	

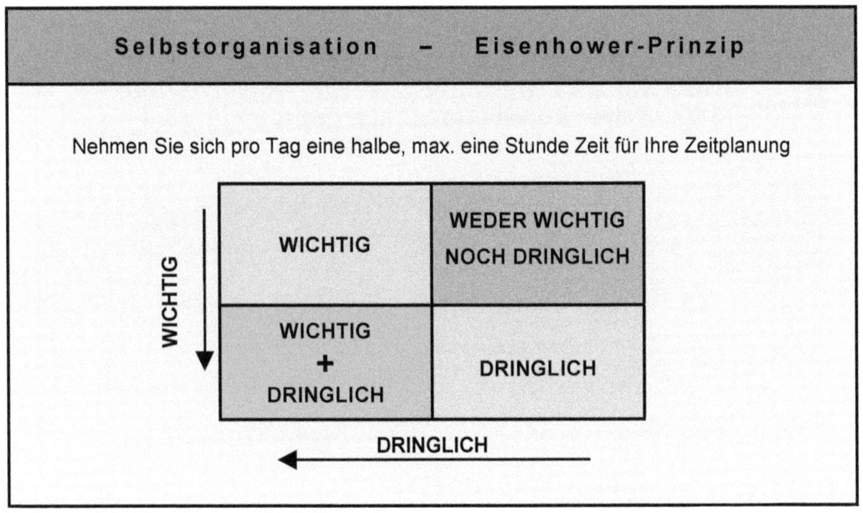

Deshalb strukturieren Sie Arbeit nach dem Eisenhower-Prinzip. Sie werden *„erfolgreich"* arbeiten.

Pos.	**Selbsteinschätzung:** **„Wie gut strukturiere ich meine Arbeit?"** Bitte kreuzen Sie jeweils eine der 3 Möglichkeiten an und beurteilen Sie sich selbst	Mögliche Antworten		
		selten	manch mal	immer
1	Vor jedem Arbeitstag reserviere ich mir einen Zeitanteil für vorbereitende, planerische Arbeit	O	O	O
2	Ich delegiere alles, was möglich ist	O	O	O
3	Ich bemühe mich, jeden Vorgang komplett und abschließend zu bearbeiten	O	O	O
4	Ich erstelle jeden Tag eine Liste mit zu erledigenden Aufgaben, geordnet nach Prioritäten. Die höchste Priorität bearbeite ich jeweils zuerst.	O	O	O
5	Ich versuche, eine bestimmte Zeitschiene pro Tag von Störungen / sonstigen Zeitfressern freizuhalten, damit ich meine eigentliche Arbeit abarbeiten kann	O	O	O
6	Ich bereite mich auf jede Besprechung sorgfältig vor	O	O	O
7	Ich versuche, meine Aktivitäten so einzurichten, dass ich mich zuerst auf die „lebenswichtigen" Probleme meiner Abteilung konzentriere	O	O	O
8	Ich kann auch „nein" sagen, wenn andere meine Zeit beanspruchen wollen, insbesondere, wenn nur Verantwortung abgeschoben werden soll	O	O	O

UND NOCH EIN PRAXIS-TIPP:

Wenn Sie als Lagerleiter / -verantwortlicher ein neues Lager übernehmen, starten Sie mit einer Inventur im Lager.

„Wer besser werden will, muss wissen wo er steht!"

Und eventuell vom Vorgänger übernommene Probleme (sonst nicht sichtbar), können Ihnen nicht zur Last gelegt werden!

DENN DARAN WERDEN SIE GEMESSEN

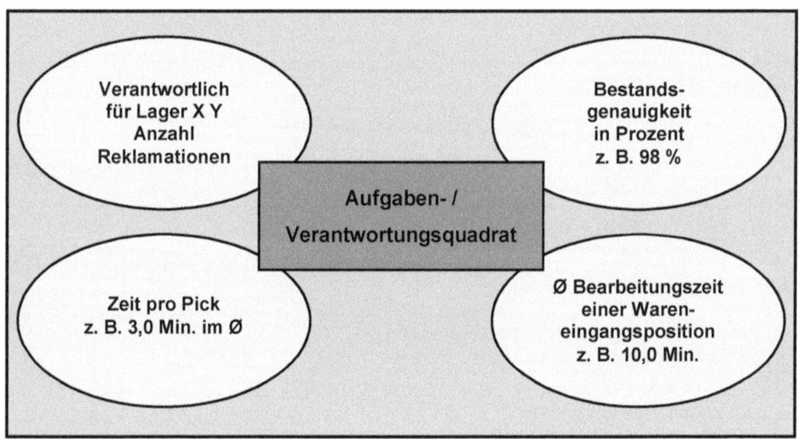

Verschwendung und Problematik finden / Verbesserungsbereiche und -ziele definieren

Die zu verbessernden Bereiche, Prozesse, Arbeitsgänge, Aktivitäten u. a. sind zunächst eindeutig zu bestimmen. Danach sind die erwarteten Zielgrößen vorzugeben und zu quantifizieren: Qualität, Fehlerarten, Produktivität, Abläufe u. a. Desgleichen sind die Ausgangsdaten zu ermitteln. Offenkundige Schwachstellen sind aus der Kenntnis des Tagesgeschäftes bzw. der Fachkompetenz des Teams ebenfalls anzugeben. Sämtliche gewonnenen Informationen sind mittels Kartentechnik darzustellen.

Wobei zur Ermittlung von Verschwendung bzw. von Schwachstellen, sowohl herkömmliche Systeme, wie z. B.

- Durchführen von MMH-Studie
- Untersuchen der Abläufe mittels Videokamera

in Ansatz kommen können, oder die Lagermitarbeiter definieren, ermitteln die Verbesserungsbereiche selbst, mittels KVP-Prozesse und z. B. Schwachstellendiagnoselisten.

Nachfolgend ein Auszug aus einer Multimoment-Häufigkeitsstudie in einem Teilelager, mit Ziel, Ermittlung der Anteile:

- Wertschöpfende Tätigkeiten im Lager = Haupttätigkeit
- Nicht wertschöpfende Tätigkeiten im Lager = Nebentätigkeiten

sowie daraus, wie können die Anteile Nebentätigkeiten (sind Arbeiten die eigentlich nicht ins Lager gehören, dort aber z. Zt. gemacht werden müssen) in ihren %-Anteilen minimiert werden, wie z. B.:

- Umfüllen / Umpacken = 5 % der Gesamtzeit
- Belege ausfüllen = 7 % der Gesamtzeit
- Gitterboxen umstapeln = 7 % der Gesamtzeit
- Hoher Anteil = Leerfahrten Stapler

Auch das Führen von Reklamationsstatistiken, als Basis für Abstellmaßnahmen, ist sinnvoll. (Nach Personen?)

Fehlergründe	Summe Vorgänge	
	Mon.	kum.
Falsch / fehlerhafte Artikel	51	589
Zu viel / zu wenig geliefert	25	240
Falsche Lieferadresse	0	38
Sendung nicht angekommen	0	0
Falsche Versandart	0	2
Summe	**76**	**869**

UND WICHTIG

 Jährlich 1 x entscheiden: Was kann verschrottet, oder über z. B. Internet-Shopping, verkauft werden? Insbesondere unter Berücksichtigung der neuen Lagerbewertungsrichtlinien der Steuerprüfer (seit 07 / 2004).

Multimoment-Häufigkeitsstudie im Lagerbereich als Zeitverwendungsanalyse

Tätigkeitsarten im Lager	Uhrzeiten lt. Zufallsgenerator: Person mit Tafel ①						Person mit Tafel ②						Person mit Tafel ③						Gesamt Striche	Tätigkeiten in %
	8.05	9.28					8.05	9.28					8.05	9.28						
Einlagern	I		I								I				I	I			100	8 %
Auslagern							I	I									I		200	16 %
Telefonieren									I										51	4 % 1)
Auspacken		I								I									52	4 %
Umfüllen / -packen												I							68	5 % 1)
Belege ausfüllen				I										I					87	7 % 1)
Gitterboxen umstapeln						I													85	7 % 1)
Sauber machen																			28	2 %
IT-Arbeit = buchen					I													I	70	6 %
Transportieren																				
" mit Stapler beladen													I						80	6 %
" mit Stapler leer																			62	5 %
" mit Hubwagen beladen																			108	9 %
" mit Hubwagen leer																			110	9 %
" zu Fuß beladen																			59	5 %
" zu Fuß leer																			42	3 %
nicht auffindbar																			30	2 %
Sortieren (z. B. nach links / rechts)																			28	2 % 1)
Gesamtanzahl Striche																			**1.260**	**= 100 %**

Für eine Aussagewahrscheinlichkeit von 95 %
und einer Genauigkeit von ca. 1 - 2 % der Studie,
reichen ca. 1.200 - 1.300 Beobachtungen,
für Schnellanalysen ca. 800 Beobachtungen

Fragen / Erkenntnisse die sich aus diesem Spiegelbild ergeben, müssen jetzt im Team gelöst werden müssen = Ergibt Projektschritte, z. B.: Warum müssen 7 % der Zeit Belege ausgefüllt werden, 7 % der Zeit Beschriftungen vorgenommen werden? etc. Siehe nachfolgende Darstellung „Hilfsmittel zur Aufgabenerfüllung“.

1) 25 % sind nicht wertschöpfende Tätigkeiten, wie können diese minimiert werden? = Projektarbeit!

14.2 Schwachstellen-Diagnoselisten im Lager

Als ergänzendes Instrument zur Schwachstellenanalyse eignen sich Schwachstellen-Diagnoselisten, die von den Mitarbeitern als reine Checklisten über gewisse Zeiträume geführt werden (*was könnte besser gemacht werden?*), oder Verwenden von entsprechenden VDI-Richtlinien.

Sie sollten unter Last erstellt werden. Grund: Wenn keine, oder schlechte Auslastung im Lager besteht, werden die wichtigen, störenden Dinge nicht erkannt.

Allerdings liefern solche Schwachstellenlisten völlig andere Informationen als die zuvor beschriebene MMH-Studie, z. B.:

- Warten auf Stapler
- zu wenig Platz
- Warteschlangenprobleme am IT-Platz
- nur ein Drucker für alle Papiere / Belege
- Hubwagen suchen
- etc.

Die Mitarbeiter können von sich aus nicht erkennen, was ist Haupt- bzw. Nebentätigkeit.

Schwachstellendiagnoseliste Name ___________

Bitte tragen Sie ca. 5 - 10 Positionen auf diese Liste, wo Sie
der Meinung sind, das behindert meine Arbeit, bzw. das könnte
man besser machen:

1.) ______________________________
2.) ______________________________
...
...

Wichtig für die Umsetzung der Erkenntnisse, ist die Führung eines Zeit- und Handlungsplanes / **Aktivitätenliste**, *WER, BIS WANN, WAS* umsetzt / erledigt

Handlungsplan			
WAS	WANN	MIT WEM	Erledigungs-vermek

Als Hilfsmittel zur Umsetzung dieses kontinuierlichen Verbesserungsprozesses hat sich die sogenannte Kartentechnik, in Verbindung mit Handlungs- / Maßnahmeplänen bewährt:

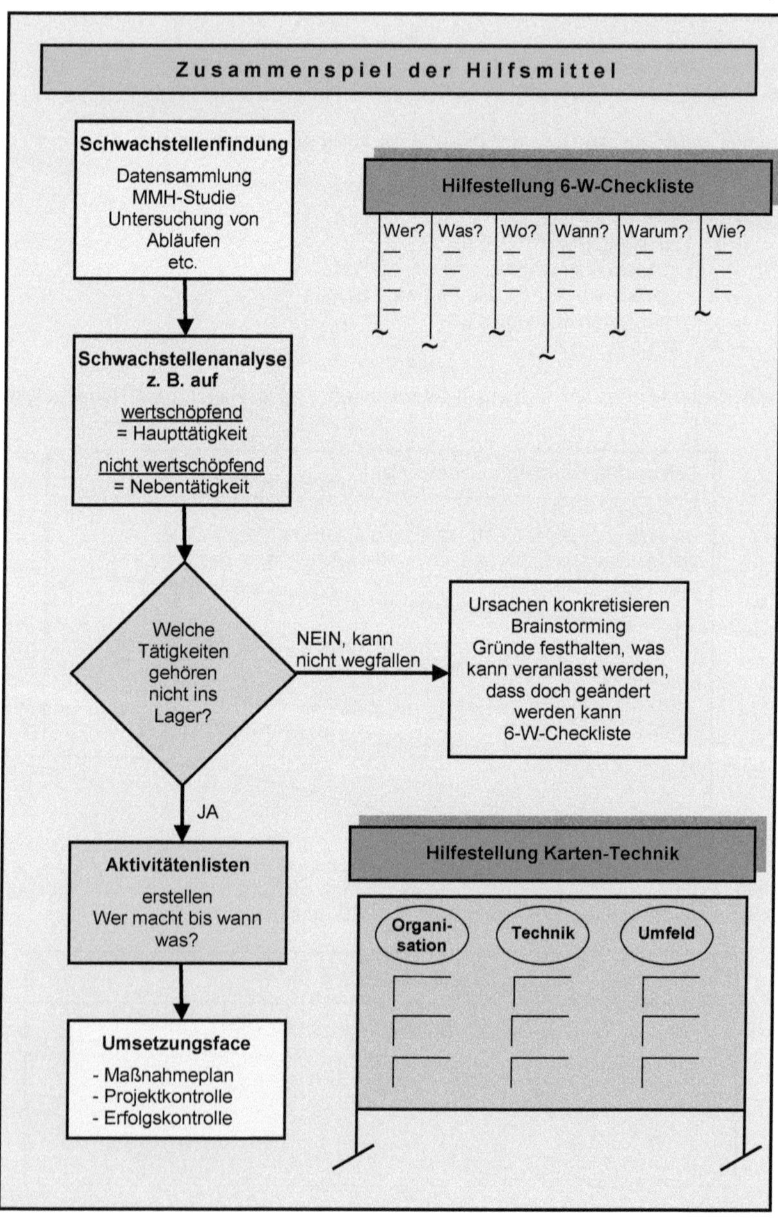

Maßnahmeplan

Projekt:		Bereich:	Fa.
		Datum:	

Pos.	Maßnahme / Thema	Wer?	Bis wann?	Zu berichten an?	Erledigungsvermerk

Abstellmaßnahmen entwickeln und durchsetzen

Parallel aus dem Sachverstand und den Fähigkeiten, bzw. Kenntnissen der Teammitglieder gemachten Vorschlägen, läuft gleichzeitig die Identifikationsphase ab und erleichtert die Abstellmaßnahmen.

Für jede Maßnahme, die umzusetzen ist, wird eine dafür verantwortliche Person aus dem Team bestimmt. Gleichzeitig wird der Endtermin der Erledigung festgelegt. Sämtliche Informationen von Bedeutung sind dann in den Maßnahmeplan einzutragen. Die finanziellen bzw. wirtschaftlichen Auswirkungen der einzelnen Veränderungsmaßnahmen sind vorab abzuschätzen, um die erreichbaren Einsparungen zu kennen und um Prioritäten zu setzen.

Schema - Maßnahmeplan zur Umsetzung / Realisierung der als wirtschaftlich betrachteten Vorschläge des Teams, nach Prioritäten geordnet.

			Abteilung:	Tag:
			Name:	Blatt:
Maßnahmeplan:	Bedeutung (4)	Artikel / Teil: _______ Arbeitsplatz: ________	Aktuelle Tätigkeit:	

Nr.	Einzelmaßnahmen	Verantwortlich	Termin KW: 1	2	3	4	5	6	7	8	9
1	Abstell- und Transportflächen kennzeichnen	Maier	→	→	→|						
2	Info + Org.-Anweisungen für Transport geben	Weber	→	→|							
3	Vorproduktion von Baugruppen einstellen	Werner	→	→	→	→	→	→|			
4	Regale für Ersatzteile beschaffen	Hofer	→	→	→	→|					
5	Stapler generalüberholen	Müller	→	→	→	→	→	→	→|		
6	Behälterinventur durchführen	Dörfer	→	→	→	→	→	→	→	→|	

Datum / Bearbeiter:	Datei:	Zu berichten an:	Seite:	Von:

15.1 Hilfsmittel / Analysewerkzeuge

Hilfsmittel / Analysewerkzeuge zur Einleitung von Verbesserungsprozessen sind:

Analysenwerkzeuge zur Prozessoptimierung / Verbesserungsprozesse – Abstellmaßnahmen entwickeln und durchsetzen

Werkzeuge / Ziel	Wertstrom-dessin	Zeitstrahl- / Vorgangs-kettenana-lyse über die gesamte Durchlauf-zeit	Prozesskos-tenrechnun g	Funktions-Analyse	Selbstauf-schreibung / Multimo-mentstudie / Tätigkeits-analyse	Selbstorga-nisation (6 S)	Arbeits-platzanalyse
Gemeinkosten senken	Mehrfachbe-arbeitung abschaffen	IT- / Stamm-dateneinstel-lungen	Kenntnis: Kosten der Geschäfts-vorgänge	Rekla-mations- / Fehler-Statistiken	Wegeopti-mierung	Laufen minimieren, alles an seinem Platz	Patenschaf-ten mit Audit einführen
Durchlaufzeit / Lieferzeiten, Bestände senken	Transparenz der Abläufe und Filter: Doppelarbeit/ Liegezeiten / X-mal in die Hand neh-men	Aufspüren von Zeit- / Planungs- / Umlaufkapi-talreserven in der PPS- / ERP-Auftragster-minierung	Analyse auf KANBAN- / SCM-Fähigkeit, Abrufaufträge	Losgrößen-analysen / Reduzierung Kapitalkos-ten, Flächen-kosten	Mach's gleich richtig (Qualität) Mach's gleich fertig (komplett)	Nichts zwei-mal in die Hand neh-men	Schnittstellen abbauen, flexible Mitarbeiter, Qualifikati-onsmatrix
Produktionspla-nung und -steuerung Beschaffungsab-läufe optimieren	Wer macht wann, was Aufgaben-gliederung, Vollständig-keitskontrolle	Verbesse-rung des Informations-und Werte-flusses	Engpässe durch flexible Mitarbeiter und Fremd-personal beseitigen	Verbesserte Steuerungs- / Beschaf-fungskonzept e, Pull-Steuerung	IT-Abläufe optimieren	Lieferanten in Problemlöser und Prob-lemerzeuger einteilen	PPS- / ERP-Einstellungen überprüfen, vom Pull-zum Push-System
Zeitplanung / Prozess-optimierung	Nur i.O.-Arbeit weitergeben	Verkürzung der Beschaf-fungs- / Lieferzeiten	Kennzahlen-system	Disposition, Handlung, Transport, Verpackung	Zeitfresser-Analyse	Ordnung, Aufräumen, Aussortieren, Standards zur Regel machen	Patendenken im Lager einführen
Filter sonstiger, nicht wertschöp-fender Nebentä-tigkeiten	z. B. suchen, Umpacken im Lager auf null bringen	Neue Logistik-konzepte	Prozessori-entierte Organisation	Überproduk-tion / Überlie-ferungen abbauen	Aufspüren nicht wert-schöpfender Tätigkeiten / Wartezeiten, bzw. dieser Zeitanteile von der Gesamtzeit	A- / B- / C-Analysen im Lager / Behälter- / Lagerfachop-timierung	Genügende Hilfsmittel / Geräte / Werkzeuge / IT-Unter-stützung
Optimale Pro-zessgestaltung	◄ **Kontinuierlicher Verbesserungsprozess KVP installieren** ►						

15.2 Analyse von Logistik / Fertigungsprozessen nach (IE) Industrial Engineering Methoden, den „Toyota-Kaizen"-Lean-Erfolgstools

Nachfolgendes Beispiel soll aufzeigen, ob es nicht wirtschaftlicher wäre, diesen Montage-Arbeitsgang nicht mehr in der eigenen Fertigung zu tätigen, sondern von einem der drei Lieferanten komplett als Baugruppe zu beziehen. Die Einsparungen in Zeit und Tätigkeitsfolgen sind enorm.

Auch eine externe Vergabe der Montagetätigkeiten, z. B. bei einem Hilfsbetrieb, wäre wenig sinnvoll, da

- **a)** alle Logistiktätigkeiten 1:1 blieben
- **b)** zusätzliche Tätigkeiten, wie z. B. Lieferschein erstellen und Wareneingangstätigkeiten, zusätzlich anfallen

Die Umtriebe würden steigen.

Bild 15.1: *Baugruppe bestehend aus vier Teilen*

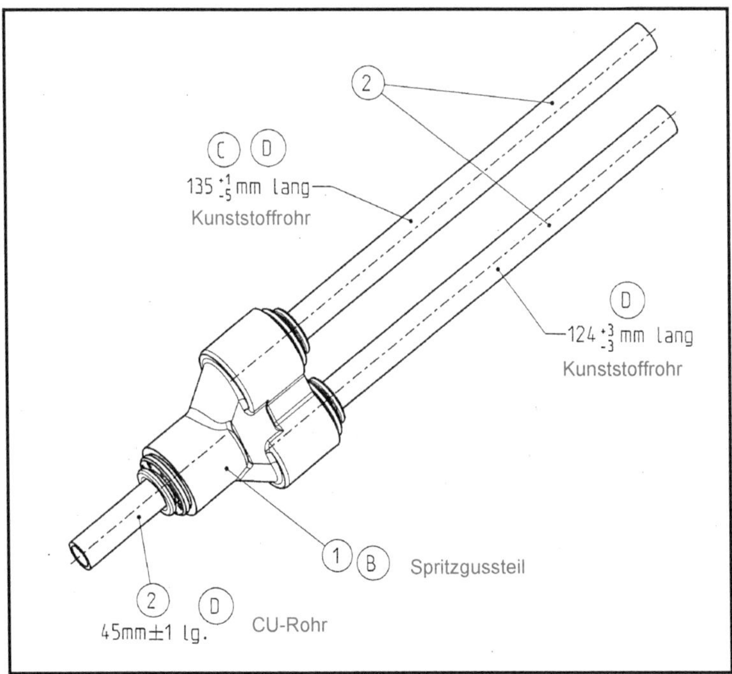

„ANDERS SEHEN LERNEN“

Was ist wertschöpfende, bzw. nicht wertschöpfende Arbeit, bzw. versteckte Verschwendung?

Unter *„nicht wertschöpfender Arbeit“* in der Produktions- / Lager- / Beschaffungslogistik wird verstanden:

> Die Summe aller Dienstleistungen in Zeit, wie z. B. Disponieren – Beschaffen – Wareneingangsprüfung – Einlagern – Auslagern – Transportieren – Bereitstellen, ist größer als die Zeitanteile, in denen in der Fertigung Wertschöpfung entsteht, z. B. Fügen – Montieren – bzw. da wo Späne fallen.

Auch die Erkenntnisse aus dem Toyota-Gedankengut muss bewertet werden:

> Was ist *„versteckte Verschwendung“*, innerhalb von Tätigkeiten wie z. B. Heben, Senken, Transportieren

Siehe nachfolgendes Beispiel:

Fall 1 1 x berechnet für Bestellmenge 2.000 Stück / Einzelteile lt. Stücklistenposition und Fertigungs- / Betriebsauftragsgröße je 500 Stück (wenig Varianten = Vergangenheit)

bzw. heute

Fall 2 1 x berechnet für Bestellmenge 500 Stück / Einzelteile lt. Stücklistenposition und Fertigungs- / Betriebsauftragsgröße je 50 Stück (viele Varianten, kleinere Lose erforderlich)

Wobei zusätzlich zu berücksichtigen ist, dass innerhalb der Fertigungszeit tr / te die

Rüstzeit von 5 Auf- + 3 Minuten Abrüsten = 8 Minuten im Beispiel

und

Heben – Senken – Aufnehmen – Ablegen

ebenfalls nicht wertschöpfende Teilarbeitsgänge sind:

Arbeitsplatz auf- / abrüsten BDE Meldungen	Nicht wertschöpfend	8,00
4 Teile aus Behälter nehmen, auf Tisch ablegen	Nicht wertschöpfend	0,10
Baugruppe 4 Teile fügen / kleben	Wertschöpfend	0,35
1 montierte Baugruppe in Behälter ablegen	Nicht wertschöpfend	0,05
Gesamtzeit te in Minuten		**0,50**

Woraus sich die Frage erhebt, ist es nicht sinnvoller, wirtschaftlicher die Baugruppe komplett zuzukaufen, um damit die Umtriebe, nicht wertschöpfende Tätigkeiten zu minimieren? Auch wenn der Preis bei Zukauf, bezogen auf die eigenen Herstellkosten, etwas höher wäre? (z. B. von dem Lieferanten der die Spritzgussteile herstellt)

Die Einsparungen der reinen Logistik-Tätigkeiten (nicht wertschöpfend) bezogen auf die Losgröße 50 beträgt ca. 30 Min. / Fertigungs- / Betriebsauftrag.

„ANDERS SEHEN LERNEN"

Analyse auf Haupt- / Nebentätigkeiten, bzw. wertschöpfend / nicht wertschöpfend

Früher: Wenig Varianten = Große Lose
Heute: Viele Varianten = Kleine Lose

(A) Berechnung Zeitaufwand für Beschaffen bis Teile einlegen

Pos.	Tätigkeit	Häufigkeit	Zeitbedarf	Früher wenig Varianten große Lose: für Menge	Zeitaufwand in Minuten	Heute viele Varianten kleine Lose: für Menge	Zeitaufwand in Minuten
1.1	Disponieren und Beschaffen, Terminüberwachung	4 x	3,0 Min.	2.000	12,0 Min.	500	12,0 Min.
1.2	Wareneingangstätigkeiten, Buchen + QS + WE-Papiere drucken	4 x	12,0 Min.	2.000	48,0 Min.	500	48,0 Min.
1.3	Einlagern und Zugangsbuchung	4 x	3,0 Min.	2.000	12,0 Min.	500	12,0 Min.
	Zwischensumme Pos. (A) für Beschaffen und Einlagern			**=**	**72,0 Min.**	**=**	**72,0 Min.**

(B) Berechnung Zeitaufwand für Erstellen Fertigungsauftrag und Materialbereitstellung

Pos.	Tätigkeit	Häufigkeit	Zeitbedarf	Auftragsgröße 500 Stück		Auftragsgröße 50 Stück	
2.1	Arbeitspapiere, Entnahmestückliste ausdrucken	1 x	1,0 Min.	500	1,0 Min.	50	1,0 Min.
2.2	Teile Auslagern, Transport an Bereistellplatz, Abgang buchen	4 x	2,5 Min.	500	10,0 Min.	50	10,0 Min.
2.3	Transport in Fertigung	1 x	4,0 Min.	500	4,0 Min.	50	4,0 Min.
	Zwischensumme Pos. (B) für Fertigungsauftrag erstellen + Mat.-Bereitstellg.			**=**	**15,0 Min.**	**=**	**15,0 Min.**

(C) Berechnung Zeitaufwand für Montagearbeit

Pos.	Tätigkeit	Häufigkeit	Zeitbedarf	Auftragsgröße 500 Stück		Auftragsgröße 50 Stück	
3.0	Auftrag anmelden BDE Arbeitsplatz einrüsten, Teile bereitstellen	1 x	5,0 Min.	500	5,0 Min.	50	5,0 Min.
4.0	Teile lt. Zeichnung montieren 4 Teile aufnehmen 3 Teile in Klebstoffbehälter tauchen und zusammenstecken, nachdrücken auf Anschlag, ablegen	1 x	0,5 Min.	500	250,0 Min.	50	25,0 Min.
5.0	Auftrag fertigmelden Arbeitsplatz abrüsten BDE und Teile an Bahnhof stellen	1 x	3,0 Min.	500	3,0 Min.	50	3,0 Min.
	Zwischensumme Pos. (C) Montagezeit für Auftragsgröße 500			**=**	**258,0 Min.**	**=**	**33,0 Min.**

(D) Berechnung Zeitaufwand Baugruppe einlagern + Zugang buchen

Pos.	Tätigkeit	Häufigkeit	Zeitbedarf	Auftragsgröße 500 Stück		Auftragsgröße 50 Stück	
6.1	Transport in Zentrallager	1 x	4,0 Min.	500	4,0 Min.	50	4,0 Min.
6.2	Einlagern und Zugang buchen	1 x	3,5 Min.	500	3,5 Min.	50	3,5 Min.
6.3	Auftrag in AV fertigmelden	1 x	0,5 Min.	500	0,5 Min.	50	0,5 Min.
	Zwischensumme Pos. (D) für Einlagern + Buchen Auftragsgröße 500			**=**	**8,0 Min.**	**=**	**8,0 Min.**

(E) Ergibt Verhältnis "wertschöpfende Arbeit" zu "nicht wertschöpfender Arbeit", bezogen auf

Anteil nicht wertschöpfende Arbeit in Minuten	bei Auftragsgröße 500 Stück: Wertschöpf. Arbeit	Verhältnis NW zu W
[(A) / 4 Lose] +B+D = 18+15+8 = 41 Min.	258 Min.	**1 : 6**

Anteil nicht wertschöpfende Arbeit in Minuten	bei Auftragsgröße 50 Stück: Wertschöpf. Arbeit	Verhältnis NW zu W
[(A) / 10 Lose] +B+D = 7,2+15+8 = 30,2 Min.	33 Min.	**1 : 1**

15.3 Konzept der Wertanalyse in der Materialwirtschaft bezüglich *„MAKE OR BUY“* von verkaufsfähigen Endprodukten

Ziel der Untersuchung ist es, Möglichkeiten zur Bestands- / Kostensenkung zu finden und somit auch zwangsläufig zur Senkung der Teileanzahl und Vielfalt, ohne die Lieferfähigkeit einzuschränken. Ein möglicher Weg ist die Wertanalyse, die sich gliedert

in die bekannte

Produkt-Wertanalyse (über Produkte der laufenden Fertigung)

bzw. in die sogenannte

Konzept-Wertanalyse (auf Basis Prozesskostenrechnung)

Ihr kommt immer größere Bedeutung zu, da sie die Kosten und Anzahl neuer Teile bereits im Planungs- und Entwicklungsstadium berücksichtigt.

Folgende Kennzahlen überwachen die Wirksamkeit der geforderten Maßnahmen Reduzierung der Teilevielfalt und der Geschäftsvorgänge.

Artikel-Nr. (End-produkt)	Umsatz in € p.a.	Ø Lager-bestand in €	Anzahl Einzelteile Baugruppen (Sachnummern)	Ø Umsatz je Sachnummer	Ø Lager-bestand je Sachnummer
	1	2	3	1 : 3 = 4	2 : 3 = 5
ABC	100.000,00	10.000,00	100	1.000,00	100,00
XYZ	10.000,00	8.000,00	20	500,00	400,00
↓			↓		↓

mit folgender Aussage:

Je höher der Umsatz pro Sachnummer, je niederer sind im Regelfalle die Bestände und die Anzahl Geschäftsvorgänge, bezogen auf z. B. eine Einheit von € 1.000,--

Je niederer der Umsatz pro Sachnummer, je höher sind im Regelfalle die Bestände und die Anzahl Geschäftsvorgänge, bezogen auf z. B. eine Einheit von € 1.000,--

Prüfen, ob die 30 % der Artikel / Endprodukte, die den niedrigsten Umsatz je Sachnummer, aber gleichzeitig den höchsten Lagerbestand je Sachnummer haben, nicht besser komplett zugekauft werden können. Ergebnis: Erheblich weniger Geschäftsvorgänge / Gemeinkosten und erheblich weniger Bestand.

Auch im Lager- / Logistikbereich besteht die Notwendigkeit, Wege zur besseren Arbeitsproduktivität zu finden. Hier bieten sich Bonussysteme aufgrund der universellen Anwendungsmöglichkeiten an. Durch die individuellen Gestaltungsmöglichkeiten kann maximaler Einfluss auf die einzelnen Arbeiten genommen werden. Durch den Einbau weiterer Leistungskomponenten, wie Qualität oder Fehlerpunkte, kann weiteren Forderungen Rechnung getragen werden.
Die Prämieneinflussfaktoren können sein:

- Zugriffszeit pro Vorgang
- Gewicht in kg
- Anzahl Frachtstücke
- Anzahl der Zeilen (Aufträge)
- Anzahl Paletten, Kisten, Behälter usw.
- Höhe des Warenwertes
- Fehlerpunkte
- Umschlagskennzahlen

wobei, je nach Branchen- und Lagerorganisationen, es durchaus sein kann, mehrere Bewertungsgrundlagen in den Bonus einfließen zu lassen. Bei sehr unterschiedlichen Volumina z. B. ist es ratsam, zu der Komponente Anzahl Zeilen oder Frachtstücke, noch das Gewicht oder die Höhe des Warenwertes zu berücksichtigen.

Beispiel Zeittabelle für Kommissionierarbeiten

Richt-Zeitwerte nach Auftragsgröße

Aufträge	Zeilenzahl des Auftrages	Dauer des Kommissionierens in Minuten stat. Ø-Wert	Ø-Sammelzeit[1] pro Auftragszeile in Minuten
unter 50 Zeilen	7	12,00	1,71
	13	14,00	1,07
	22	22,00	1,00
	35	31,00	0,88
	49	38,00	0,79
zwischen 130 und 170 Zeilen	131	77,00	0,59
	137	81,00	0,59
	140	82,00	0,58
	156	88,00	0,56
	168	90,00	0,53
über 200 Zeilen	201	94,00	0,47
	210	97,00	0,46
	220	98,00	0,44
	235	100,00	0,42
	293	106,00	0,36

Für die Einführung von Bonussystemen im Lager und zur Ermittlung der richtigen Bewertungsgrundlage, hat sich die mathematische Statistik bestens bewährt, denn überall dort, wo eine Normalverteilung innerhalb eines Abrechnungszeitraumes nachgewiesen werden kann und dieselbe beeinflussbar ist, kann auch nach Leistung entlohnt werden.

[1] Eventuell gewichtet je Artikel- / Lagerart

Festlegung von Leistungsausgangs- und -endwerten mit Hilfe der mathematischen Statistik

Die Bedeutung der mathematischen Statistik, zur Ermittlung von Leistungseckwerten, gewinnt ständig an Bedeutung. Sie wird dort angewandt, wo andere Verfahren sich nicht mehr anbieten, da z. B. zu zeitaufwendig.

Voraussetzung ist hierbei, dass die Daten, die über mathematische Statistik in die Berechnung einfließen, überhaupt verwendet werden können, und dass die wichtigsten Messzahlen, wie z. B.

1. Mittelwert $\overline{X}$
2. die Streubreite (Standardabweichung S)
3. die Genauigkeit der Stichprobe (ε-Wert),

eine angemessene Genauigkeit haben.

Vorgehensweise:

1.) Ermittlung Mittelwert $\overline{X}$ und Standardabweichung S gemäß den Formeln der Statistik

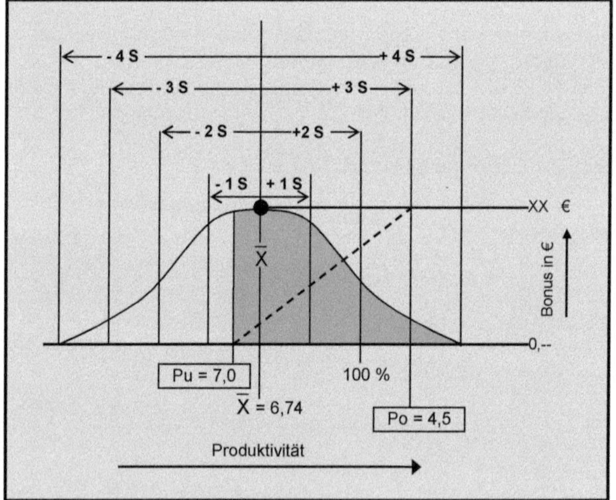

2.) Ermittlung der Leistungsuntergrenze = Pu
Mittelwert $\overline{X}$ der Ergebnisse minus 0,5 bis max. 1 Standardabweichung (je nach Streubreite)

3.) Ermittlung der Leistungsobergrenze = Po
Mittelwert $\overline{X}$ der Ergebnisse plus 2 x Standardabweichung bzw. max. 3 x Standardabweichung (je nach Streubreite)

Sofern unterschiedliche Einflussgrößen bzw. weitere Einflussgrößen vorhanden sind, also keine Normalverteilung erreicht wird, müssen Gewichtungsfaktoren, entweder mittels REFA-Methodenlehre, oder Befragen / Selbstaufschreibung etc., ermittelt werden, damit alle relevanten Einflussgrößen sachgerecht berücksichtigt werden.

Durch diese zielgerichtete, statistische Vorgehensweise, kann der zeitliche Aufwand für Aufbau – Erfassung – Abrechnung in einer vertretbaren Größenordnung gehalten werden.

Beispiel: *Statistische Auswertung geplantes Bonussystem für Versand*

A) Es wird auf die täglichen / wöchentlichen Rechnungen / Lieferscheindaten aus IT und BDE / Anweseheitszeiterfassung zurückgegriffen und mittels Schattenrechnungen, über ca. 6 - 12 Monate, werden die Leistungsdaten, wie z. B.

- Anzahl gelieferte Versandpositionen je Zeitraum
- Anwesenheitszeit des Lagerpersonals / Zeitraum

ausgewertet nach

a) Summe gebrauchte Zeit / Versandposition

b) Prüfen auf Verwendbarkeit für ein Bonussystem über die Gaußsche Normalverteilung (Mittelwert $\overline{X}$ sollte nicht größer schwanken als ε 10 % bis max. 15 %

c) Wenn keine Normalverteilung gegeben, weitere Prüfungen mit anderen / ergänzenden Einflussgrößen durchführen, gegebenenfalls Gewichtungsfaktoren ermitteln, damit alle relevanten Einflussgrößen sachgerecht berücksichtigt werden

d) Festlegen der Leistungsunter- und -obergrenzen, mittels Standardabweichungsberechnung und nach diesen Erkenntnissen Festlegen der Bonusbeträge

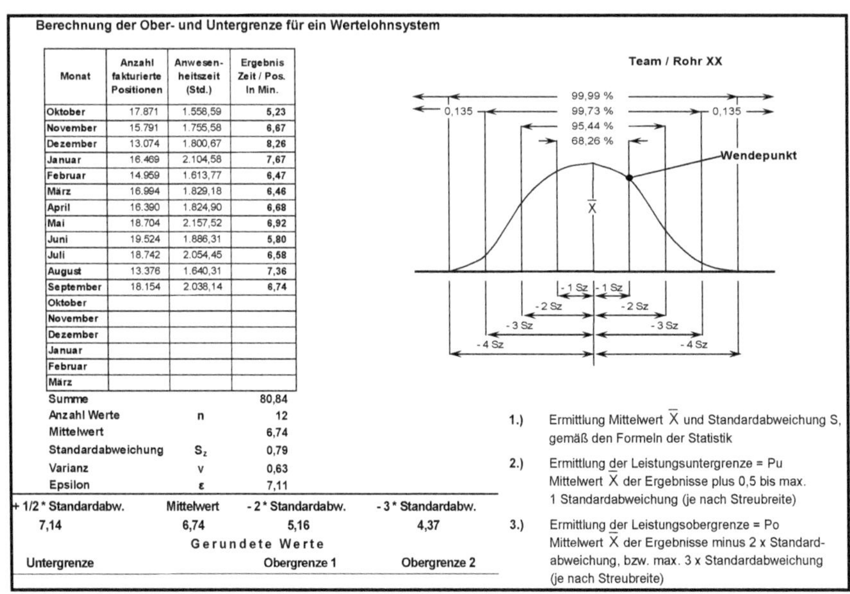

Berechnung der Ober- und Untergrenze für ein Wertelohnsystem

Monat	Anzahl fakturierte Positionen	Anwesenheitszeit (Std.)	Ergebnis Zeit / Pos. In Min.
Oktober	17.871	1.558,59	**5,23**
November	15.791	1.755,58	**6,67**
Dezember	13.074	1.800,67	**8,26**
Januar	16.469	2.104,58	**7,67**
Februar	14.959	1.613,77	**6,47**
März	16.994	1.829,18	**6,46**
April	16.390	1.824,90	**6,68**
Mai	18.704	2.157,52	**6,92**
Juni	19.524	1.886,31	**5,80**
Juli	18.742	2.054,45	**6,58**
August	13.376	1.640,31	**7,36**
September	18.154	2.038,14	**6,74**
Oktober			
November			
Dezember			
Januar			
Februar			
März			
Summe			80,84
Anzahl Werte		n	12
Mittelwert			6,74
Standardabweichung		S_z	0,79
Varianz		v	0,63
Epsilon		ε	7,11

+ 1/2 * Standardabw.	Mittelwert	- 2 * Standardabw.	- 3 * Standardabw.
7,14	6,74	5,16	4,37
Gerundete Werte			
Untergrenze		Obergrenze 1	Obergrenze 2

1.) Ermittlung Mittelwert $\overline{X}$ und Standardabweichung S, gemäß den Formeln der Statistik

2.) Ermittlung der Leistungsuntergrenze = Pu Mittelwert $\overline{X}$ der Ergebnisse plus 0,5 bis max. 1 Standardabweichung (je nach Streubreite)

3.) Ermittlung der Leistungsobergrenze = Po Mittelwert $\overline{X}$ der Ergebnisse minus 2 x Standardabweichung, bzw. max. 3 x Standardabweichung (je nach Streubreite)

Es wird auf die täglichen / wöchentlichen Rechnungen / Lieferscheindaten aus IT und BDE / Anwesenheitszeiterfassung zurückgegriffen und mittels Schattenrechnungen, über ca. 6 - 12 Monate, werden die Leistungsdaten, wie z. B.

- Anzahl gelieferte Versandpositionen je Zeitraum
- Anwesenheitszeit des Lagerpersonals / Zeitraum

ausgewertet nach

a) Summe gebrauchte Zeit / Versandposition

b) Prüfen auf Verwendbarkeit für ein Bonussystem über die Gaußsche Normalverteilung (Mittelwert $\overline{X}$ sollte nicht größer schwanken als ε 10 % bis max. 15 %

Aus den Ergebniszahlen ist abzuleiten, dass die weiteren noch vorhandenen Einflussgrößen, lt. vorhergehender Beschreibung, für das Bonussystem bedeutungslos sind und die Kennzahl verwendet werden kann, da die Genauigkeit ε = Epsilon der Stichprobe mit 7,11 % weit unter 15 %, der gewünschten Genauigkeit im Lagerbereich liegt. Ansonsten müssen weitere Einflussgrößen in das System eingebaut werden oder mit Gewichtungsfaktoren gerechnet werden.

Ermittlung der Leistungsgrenzen Bonusunter- / -obergrenze

Bereich	Formel	Rechenfeld	Ergebnis	Festgelegt
Untergrenze	$\overline{X}$ + 0,5 S	6,74 + 0,40	7,14	7,00
Obergrenze	$\overline{X}$ - 3,0 S	6,74 - (3 x 0,79)	4,37	4,50

QL-Komponente

Unter Berücksichtigung, dass der Versand auch fehlerlos arbeiten soll, ist es sinnvoll noch eine weitere Komponente

„Fehleranteil je Monat in Anzahl Positionen“

in das Bonussystem mit einzubeziehen.

Siehe nachfolgendes Beispiel eines Bonussystems für Versand / Lagerbereich, wobei diese Daten wiederum für die Personalplanung / flexiblen Personaleinsatz verwendet werden können.

Bild 16.1: *Schemadarstellung Versand-Bonus*

A) Produktivität

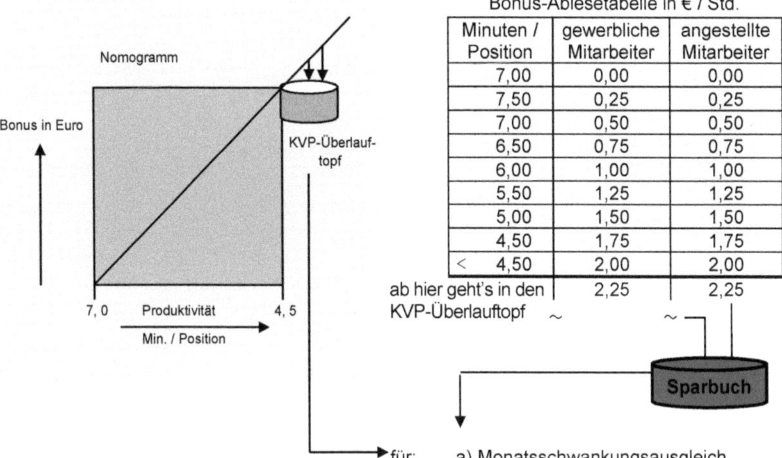

Bonus-Ablesetabelle in € / Std.

Minuten / Position	gewerbliche Mitarbeiter	angestellte Mitarbeiter
7,00	0,00	0,00
7,50	0,25	0,25
7,00	0,50	0,50
6,50	0,75	0,75
6,00	1,00	1,00
5,50	1,25	1,25
5,00	1,50	1,50
4,50	1,75	1,75
< 4,50	2,00	2,00
ab hier geht's in den KVP-Überlauftopf	2,25	2,25

für: a) Monatsschwankungsausgleich
b) zum Abkaufen der Obergrenzen
+ Zinsen X % v. Fa. dazugegeben

B) Fehlerpunkte lt. Sammelliste

Datensammelblatt Kundenreklamationen/Fehleranteile in Positionen lt. Reklamationsbewertungsblatt

Monat: ________ Jahr:________ Blatt: _______

Ablesetabelle QL-Bonus je Mitarbeiter in € / Monat

Punkte	≤ 2	≤ 4	≤ 6	≤ 8	≤ 10	≤ 15	≤ 20
€	+100	+ 66	+ 33	± 0	- 20	- 40	- 60
Punkte	≤ 25	≤ 30	≤ 35	≤ 40	≤ 45	≤ 50	> 50
€	- 80	- 100	- 120	- 140	- 160	keine Ausschüttung insgesamt	

QL Punktetabelle: Reklamationen / Fehleranteile

Fehleranteil in Anz. Positionen pro Vorgang	Negativpunkte
≤ 1	0
≤ 2	1
≤ 4	3
≤ 6	6
≤ 8	10
≤ 10	20
≥ 10	30

Name	Fehlerart	Anzahl	€	Punkte	Bemerkung
			Summe der Punkte je Monat =	=======	
QMB i.O.	Datum Unterschrift ____________________		Σ	=======	für QL-Bonus

C) Gesamtbonus / Zeitraum

= A ± B = C

K V P im Bonus- / Wertelohn

KVP-Prinzipien (kontinuierliche Verbesserungsprozesse) sollten in Bonus- / Wertelohnsysteme direkt mit eingebaut werden. Es gilt dann folgende Regelung[1]:

Die Systeme werden als offene Systeme mit einer Leistungs- und Geldwertobergrenze (Optimum) geführt, mit folgenden beispielhaften Regelungen:

A) Werden die Obergrenzen auf Dauer überschritten, so werden die Überschreitungen wie normale Bonusbeträge ermittelt und in einem Sammeltopf abgestellt.

Die Geschäftsleitung gibt ihrerseits zusätzlich z. B. 20 % bis 50 % des Betrages[2] hinzu und bietet dem Team diesen Gesamtbetrag zur Ausschüttung an, unter der Bedingung, dass nach Auszahlung die Leistungsobergrenze erhöht wird, bei gleichzeitiger Beibehaltung des Bonusbetrages als Obergrenze. Die Höhe des Zinssatzes richtet sich nach der Größe der Leistungsöffnung, siehe Schemabild:

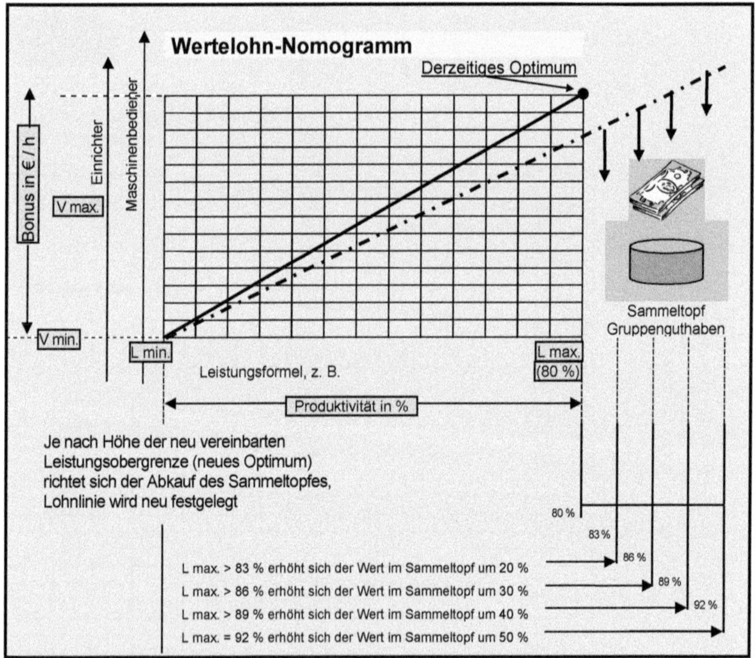

B) Oder die jährlichen Produktivitätsverbesserungen werden fortgeschrieben, also die Leistungsobergrenze entsprechend erhöht. 50 %[2] davon in Lohn umgerechnet und an die Mitarbeiter ausgeschüttet.

1) Bonus- / Wertelohnsysteme müssen nach oben offen sein. Sofern diese Systematik nicht vereinbart werden kann, Empfehlung: Zeitlohn lassen, da alle Leistungslohnsysteme sich irgendwann an einer stillschweigenden Obergrenze festlaufen

2) Höhe je nach Regelung gemäß Verbesserungsvorschlagssystem

1. Die genannten Techniken im Lager, in der Lagerhaltung, Beschaffungs- und Produktionslogistik, sind die Mittel und Möglichkeiten zur Senkung der Bestände und Verkürzung der Durchlaufzeiten, Verbesserung der Liefermöglichkeiten. In Verbindung mit dem Gedankengut *„Lean im Lager“*, können außerdem Kosten gesenkt und die Flexibilität im Lager wesentlich verbessert werden.

2. Allerdings ist es dazu erforderlich, die Organisation zu bessern und mit Mut zum Risiko, sowie einem anderen Denken und Handeln neue Wege zu beschreiten (KANBAN- / Bauhaus- / Regalserviceverfahren / SCM- / Supply-Chain- / Abruf-Systeme.

3. **Merke:**
   Niedere Bestände bringen automatisch und unausweichlich eventuell vorhandene Organisationsmängel als Störungen in der Fertigung und Lieferverzögerungen an den Tag.

4. **Schlanken Unternehmensstrukturen und optimierten Geschäftsprozessen, sowie besserer Kundenorientierung durch**
   - Einrichten von Auftrags- / Logistikzentren
   - Integration weiterer Arbeitsinhalte in das Lager
   - Stammdaten im ERP-System pflegen / Bestandsarme Dispositionsverfahren nutzen

5. **Neue Wege in der Materialversorgung / -Logistik / E-Business-Lösungen**
   - Dezentralisierung von Dispositionsbefugnissen / Lagerist wird auch Beschaffer
   - Abbau von Geschäftsprozessen in Logistikkette
   - KANBAN-Steuerung / Regalserviceverfahren
   - Neue Aufgaben des Einkaufs in einer Just in time - Welt
   - Einsatz von E-Business-Lösungen in der Beschaffung, mittels durchgängiger Logistiklösungen von Kunde bis Lieferant (SCM-Lösung)

6. **Lageroptimierung**
   - Bestände / Datenqualität
   - Stellplätze / Ordnungsprinzipien
   - Organisation / Abläufe
   - Technik / Personal

7. **Das Konzept eines ganzheitlichen Logistik-Controllingsystems**
   - Mit den richtigen Kennzahlen als Führungsinstrument zum Erfolg
   - Grundlage für eine bestandsminimierte Lagerorganisation

Mit Hilfe der vorgestellten Regelwerke und Organisationswerkzeuge als ganzheitliches Logistiknetzwerk, über alle Prozesse und Strukturen, vom Lieferant bis zum Kunden, und dessen Umsetzung, werden, je nach Stand der Organisation im Unternehmen, folgende Verbesserungen erzielt:

Ergebniszahlen aus Projekten:

- Bestandssenkung 50 % und mehr[1)]
- Durchlaufzeitreduzierung 70 % und mehr[1)]
- Fehler- / Reklamationsquote nahe null[1)]
- Kostenreduzierung 25 % und mehr[1)]
- Produktivitätssteigerung 20 % und mehr[1)]
- Termintreue / Servicegrad nahe 100 %[1)]
- Umsatzsteigerung im zweistelligen Bereich[1)]

[1)] je nach Organisationsgrad ALT

Was sich auch in Benchmark-Kennzahlen, wie z. B. *„Höhe der Logistikkosten, Liefertreue, Bestandsreichweite“*, darstellen lässt:

Kennzahl	Bestes Unternehmen	∅ der untersuchten Unternehmen	Schlechtestes Unternehmen
	Kosten in % von Gesamtkosten		
Beschaffungs- / Lagerungs- / Wareneingangs- und Bereitstellkosten	0,4 %	2,6 %	5,7 %
Bestandskosten	0,2 %	1,4 %	3,5 %
Abwertungs- / Verschrottungskosten	0,0 %	0,4 %	0,9 %
Bestandsreichweite in Arbeitstagen[1)]	5,0 Tage	50,0 Tage	256 Tage
Liefertreue, bezogen auf den bestätigten Termin	98 %	75 %	28 %

[1)] *Quelle: Siemens AG, ELC, HuZ*

UND DENKEN SIE AN GOETHE:

Es ist nicht genug zu wissen,

MAN MUSS ES AUCH ANWENDEN!

Es ist nicht genug zu wollen,

MAN MUSS ES AUCH TUN!

ZUM AUTOR

RAINER WEBER

REFA-ING., EUR-ING.

VORSPRUNG DURCH INNOVATION

Info@Unternehmensberatung-RainerWeber.de

REFERENT UND COACH BEI NAMHAFTEN WEITERBILDUNGSINSTITUTIONEN UND INDUSTRIEUNTERNEHMEN IM GESAMTEN DEUTSCHSPRACHIGEN RAUM.

ERFOLGSBUCHAUTOR

INHABER DER GLEICHNAMIGEN UNTERNEHMENSBERATUNG

- ADVANCED TRAINING / COACHING
- SUPPLY-CHAIN-BERATUNG
- PROZESS- / STRATEGIE-BERATUNG
- CHAIN-MANAGEMENT-BERATUNG

ALS PARTNER ZUVERLÄSSIG UND KOMPETENT

- INDUSTRIAL-ENGINEERING / LEAN-KONZEPTE
- PRODUKTIONS- / BESCHAFFUNGS- UND LOGISTIKMANAGEMENT
- ERP- / PPS-ANWENDUNGSOPTIMIERUNG
- TECHNISCH- / ORGANISATORISCHE FERTIGUNGSOPTIMIERUNG
- VERTRIEBSOPTIMIERUNG / MARKTSTRATEGIEN
- KOSTENRECHNUNG / KALKULATION / CONTROLLING
- PROZESS- / RESSOURCENOPTIMIERUNG
- INHOUSE-SEMINARE / -WORKSHOPS

WISSEN – PRAXIS – ERFOLGE

- EFFIZIENZSTEIGERUNG ÜBER 30 %
- DURCHLAUFZEITVERKÜRZUNG 75 %
- BESTANDSREDUZIERUNG ÜBER 50 %
- TERMINTREUE NAHE 100 %
- LIQUIDITÄTSVERBESSERUNG ÜBER 100 %

RAINER WEBER
REFA-ING., EUR-ING.
Unternehmensberatung

Im Hasenacker 12
D -75181 Pforzheim-Hohenwart
Telefon (07234) 59 92 · Fax (07234) 78 45
www.Unternehmensberatung-RainerWeber.de

Weber, Rainer,
Effektive Arbeitsvorbereitung – Produktions- und Beschaffungslogistik
Expert Verlag, 71268 Renningen, ISBN 978-3-8169-3328-1

Weber, Rainer, KANBAN-Einführung
Expert Verlag, 71268 Renningen, ISBN 978-3-8169-3385-4

Weber, Rainer, Bestandsoptimierung
Expert Verlag, 71268 Renningen, ISBN 978-3-8169-3400-4

Weber, Rainer, Zeitgemäße Materialwirtschaft mit Lagerhaltung
Expert Verlag, 71268 Renningen, ISBN 978-3-8169-3376-2

REFA-Methodenlehre des Arbeitsstudiums, Verschiedene Bände
Planung und Gestaltung komplexer Produktionssysteme,
Carl Hanser Verlag, München, www.refa.de

Logistik ONLINE zum Erfolg, Hus-Verlag München, ISBN 3-937711-02-3

Binner, H.F., Handbuch der prozessorientierten Arbeitsorganisation,
Carl Hanser Verlag, München, Wien 2004

Pirntke, G., Moderne Organisationslehre
Expert Verlag, 71268 Renningen, ISBN 978-3-8169-2667-2

Eliyahu M. Goldratt, Jeff Cox, Das Ziel
Verlag McGraw Hill Book Companies GmbH, Hamburg,
ISBN 3-89028-077-3

Blom, F., Haarlander, A., Logistik-Management
Expert Verlag, 71268 Renningen, ISBN 978-3-8169-2135-6

Prof. Dr. Horst Wildemann, Leitfaden Durchlaufzeit-Halbe
München 1998, TCW - Verlag, ISBN 3-929918-15-3

Prof. Dr. Horst Wildemann, Geschäftsprozessorganisation
München 1997, TCW - Verlag, ISBN 3-931511-05-7

Günther Schuh, Volker Stich, Produktionsplanung und -Steuerung, Band 1 + 2
ISBN 978-3-642-25422-2 Band 1
ISBN 978-3-642-25426-0 Band 2

Zahn, E., Bullinger, H.-J., Gatsch, B., Führungskonzepte im Wandel
In: Neue Organisationsformen im Unternehmen, Handbuch für das moderne Management, Springer-Verlag, Berlin, Heidelberg 2002

Methodensammlung zur Unternehmensprozess-Optimierung
IfaA - Institut für angewandte Arbeitswissenschaft e.V., Köln
ISBN 3-89172-452-7

Prof. Dr. Horst Krampe, Dr. Hans-Joachim Lucke
Grundlagen der Logistik, HUSS-Verlag, München, ISBN 3-937711-23-6

Prof. Dr. Ing. Christian Helfrich, Das Prinzip Einfachheit,
Expert Verlag, 71268 Renningen, ISBN 978-3-8169-2906-2

Kostenrechnung und Kalkulation von A - Z, Sammelwerk, Haufe-Verlag, Freiburg

Zeitschriften:

IT – Industrielle Informationstechnik, Carl Hanser Verlag, München
UDZ – Unternehmen der Zukunft, ISSN 1439-2858, www.fir-rwth-aachen.de
Industrial Engineering, REFA-Darmstadt
Logistik Heute, HUSS-Verlag, 80912 München

Lehrunterlagen:

Schulungsunterlagen der Unternehmensberatung Rainer Weber,
75181 Pforzheim-Hohenwart

Fachlehrgang: Effektive Arbeitsvorbereitung
Fachlehrgang: Die optimierte Fertigung
Fachlehrgang: Erfolgreich Disponieren und Beschaffen
Fachlehrgang: Der erfolgreiche Lagerleiter
Fachlehrgang: Fertigungssteuerung optimieren
Fachlehrgang: Logistikleiter Industrie

Fa. Schäfer GmbH, D-57290 Neunkirchen

BITO-Lagertechnik, Bittmann GmbH, D-55587 Meisenheim

Fa. Hänel GmbH & Co. KG, 74177 Bad Friedrichshall

Siemens, Statistische Qualitätsprüfung, Zentralbereich
Technik - Technische Verbände und Normung (ZT TUN)

Fa. Weigang-Vertriebs-GmbH, 96106 Ebern, KANBAN- /
Organisations-Hilfsmittel

Fa. KBS Industrieelektronik GmbH, 79111 Freiburg

Anlage

MARKTSPIEGEL ERP / PPS / ECM / DMS BUSINESS SOFTWARELÖSUNGEN

Ein optimales Hilfsmittel zur Beurteilung *„Wie gut ist Ihr ERP- / PPS-System, bzw. wie wird es genutzt?"* zeigt Ihnen der alle ein bis zwei Jahre neu erscheinende Marktspiegel Business Software.

Der Marktspiegel „Business Software" gibt einen umfassenden Überblick über den Softwaremarkt im deutschsprachigen Raum.

Dabei werden nicht nur die auf dem Markt verfügbaren Lösungen dargestellt und analysiert, sondern auch die Trends von morgen aufgezeigt und bewertet.

Die einzelnen Kapitel bieten, insbesondere in Verbindung mit der Auswahl- und Ausschreibungsplattform www.it-matchmaker.com, fundierte Hilfestellung bei der Auswahl / Beurteilung der Business Software

Redaktioneller Teil

- Grundlagen ERP / PPS
- Funktionen von ERP- / PPS-Systemen
- Der ERP-Markt im deutschsprachigen Raum
- Spezifische Anforderungen an ERP- / PPS-Systeme
- Auswahl von ERP- / PPS-Systemen
- Fallstudien

Daten zu Anbietern und Systemen

- mehr als 460 Lösungen im Überblick
- Übersichtstabellen zu Anbietern und Systemen, z. B. hinsichtlich
  - Anzahl Mitarbeiter, Standorte
  - Installationszahlen, Technologie
  - Typische Kundengröße, Branchenfokussierung etc.

ISBN: 978-3-938102-42-8 (9. Auflage)

Herausgeber: Prof. Dr. Günther Schuh, Dr. Volker Stich

Autoren: Fabian Bauhoff, Tobias Brosze, Stefan Kompa, Christoph Meier, Carsten Schmidt, Dr. Karsten Sontow, Peter Treutlein,

Umfang: PDF oder Ringbuch, 392 Seiten, DIN A4

Preis: € 350,-- (zzgl. MwSt. und Versand) / als PDF-CD € 320,-- (zzgl. MwSt. und Versand)

Verlag: Trovar IT

Sachregister

Erlesene Weiterbildung®

Rainer Weber, REFA-Ing., EUR-Ing.

Effektive Arbeitsvorbereitung – Produktions- und Beschaffungslogistik

Werkzeuge zur Verbesserung von Termintreue – Beständen – Durchlaufzeiten – Produktivität – Flexibilität – Lieferservice

4., aktualisierte Auflage 2018, 321 S.,
49,80 €, 65,00 CHF (Kontakt & Studium, 697)

ISBN 978-3-8169-3428-8

Zum Buch:

Absolute Termintreue, kurze Lieferzeiten und konkurrenzfähige Preise sind heute die entscheidenden Voraussetzungen für den wirtschaftlichen Erfolg. Dies gelingt nur mit einer effektiven Arbeitsvorbereitung, Produktions- und Beschaffungslogistik, die schnell und flexibel auf Kundenwünsche reagieren kann. Untersuchungen zeigen, dass von ihrer Funktionsweise bis zu 25% der Unternehmensrentabilität und bis zu 40% des Umsatzwachstums abhängen.

In diesem Buch lernen Sie den Aufbau einer effizienten Produktionsplanung und -steuerung sowie Produktions- und Beschaffungslogistik kennen, die es Ihnen ermöglicht, auf Kundenwünsche schneller und flexibler einzugehen. Des Weiteren bekommen Sie einen umfassenden Überblick über den neuesten Stand einer funktionierenden AV als Order-Control-Center, die eine höhere Termintreue, kürzere Lieferzeiten mit niederen Beständen sicherstellt. Ein moderner ERP- / PPS-Werkzeugkasten, mit speziellen Hinweisen, wie Sie Ihre Stammdaten einstellen und worauf Sie besonders achten müssen, zeigt, welche Erfolge für das Unternehmen und Ihre Kunden erzielt werden können, u. a. mit Ausblick auf Veränderungen »Industrie 4.0«.

Die Interessenten:

Durch seine verständliche, praxisorientierte Darstellung mit Best Practice Beispielen eignet sich das Buch hervorragend zum Selbststudium und als Nachschlagewerk zum Herausfinden, welche Aktivitäten dem Unternehmen am meisten nutzen. Es eignet sich aber auch für Studenten, Wissenschaftler und Autodidakten.

Blätterbare Leseprobe

und einfache Bestellung unter:

www.expertverlag.de/3428

Rezensionen:

»Das Buch von Weber, seines Zeichens REFA Ingenieur, geht zur Sache! Konkret, mit Methode und mit Berechnungen wird die Thematik sehr wirksam und lehrreich vermittelt. Die Zusammenhänge der Produktionswirtschaft werden systematisch erschlossen.

GfPM Magazin, Gesellschaft für Produktionsmanagement

Der Autor:

Rainer Weber, REFA-Ing., EUR-Ing., Unternehmensberater in 75181 Pforzheim-Hohenwart, ist bekannt als Referent und Coach bei namhaften Weiterbildungsinstitutionen und Industrieunternehmen im gesamten deutschsprachigen Raum. Zu seinen Arbeitsschwerpunkten zählen: Industrial-Engineering / Lean Konzepte, Produktions-, Beschaffungs- und Logistikmanagement, ERP- / PPS-Anwendungsoptimierung, Prozess- / Ressourcenoptimierung, Vermittlung von Fachwissen – Inhouseseminare

Bestellhotline:

Tel: 07159 / 92 65-0 • Fax: -20

E-Mail: expert@expertverlag.de